珍藏本·增订本

纪念版

汉译世界学术名著丛书

货币与交换机制

〔英〕威廉·斯坦利·杰文斯　著

佟宪国　译

William Stanley Jevons

MONEY AND THE MECHANISM OF EXCHANGE

本书根据 D. APPLETON AND COMPANY 1875 年版译出

汉译世界学术名著丛书
（120年纪念版·珍藏本）
增订本出版说明

2017年10月，为纪念商务印书馆创立120周年，本馆推出“汉译世界学术名著丛书”（120年纪念版·珍藏本），计七百种。近五六年来，仰赖学界同人倾力支持，订正旧译，增补新译，拓展新著，积累日多。为满足读者需要，本馆在七百种的基础上，继续推出“汉译世界学术名著丛书”（120年纪念版·珍藏本·增订本）三百种。至此，“汉译世界学术名著丛书”累计出版已达千种。

今后，本馆将继续推进丛书的翻译出版工作，在积累单本名著的基础上陆续分辑刊行，汇印出版。为促进中外文明互鉴、推动我国学术发展，使“汉译世界学术名著丛书”这项对我国学术文化有基本建设意义的重大工程发挥更大作用，诚望海内外学术界、翻译界继续给予支持，帮助我们把这套丛书出得更好。

商务印书馆编辑部

2024年2月

汉译世界学术名著丛书
（120 年纪念版·珍藏本）
出 版 说 明

2017 年 2 月 11 日，商务印书馆迎来 120 岁的生日。120 年前，商务印书馆前贤怀揣文化救国的理想，抱持“昌明教育，开启民智”的使命，立足本土，放眼寰宇，以出版为津梁，沟通中西，为中国、为世界提供最富智慧的思想文化成果。无论世事白云苍狗，潮流左右激荡，甚至战火硝烟弥漫，始终践行学术报国之志，无改初心。

迻译世界各国学术名著，即其一端。早在 20 世纪初年便出版《原富》《天演论》等影响至今的代表性著作，1950 年代后更致力于外国哲学和社会科学经典的译介，及至 1980 年代，辑为“汉译世界学术名著丛书”，汇涓为流，蔚为大观。丛书自 1981 年开始出版，历时三十余年，迄今已推出七百种，是我国现代出版史上规模最大、最为重要的学术翻译工程。

丛书所选之书，立场观点不囿于一派，学科领域不限于一门，皆为文明开启以来，各时代、各国家、各民族的思想与文化精粹，代表着人类已经到达过的精神境界。丛书系统译介世界学术经典，引领时代思想，为本土原创学术的发展提供丰富的文化滋养，为推动中国现代学术和现代化进程做出了突出的贡献。

为纪念商务印书馆成立120周年，我们整体推出“汉译世界学术名著丛书”120年纪念版的珍藏本，寄望既利于文化积累，又便于研读查考，同时向长期支持丛书出版的译者、编者和读者致以敬意。

两甲子后的今天，商务印书馆又站在了一个新的历史时间节点上。我们不仅要铭记先辈的身影和足迹，更须让我们的步伐充满新的时代精神。这是商务人代代相传的事业，更是与国家和民族的命运始终紧密相连的事业。我们责无旁贷，必须做好我们这代人的传承与创造，让我们的努力和成果不仅凝聚成民族文化的记忆，还能成为后来人可以接续的事业。唯此，才能不负前贤，无愧来者。

商务印书馆编辑部

2017年10月

目　　录

序　言

在本书的著述过程中，我尝试着就以下几个问题撰写一篇叙述性的论文：过去和现今的世界货币体系、被用来制作货币的材料、铸币制作和发行所须遵循的法规、管控铸币流通的自然法则、铸币可以因纸质文书的使用而被取代的若干种方式，以及最后一点，即目前已得到拓展和完善的支票和票据交换体系如何极大程度地节省了货币使用的方法。 v

本书并非一本关于钱币问题的书籍，因为钱币问题在英国时常会被讨论到。关于英格兰《银行章程法》(Bank Charter Act)，我只有很少的话要说。关于该章程法以及有关货币市场的其他奥秘，我想请我的读者们去参考白芝浩先生那篇令人叫绝的著作《伦巴第街》，本书或许可以被看作是《伦巴第街》一书的一篇引言。 vi

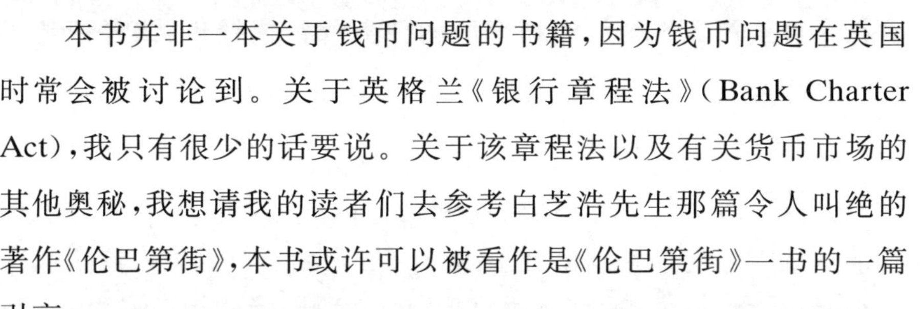

在接触那些深奥的问题之前，关于货币还是有许多事情要搞清楚的，对于那些深奥的问题我们还几乎谈不到已有了什么确定的答案。人们在学习一种语言的时候，在尝试着去阅读或者写作之前，一般要从掌握语法开始。在数学领域，我们会在着手解决代数学和微分学的精妙问题之前，先让自己练习一下简单的算术演算。但是，正如赫伯特·斯宾塞先生在其著作《社会学研究》中所

雄辩地指出的那样，伦理学和政治学的极大不幸就在于，那些一再讨论这些问题的人们从来不曾花点功夫去研究一下这一课题的基础语法或是简单算术。因而，那些奇思妄想和谬论才会时不时地冒出来。

钱币对于经济学来说，就如同化圆为方的难题与几何学的关系，或者如同永恒运动的难题与力学的关系一样。倘若某位撰写有关钱币问题的作者也能具有一些已故德·摩根教授的幽默和学识，那么他便会轻而易举地搞出一个比德·摩根的化圆为方的悖论更胜一筹的钱币预算的悖论。有那么一些人，他们把自己的时间和财富花费在了这样一件事情上面，那就是努力让一个乏味的
vii 世界相信，贫困可以通过发行那些印制出来的一张张纸片去消除。我认识一位绅士，他坚持认为国库券是医治人间万恶的万应灵药。另有一些慈善家们希望能把全国的债务都铸成钱币，或者把英国的土地都铸成钱币，再或者把所有的一切都铸成钱币，想通过此种办法，让我们所有的人都能致富。另有一类人，他们在这个自由贸易的时代里，长期以来一直对造币厂的黄金价格必须依旧要由法令来随意固定一事感到愤懑不满。一位议会议员近来发现了民间一种新的不满情绪，而且他通过煽动人们去反对在英格兰造币厂铸造银币问题上施行压制性限令的办法来提高自己的声望。难怪当1先令一枚和6便士一枚的硬币出现短缺的时候，以及当仅一年内所缴付的税费就超过了在联合王国内流通的全部货币量时，会有如此之多的人成了贫民。

有关货币这个课题，整体上讲，是一个非常宽泛的课题，而且有关这一课题的文献资料可以说是汗牛充栋，需用一个巨大

的图书馆才能够装下。世界上的种种钱币，现在正发生着许许多多的变化，而且有关什么是构成流通媒介的最佳方式的重要探讨近来已在着手进行。在提交给政府各委员会的证据中，在国际会议的报告中，或者在单个个人私下进行的研究和著述中积累起来的有关这一课题的信息，其范围之广泛，已达到令人十分惊诧的
程度。我的目标一直是这样，从这浩如烟海的文献中仅仅提取出 viii
那样一些似乎普遍令人感兴趣并对公众有所帮助的事实。这些事实能够使公众就许多迫切需要找到答案的钱币问题得出某种结论。我们应当用英镑，或是美元，或是法郎，或是马克来计数？我们应当把黄金或白银当作价值尺度，或者把黄金及白银都当作价值尺度？我们是否应当采用一种纸质钱币，还是采用一种金属钱币？在英国，我们应当允许我国的黄金铸币不断变轻的现象存在多久？我们是否应当由国家付账或者由那些手中刚好握有分量不足的沙弗林[①]的倒霉个人作出牺牲，将这些不足量的金币回炉重铸？

在美国，这样的问题更为重要，也更为迫切，因为它牵涉到是否要回到用硬币支付的模式，将来如何对纸币进行监管，是否要用铸币部分地取代纸币，以及美元的确切尺寸应是多少，美元与国际钱币应是一种什么特性的关系？德国正处在一次伟大的、或许也是一次健康的和成功的钱币重组过程之中，这里的钱币既有金属的，也有纸质的。在法国，有关实行复本位制还是单一本位制的大辩论正方兴未艾，而且政府已采取了积极的措施，要把纸币的发行

① 沙弗林(Sovereign)，英国旧时的 1 英镑金币。——译者注

建立在可兑换的基础之上。在欧洲其他国家，如意大利、奥地利、荷兰、比利时、瑞士、斯堪的纳维亚各个王国以及俄罗斯之间，目前
ix 几乎没有一个国家不在对本国的钱币进行着改革，它们要么在不久前已经这样做了，要么正在就试图完成这一任务的适当办法进行着讨论。关于所有这类的变革，我们须牢记，我们当下正在塑造着未来，而一种全世界范围的国际货币体系，尽管目前可能看上去并不切合实际，但却是所有那些希望在自己离世时这个世界变得比他们发现它时更美好的人们所应当瞄准的目标。

我想感谢赛德先生，从他的著作里，尤其是他关于《金条块与外汇》的专著里，我得到了帮助。我想感谢萨姆纳教授，从他的著作《美国货币史》中，我得到了帮助。我想感谢切瓦里埃先生，从他的著作《造币厂》中，我得到了帮助。我想感谢沃洛斯基先生，从他有关货币的各种各样的重要出版物里，以及从其在法文版《经济学家杂志》上发表的宝贵文章中，我得到了帮助。我必须得向许许多多的银行家们和绅士们表示谢忱，承蒙他们友善地向我提供了信息和帮助，尤其是要感谢约翰·米尔斯先生、T. R. 威尔金森先生、英国皇家造币厂的化学家罗伯茨先生，以及 E. 赫尔姆先生。

我还想借此机会感谢那些时常给我寄送一些载有关于货币这一课题的文件和出版物的绅士们，事实证明这些材料都是极其宝贵的。我要特别提及有关美国造币厂以及钱币的一系列报告和文件，这些文献材料都是承蒙造币厂厂长以及沃尔克先生和 E. 杜波伊斯先生的友善关照才能收到的。

承蒙硕士布鲁尔先生的厚爱，他仔仔细细地通读了全部校样，衷心地感谢克里夫·赖斯利教授、英格里斯·帕尔格雷夫以及弗

里德里克·亨德里克斯先生，他们分别对本书的某些部分进行了审核。

威廉·斯坦利·杰文斯

写于 1875 年 5 月 31 日 x

第一章　易货贸易 1

泽丽小姐是巴黎抒情歌剧院的一位歌唱演员。几年前，她进行了一次环球专业巡回演出，并在学会群岛[①]上举办了一场音乐会。为了在广播中播放歌剧《诺玛》选段和其他一些歌曲，作为交换条件，泽丽小姐将从演出收入中分得三分之一。在清点她的收入时，人们发现泽丽小姐所分到的那一份中有 3 头猪、23 只火鸡、44 只小鸡、5,000 粒可可豆，除此之外还有数量相当可观的香蕉、柠檬以及橙子。在巴黎的音乐厅内，这位首席女歌唱家在其生动的回信（沃洛斯基先生将该封信打印了出来）中这样说道，如此众多的鲜货禽畜和果蔬或许可以卖到 4,000 法郎，这对 5 首歌曲来说收入是很不错的了。然而，在学会群岛上，硬币货币是很稀罕的物件，而且由于泽丽小姐自己一个人根本不可能将相当大部分的收入消费掉，所以在此同时，她的经纪人必须要用她所收入的水果 2
去饲养她所收到的猪和家禽。

当华莱士先生在马来群岛游历时，他所遭际的磨难似乎不是

① 学会群岛(Society Islands)是太平洋东南部法属波利尼西亚的主要岛群。为纪念英国皇家学会，故名。该群岛地处南纬 16 度—19 度，西经 147 度—156 度。陆地面积 1,647 平方公里。1842 年为法国保护国。1881 年为法国殖民地。1903 年属法属大洋洲。1946 年设为法属波利尼西亚。——译者注

物资的稀缺而是供给太过丰富。他在关于自己旅行的极有趣味的游记中向我们讲述说，这群岛屿中有些岛上并没有合适的货币，他若不通过一番特别的讨价还价（每次讨价还价都须斤斤计较），便采购不到做饭所需的给养。倘若卖鱼的小贩或卖其他令人垂涎的可吃东西的小贩不能满足所要求的交换条件，那么他就得转向其他卖家。华莱士先生及其一行还不得不忍受没有饭吃的困顿。因此，手边总是保留一些诸如小刀、衣服、米酒或西米蛋糕一类的商品，便成了非常必要的事情，这样可以大大增加这一件或者那一件商品适合与游商进行交换的机会。

在当代的文明社会里，交换的原始方法所带来的不便，全然不为人们所知，而且极有可能被人当作是杜撰出来的。我们从打出生就对货币的使用已经司空见惯，以至于对使用货币所给予我们的无以估量的好处变得麻木不仁，熟视无睹。只有当我们再次回到与当今完全不同的社会状态时，我们才能够意识到因货币使用的缺失而带来的麻烦会有多大。当有人提醒我们，说易货贸易实际上是许多尚未开化的种族之间进行商务活动的唯一办法时，人们会感到更加惊讶。下面有这样一个事实，其中存在着某种荒诞不经的不协调。在伦敦，有一家叫作“非洲易货贸易有限公司”的
3 合股公司，该公司在非洲的西海岸完全是通过以物易物的方式，用欧洲的制成品去换取棕榈油、砂金、象牙、棉花、咖啡、树胶以及其他初级产品。

最早期的交换形式，一定是拿自己不需要的东西直接去换取自己所需的东西。对这种简单的货物流动，我们称之为易货贸易或者以物易物。法文中的以物易物一词是 *troc*。我们用这个词

来与销售和采购相区别。在以货易货的过程中，相互交换的两件商品当中有一件有人只是想短时间地将其持有，直到这件商品在第二次交换行为中与其分手。那个因此而在销售和采购过程中临时介入进来的东西就是货币。乍一看去，情况好像是这样，货币的使用似乎只是在使麻烦倍增，本来一个交换动作就足以完成的过程，因货币的介入却必须要有两个交换过程。但是，对简单易货贸易之中内在的困难稍作一点分析之后，人们便会看出，麻烦的天平完全是在向相反的方向倾斜。只有通过这样的分析，我们才可能明白，货币所完成的不是为我们仅仅提供了一种服务，而是为我们完成了若干种不同的服务，哪一种服务都是不可或缺的。当代社会如果离开了由货币所构成的对形形色色的商品进行估价、分配和订立合同的手段，就不可能以其目前的复杂形式存在。

易货贸易中对机缘巧合的渴望

易货贸易中所遇到的第一个困难，便是两个各自拥有相互适合于对方需要的可支配物质的人如何才能找到对方。有需求的人可能会很多，而且拥有那些为人所需要的物品的人也可能很多。但要让易货贸易行为发生，则务必要存在一种鲜有发生的双重机
缘。一个圆满完成狩猎任务归来的猎手会有大量的猎物。他可能 4
渴望换到一些武器和弹药，以便为下次狩猎做准备。但是那些拥有武器的人可能刚好已换到不少的猎物，因此直接完成交换是不可能的。在开化了的社会里，一幢房屋的主人可能会发现自己的房屋已不再适合自己的要求，因而可能会将目光停留在另一幢各

方面都符合自己需要的房屋上面。但是，即使这第二幢房屋的主人也的确希望与自己的房屋分手，然而要他产生刚好与第一幢房屋的主人相对等的感觉，并且希望与第一幢房屋的主人互易房屋的可能性也是微乎其微的。卖家和买家只有通过使用某种商品，某种被法国人称之为通用商品（marchandise banale）的东西，才能使自己与对方相互适合。对这种通用商品，卖方和买方都愿意收留一段时间。因此，在这一情况下通过销售所获取的东西，可以在另一情况下被用于购买。此种通用商品被称之为*交换媒介*，因为它在一切商务行为中都能构成一个第三方的或者中介的条件。

在过去的几年间，有人好奇地做过一种尝试，企图通过广告的流通使易货贸易的做法得以复活。《交换与市场》（*The Exchange and Mart*）是一家报纸，它致力于使一切的奇特财产都广为人知。这些奇特财产是那些来此打广告的人愿意出让，以换取某种梦寐以求物件的东西。某人有一些旧硬币和一辆自行车，并且想通过以物易物的方式换得一架优质的六角手风琴。一位少妇渴望得到一本《米德尔马契》[1]，她愿拿出她已经有些听厌了的各种老歌作交换。从这家报纸的规模和发行量，以及其他一些周报对该报广
5 告策划的模仿方式上判断，我们一定可以这样假定，广告中所提出的交换条件有时是会被接受的，而且，该报社在某种程度上能够使一次易货贸易行为所必需的双重机缘出现。

---

① 《米德尔马契》（*Middlemarch*）是英国作家艾略特较成熟的一部小说，描写的是英国1830年代的生活。——译者注

对价值尺度的渴望

易货贸易中出现了第二个困难。每次交换要按照什么样的比率去进行呢？倘若拿一定数量的牛肉去换取一定数量的玉米，并且依照类似的办法，拿玉米去换取奶酪，拿奶酪去换取鸡蛋，拿鸡蛋去换取亚麻，依次类推，然而问题还是会继续出现：拿多少牛肉可以换取多少亚麻，或者拿多少任意一种商品去换取一定数量的任意另一种商品呢？在一种以物易物的状态下，市价表将是一份极其错综复杂的文件，因为每种商品都不得不逐一地以所有的其他商品来报价，否则就不能不采用错综复杂的比例法求和的办法。在 100 件商品中两两之间必定会存在着不少于 4,950 种可能的交换比率，而且对所有这些比率都须小心谨慎地进行调整，以便各个比率间的变化都是协调一致的，否则脑袋转得快的生意人就能够通过从一些人那里贱买而向另一些人贵卖的办法捞取利润。

倘若能够从中任意选出某种商品，将其与每一其他商品的比
率用来作报价，则上述的一切烦恼就都可以避免了。已知 1 磅白
银可以购买多少单位的玉米，并且还知道同样数量的白银可以购
得多少亚麻，则我们不必再经历什么麻烦就可得知用多少玉米可
以交换到多少亚麻。这一被选中的商品变成了一个*公分母*，或者
说*共同的价值尺度*，我们根据这一尺度去估算所有其他商品的价 6
值，于是那些商品的价值就变得可以轻而易举地进行比较了。

对细分手段的渴望

易货贸易之中的第三个，但可能是个很小的不便之处，产生于许多种类的商品所具有的不可分割性之中。一谷仓玉米、一小袋子金砂、一扇肉是可以分成若干小份的，并且可以或多或少地拿来交换它们的所有者所需的东西。但是，正如我们在若干有关政治经济学的专著中一再看到的例子，一个裁缝可能拥有一件外套可供他拿出来去交换东西，然而一件外套的价值却远远超过了裁缝想从烤面包师那里得到的面包的价值，或者超出了他想从屠夫那里得到的肉的价值。裁缝若将外套剪开，就不能不毁掉这件手工作品的价值。很显然，裁缝需要有某种交换媒介，他可先把外套暂时转换成这种媒介，如此便可以用外套的部分价值去换面包，用外套的另一部分价值去换肉、燃料以及日常的生活必需品，同时保留或许一部分的外套价值以作未来之用。毋庸再作进一步的描述，因为显而易见我们需要有一种能够根据我们不断变化的要求去对价值进行分割和分配的手段。

就在当下，即使是在那些最发达的商业国家里，易货贸易也仍在某些场合下继续进行着，然而只有当人们还没有经历过易货贸易的不便之处时，这种现象才会存在。家中仆人的工资一部分是以提供吃住的形式支付的。农场劳工的报酬可以部分地用提供苹果酒或者大麦，再或者是用一块土地的使用权来支付。在面粉作
7 坊工作的工人所得到的报酬，一部分是其碾出的玉米，这种情况一直都是很常见的。在英国的某些地方，*以物易物*或者易货贸易的

制度还很难说是已经灰飞烟灭了，在这样的制度下面，工匠们领取的是实物工资。地块相毗邻的地主们偶尔会进行一些地块交换，但所有这一切比较而言都不过是些微不足道的案例。在几乎所有的交换行为中，货币现在都在以这样或那样的方式进行着干预，哪怕是在那些并没有一手交钱一手交货的交易之中，货币也仍在起着尺度的作用，依据这种尺度对付出了多少和收入了多少作出估算。商务活动由易货贸易而始，而且从一定的意义上讲，它又回归于易货贸易，但正如我们将要看到的那样，易货贸易的最终形式与它的初始形式迥异。截至目前，在英国，当今的很大一部分商业支付显然是在没有借助于金属货币的情况下实现的。但是这些支付行为时时刻刻都在准备着接受货币的调节，因为货币在起着公分母的作用，并且从这一方向买入的东西，被从另一方向售出的东西所抵销。

8 # 第二章　交换

货币是价值的尺度，价值的标准，也是交换的媒介。然而，我除了应就价值的本质以及交换的优势作一个非常扼要的讨论之外，并无必要在其他方面着墨太多。每个人都必须承认，商品交换是以这样一个显而易见的原则为基础的：即我们分别表现出来的每一项欲望，都要求用一个有限数量的某种商品来给予满足。于是，随着各项欲望被给予充分的满足，我们的要求也正如年长者们所精辟指出的那样，变得五花八门，各色各样了。也就是说，寻求其他某种需求得到满足。一个每天能够得到3磅面包供给的人，是不会再渴望得到更多面包的。但他极有可能想要得到牛肉、茶以及烈酒。倘若此人碰巧遇到一个拥有大量牛肉却没有面包的人，两个人就都会把自己不大需要的东西拿出来去换取更为需要的东西。交换一直被人说成是*以多余的物品去换取必需的物品的易货贸易*。倘若我们指出，交换就是*以比较而言多余的物品去*
9 *换取比较而言必需的物品的易货贸易*，那么这个定义就是正确的。

的确，要确定一个人究竟需要多少面包，或者多少牛肉，或者多少茶叶，或者几件外套和帽子，是不可能的。我们的欲望不存在一个精确的止境，而我们只能说，随着某种物质的供给达到一个较高的程度，我们需要得到更多这种物质的供给的迫切性就会成某种比例地减弱。沙漠中或者战场上的一杯水或许可以挽救生命，从而用处变得无穷大。每个人每天需要的饮用水和做饭用水是2或3品脱[1]。每天用1或2加仑[2]水来洗涮是非常有必要的。但我们很快就会达到这样一点，过了这个点之后继续增大水的供给会变得没有什么意义。人们发现，一座现代城镇的居民每人每天供应大约25加仑的水就可以满足所有目的的用水需求，再进一步增大供水就没有什么使用价值了。的确，水的用处有可能发生逆转，譬如在发洪水，或者当房子被泡，或者矿井被淹的情况下。

使用价值和价值并非是内在的东西

于是，只有在供给量适当，并且供给时机恰逢其时的情况下，一件物品才可以说是有用的。使用价值并非一个物质内部的一种*内在*品质，因为倘若是的话，同一物质的增量部分就总是会有人需要的，无论这种物质我们先前曾拥有过多少。我们切不可将一件东西的有用性与这种有用性所赖以存在的物理品质相混淆。使用价值与价值只是一件东西因为这样一个事实，即某人需要这件东西，而出现的机遇，而且使用价值的大小以及由此而决定的价值量大小，将取决于对该物品的欲望此前曾得到了何种程度的满足。 10

于是，就使用价值而言，因为其大小总是在不停地变化，而且

[1] 品脱(pint)是英制容积单位，1品脱等于0.56826125升。——译者注

[2] 加仑(gallon)是英制容积单位，1加仑等于4.55升，或8品脱。——译者注

即使是一种商品的各个不同部分里，其使用价值也是可变的，所以不难明白，我们是在拿我们的库存中使用价值对于我们来说较低的那部分商品去交换那些对其他人其使用价值较低而对我们却很需要的物品。这样的交换会一直进行下去，直到达到这样一点，在这一点上再拿出来用于交换的那部分商品其使用价值对于我们来说与交换来的东西的使用价值相等，所以使用价值上的增益已没有了：也就是说，若将交换继续下去，就会出现亏损。基于这样一些分析，人们轻而易举就可以建立一种有关交换和价值本质的理论。我的一本叫作《政治经济学理论》[①]的书已经对这一理论作过阐释。就是在那本书中人们会看到，著名的供给和需求法则便是从这种有关使用价值的观点中推导出来，并且因此还使该理论得到了证明。自前述著作出版以来，洛桑的一位才华横溢的政治经济学教授列昂·沃尔拉斯已经独立地发展出同样的有关交换的理论[②]，这一理论的真理性得到了杰出的确认。

价值表现出交换的比率

我们现在必须将注意力锁定在这样一个事实上面，即在每一
11 次交换行为中，一个确定数量的某种物质被用于交换一个确定数量的另一物质。以物易物中，参与交换的东西可能在特征上极其繁多，五花八门，而且衡量的办法也可能多种多样。我们可能要用

① 威廉·斯坦利·杰文斯著，《政治经济学理论》，麦克米伦出版社 1871 年版，第 8 卷。

② 列昂·沃尔拉斯著，《政治经济学要素》，洛桑、巴黎吉罗蒙 1874 年版。

一定重量的白银来换取一定长度的绳索，或者换取一定面积的地毯，或者换取几加仑的葡萄酒，或者换取一定马力的动力，或者换取将东西运送到一定距离以外的服务。用作测量的数量可以用空间单位表示，用时间单位表示，用质量单位表示，用力的单位表示，用能量单位表示，用热量单位表示，或者用任意一种其他物理单位表示。然而，每次交换都在于用多少单位的某种东西去换取多少单位的另一种东西，每种东西都以其适当的方式得到了计量。

因此，每一次交换行为都是以*两个数字之间的某种比率*的方式向我们表现出来。共同使用的那个词汇叫*价值*，而且倘若按照现行价格，在相同重量的情况下，1 吨铜能够换取 10 吨条铁，则人们通常说铜的价值是铁价值的 10 倍。至少是就我们的目的而言，价值一词这样的使用，只是以一种间接的方式来表示某种比率。当我们说黄金的价值比白银高的时候，我们的意思是，如通常进行的交换一样，白银的重量超过了它所换得的黄金的重量。倘若与白银的价值相比较，黄金的价值升高了，则换取相同数量的黄金就需要更多的白银。但是，价值也同使用价值一样，并非一件东西的内在品质。价值是一种外在的机遇或者关系。倘若在谈论某件东西的价值时，我们的脑海里并没有浮现出另一种东西，前一种东西是在与后一种东西的关系中其价值被表现了出来，那么我们就绝不应当谈论什么价值。正是这同一件物质，其价值可能会在同一时刻既上涨又下落。倘若在与一个已知重量的黄金进行交换时，我所能够换到的白银比我曾经换到过的更多，但能够换到的铜更
少些，那就说明与白银相比黄金的价值已经上涨，但与铜相比黄金 12
的价值出现了下跌。很明显，一件物品的内在属性不可能在同一

时刻既增大又缩小。因此,价值必定仅仅是在一种物品与其他物品以及需要这些物品的人之间存在的一种关系或者机遇。

第三章　货币的职能 13

我们已经看到简单易货贸易之后伴随着三种不便，即有需求的人与有货人之间出现机缘巧合的概率很小；交换之事错综复杂，并非是从某单一一种物质的角度去交换；需要用某种手段对价值量大的商品进行分割和分配。货币为“医治”这些不便提供了良方，并且因此承担起如下两个极其重要的独特职能，它们发挥着：

(1)一种交换媒介的职能；

(2)一种共同的价值尺度职能。

货币在其最初的形态下只是任意的一件令所有人都喜爱的商品，它可以是任意的一种食品，一种衣物，或者任何人都随时准备接受的装饰物，并且每个人都因此而渴望能够或多或少地拥有这种东西，以便自己可以拥有能够随时购买生活必需品的手段。尽管有能力或多或少比较完美地承担起交换媒介这种职能的商品可能有许多，但人们通常只会选出某一种物品，把它作为出类拔萃的货币候选品，这种选择或是因习俗或是因情况所迫而完成的。于
是，这种物品便开始被用作一种价值尺度。已经习惯于用一笔笔 14
的钱去频繁交换物品的人们，了解了用货币标出的其他物品的价值，所以一切交换都将极其顺理成章地通过对所要交换物品的货币价值的比较来进行计算和调整。

价值标准

货币的第三种职能很快就自行发展了出来。在人们开始借债和放贷之前，商务活动是不可能走得太远的，而且起源于各种各样缘由的债务都形成了契约。的确，在某些通常的情况下，人们是借什么还什么，完璧归赵，而且，在几乎所有的情况下，用同一种商品去还债都是可以的。倘若所借的物品是玉米，就可以用玉米来偿还，再加上一些玉米作利息。但是放贷的人往往不希望他借出去的东西不知什么时候才能归还，或者在他并不迫切需要这些东西的时候，或者当这些东西的价值非常低廉的时候，借债人前来还债。同样，借债的人也可能需要若干种不同的物品，所需的这些东西不大可能会从一个人那里全部借到。于是，用一个普遍承认的、其价值几乎不大变动的商品来完成借债和放贷两种行为的便利性就油然而生了。凡签订合同并且根据合同他将在未来的某一天得到某种东西的人，都会希望得到保证，他未来将得到的商品的价值大概也能如今日一样。这种商品通常就是目前所使用的货币，并且货币于是就将承担起一种*价值标准*的职能。我们一定不要设想那个承担着价值标准职能的物质，其价值真的是不会变化的，而仅仅可以这样去设想，该种物质被选来作为一种价值尺度，未来的偿债款价值多少要根据这个尺度去进行调整。人们须牢记，价值只是所交换物质间的数量比率。可以肯定，相对于另一种商品，任何物质都不会永远保持完全相同的价值。但那是当然的，在选择作价值标准的物品时，人们都希望被选中的东西看上去很有可能

会继续以近乎不变的比率去与其他许多商品进行交换。

价值储藏

值得询问的是，货币难道不会再有第四个独特的目标吗？即将价值以一种方便远途输送的形式蕴含于其中的目标。货币在其发挥交换媒介的作用时，是在同一地点附近流通来流通去，而且有时可能会一次又一次地回流到同一个人的手中。货币将财产进行细分并对之进行分配，而且还为交换行动添加了润滑剂。但是有的时候，一个人却需要将自己的财产浓缩到一块极小的范围里面去，这样，他便可以将之囤积起来一段时间，或者随身携带去作长途旅行，再或者将之传送给身在遥远国度的朋友。为了实现这一目的，人们很有必要找到某种尽管块头很小，重量很轻，但价值量却非常大的东西，而且世界上的每一角落都承认其为非常有价值的东西。一个国家目前正在使用着的货币或许会比其他任何东西都更有可能满足这些条件，虽然钻石及其他宝石，以及精美绝伦和极其稀罕的物品可能偶尔也会被用于这一目的。

使用人们所喜爱的物品作为一种价值储藏手段，或者作为传 16
输价值的一种媒介，可能在某些场合要早于它们被用作钱币的情况。格拉德斯通先生宣称，在荷马史诗中，黄金在成为共同的价值尺度之前，是作为被囤积的和被珍藏的财富，以及偶尔也被用作对所提供的服务给予的报酬提及的，那个时候被用作价值尺度的东西是牛。从历史上讲，像黄金这样一种普遍受人爱戴的物品，它所充当的第一个角色，似乎是被用作装饰目的的很有价值的商品；它

所充当的第二个角色，是作为财富的储藏手段；它所充当的第三个角色，是作为交换的媒介；它所充当的最后一个角色，是作为价值的尺度。

货币职能的分离

读者应当小心谨慎并一以贯之地将货币在至少当代社会中所完成的 4 种职能区别开来，其重要意义是再怎么强调也不过分的。我们已经如此地习惯了以所有 4 种不同的方法来使用同一件物品，以致我们在思想上很可能会将这 4 种职能混淆在一起。我们进而会把 4 种职能的统一看作几乎是必须的，这 4 种职能的统一顶多不过是一个便宜行事的问题，而且可能并不总是需要的。我们当然可以利用物品一去作交换的媒介，而利用物品二去作价值尺度，再利用物品三去作价值标准，利用物品四去作价值储藏手段。在买和卖的过程中，我们可能会转让几分之几的黄金。在表示和计算价格的过程中，我们可能会用白银的多少来说话。当我
17 们希望长期出租什么东西时，我们可能会用小麦来确定租金的多少。而当我们想要带着自己的财富离开时，我们可能会以宝石的形态将自己的财富浓缩在里面。使用不同的商品去分别承担货币的各个职能，这种做法事实上已经部分地实行过了。在伊丽莎白女王统治时期，白银是共同的价值尺度；黄金被用来作为大额支付手段，使用量多少，取决于用白银表示的黄金现时价值是多少；而玉米则是 1576 年《伊丽莎白第 18 项法令》中第 6 条所要求的，在出租某些学院的土地时被用作价值标准的物品。

如若可能，选出单个一种能够承担货币所有职能的物品，那显然会带来很大的方便。倘若我们能够用计算货物价格的同一货币来付账，那将会省去不少麻烦。因为几乎没有人会有时间或者耐心去密切地调查价格的变化史，所以他们或许会假定，他们在进行所有小额和临时性的讨价还价时所使用的货币，也是用于进行债务和合同登记的最佳价值标准，那些债务和合同的有效期要延续许多年。数额巨大的付款，譬如过桥费、票价、关税等收费，也都按照法律的规定总是固定的，其他的许多收费是按照习俗来固定的。因此，即使交换媒介的价值发生了相当大的变化，人们也还是会继续用这种交换媒介去付账，就好像没有发生过变化一样，一些人之所得，正是另一些人之所失。

本书的一个主要任务就是要去研究那些已被用作货币，或者已经被提议要用作货币，或者可能被提议用于这一目的的各式各样的材料。倘若有可能，我们一定会努力去发现那个将把货币的 18
所有不同职能所必需的特性都最大限度地结合在一起的某种物品。但是我们必须牢牢记住，由不同的物品去分别承担货币的那些职能，是可以行得通的。我们将首先着手进行一次简明扼要地回顾，看看从最早的年代起，社会对于钱币的需要是怎样以五花八门的方法得以满足的。之后，我们将分析被用作货币的那些物质所具有的物理品质和所处环境，其品质和所处环境让它们或多或少适合于它们因以被利用的目的。于是，我们便可以就那个最能适用于满足我们当今需要的商品的确切本质得出某种结论。

19

第四章　货币的早期历史

生活在已经开化了的社会里，我们已经习惯于对压铸而成的金属货币的使用。我们知道把货币等同于黄金和白银。于是乎伤人的和含沙射影的谬论便蹦了出来。因此，提醒人们记住下面这样一个真理将永远都是有用的。这真理即是如杜尔哥①所精辟指出的，每种类型的商品都具有衡量价值和转让价值的两种属性。在任意一种既定的社会状态下，究竟哪些商品会构成最为方便的钱币，这完全是个程度的问题，而简要地研究一下那些曾在这一时期或者那一时期被用来作为货币的多如牛毛的物件，这一真谛将会在我们脑海里打上极其深刻的烙印。虽说古钱币研究家和政治经济学家有很多，然而货币的自然历史却还几乎是一个尚待开发的处女课题，我想就这一课题展开来进行一番详述。但本书的有限篇幅不允许我除就可能搜集到的许多有趣事实作一个简明扼要的描述之外再试图做更多事情。

① 杜尔哥(Turgot)，是法国国王路易十六的财政大臣，曾废除国内关卡，实行粮食自由买卖，减轻赋税，因触犯了贵族和僧侣们的特权而被解职。——译者注

狩猎状态下的钱币

或许最初期状态的工业是这个样子，人类在这样的社会里，其生计要通过狩猎野生动物获得。在这样一种状态下，追逐猎物所 20
取得的收获，是最具有普遍承认价值的财产。的确，捕获猎物的肉从本质上讲太容易腐烂变质，因而不宜囤积，或者它们常常会被用来交换其他物品。但是能够保存、有制作衣物价值的毛皮则不同。毛皮成了最早期的钱币材料之一。因此，有大量的证据证实，毛皮或者皮革都曾在许多古老的国家中被用作货币。在世界的某些地方，这些物品直到今天还在为这一目的服务。

在乔布的书中(参见该书第二卷第 4 页)，我们读到“以皮换皮，是的，为了自己的生存，一个人会拿出所拥有的一切”。这段表白显然意味着在古代的东方国家之间，皮革被当成了价值的代表。语源学的研究表明，对最早期的北方国家也可以说同样的话。在爱沙尼亚语中，*răha* 一词一般被用来表示货币，但在与其有同源关系的拉普兰语的对等词汇中，其原有的皮革或毛皮的意思还没有完全丧失。据说皮子货币最晚到彼得大帝统治的时代还在俄国流通。而且值得注意的是，经典作者们已经将各种传说记录了下来，大意是罗马、古斯巴达以及迦太基使用过的最早期的钱币乃是用皮革制作成的。

然而，我们并不需要回到如此古老的时代去研究那些简陋钱币的使用。在哈德逊湾公司与北美印第安人的交往中，毛皮早就成了交换的媒介，尽管毛皮的质量和尺寸都存在着差异。前面的

21 证据很有启迪性，很确凿。它发现，甚至当铸币的使用已经在印第安人中间成为寻常事情之后，皮革仍还普遍地被用作记账货币。于是，怀姆珀说[①]，“一杆枪名义上值 40 左右先令，它能够换来 20 张‘皮’。这个价格是公司使用的老价格。一张（河狸）皮按说应值两个先令，而且这张河狸皮还代表着两张貂皮，依此类推。人们在育空堡可以听到一大堆有关‘皮子’的事情，因为工人们也要按照这种方式为衣服等付费”。

游牧状态下的钱币

在文明发展的下一个更高阶段，即游牧状态下，羊和牛就自然而然地变成了最有价值的和可以议价的那一类财产。羊和牛很容易转让，它们自己就能把自己运送到各地，而且可以生存许多年，所以它们随时都可以承担起了货币的某些职能。

在习俗中、书本里以及语源学中，我们能够找到大量的证据来证明此点。在荷马史诗中，牛就被明确地、反复地作为其他物品用以估价的商品提及过。狄俄墨得斯的武器据称值 9 头牛，并且与格劳克斯的武器作了比较，后者值 100 头牛。《伊利亚特》第 23 章中的摔跤手们得到的头等奖是一件三足鼎，价值为 12 头牛，而一个被俘的、干活熟练的女人值 4 头牛。[②] 让人感到出奇地有趣的
22 是，人们发现牛就这样被用作了共同的价值尺度，因为正如已经提

① F. 怀姆珀（Whymper）著，《阿拉斯加游记，等等》，第 225 页。

② 格拉德斯通（Gladstone）著，《尤文图斯纪元》，第 534 页。

到过的那样，从其他段落看，贵重金属虽还尚未铸成钱币，但已被用作一种价值储藏手段了，而且偶尔也被用作一种交换媒介。于是，在这个早期时代，货币的若干职能显然已由不同的商品承担起来了。

在若干语言中，货币的名称与某种牛或驯化了的动物的名称是一致的。人们一般都承认，拉丁语中的货币一词 *pecunia* 是源于 *pecus* 的，即拉丁语中的牛一词。从埃斯库罗斯所写的《阿伽门农》中我们得知，一头牛的身形是最先压制在硬币上面的符号，并且关于最早发行的罗马货币阿斯（*As*）也有过同样的说法。钱币学研究未能证实这些传说。这些传说被发明出来或许是为了解释铸币名称与动物之间的联系。这些概念之间相对应的联系，可以在更为现代得多的语言中探查到。我们在表达支付一笔钱的时候，通常的用词是 *fee*（缴费），这个词不是别的什么意思，正是盎格鲁－撒克逊语言里的 *feoh*，其含义与货币和牛相似，是一个与德文 *vieh* 同源的词。德文 *vieh* 依然还仅仅带有原来的牛的意思。我的朋友西奥多教授告诉我，观念上的相同联系从希腊语的财产一词 κτημα 中显现了出来，其意思与拥有、一群家畜或者牛相似，格利姆将之与一个原来的动词 κετω 或者 κεταω 联系起来，意思是喂牛。格利姆甚至还推测，同样的词根在条顿语和斯堪的纳
维亚语中也再现出来。在哥特语中，*skatts*，在当代标准德语中的 23
schatz，在盎格鲁－撒克逊语中的 *scüt* 或者 *sccat*，在古诺斯克语中的 *skat*，都意味着财富、财产、宝藏、税或者贡品，尤其是具有牛的外形的贡品。这一理论得到如下事实的确认，弗里斯兰语中的对等词汇 *sket* 直至今天还保留着牛的原意。在挪威语、盎格鲁－

撒克逊语和英语中，*scat* 或者 *scot* 都专指税或者贡品。

在古德文的法典中，罚金和惩罚实际上都是用牲畜来定义的。正如西奥多教授进一步对我讲的那样，在阿维斯陀经注解中，奖给医生们的赏金规模都要小心翼翼地宣布，而且在所有情况下，收费都是由某种牛构成的。在 H. S. 缅因爵士极其有趣的著作《关于机制的早期历史》中，其第 5 和第 6 个讲座里面充满了奇妙的信息，展示出一个处于原始状态下的社会里，牲畜所具有的重要意义。缅因爵士的这本书刚刚出版。因为是*用头数*记数的，所以母牛也被称之为资本，经济学名词*资本*、法律名词*动产*，以及我们的通用名称*牛*都是从这里发源的。

在那些奴隶们也构成了一种最常见和最有价值财产的国家里，奴隶像牛一样也充当了交换的媒介，这是十分自然的事情。保塞尼亚斯提到过奴隶们的这种用途，而且在中非以及其他一些奴隶制依然还很兴盛的地方，奴隶们与牛和象牙一道成了交换的媒介。据厄尔关于新几内亚的描述，那座岛上存在着大量的以奴隶
24 为媒介的交易，而且一个奴隶就构成了一个价值单位。甚至在英国，人们也都认为奴隶在一个时期内曾像货币那样被用于交换。

用作钱币的装饰物

追求个人装饰物的热情，乃是人类最原始、最强有力的天性之一，而且因为用作这一目的的物品会很耐用，受到人们的普遍爱戴，并且可轻而易举地转让给他人，所以这些东西一定会被作为货币流通起来，这是很自然的事情。北美印第安人的黑白贝壳串珠

就是一个这样的例子，因为这东西当然可以充当首饰。这种首饰由黑贝壳和白贝壳末端磨成的珠子穿制而成，黑白贝壳要先磨圆和抛光，然后用绳将之穿成带子或者项链。它们的价值大小取决于它们的长度，而且也要根据它们的颜色和光泽。一英尺长的黑色串珠值两英尺长的白色串珠。在当地人中间，把这东西作为钱币使用，已是根深蒂固的事情，以至于 1649 年时马萨诸塞法院曾发布命令，要求殖民者在相互间偿还债务时，可用黑白贝壳串珠偿还最多数额达 40 先令的债务，用黑白贝壳串珠还债必须要接受。人们还很好奇地得知，比较富有的印第安酋长们恰如欧洲的吝啬鬼们囤积金币和银币一样，他们秘密地积攒黑白贝壳串珠，因为他们没有更好的手段去拿自己多余的财富作投资。

与这个北美钱币完全相似的是玛瑙贝制成的钱币。顶着这样或者那样的名称（如 chamgos、zimbis、bouges、porcelanes 等），玛瑙贝很早以前就在东印度群岛上被用作小额货币了。在英属印度、暹粒、非洲西海岸，以及热带海岸线的其他地方，玛瑙贝仍旧被 25
用作找零用的小钱。这些贝壳在马尔代夫和拉克代夫群岛的海边被收集起来，并被出口到国外作钱币。它们的价值会根据收获的丰歉程度多少发生一些变化。但在印度，目前的价格曾经是一个卢比兑换大约 5,000 个贝壳。按照这样的价格，每个贝壳约值一个便士的百分之二。在我国有趣的臣民——斐济人中间，鲸鱼的牙齿取代了玛瑙贝的地位，而且白色的牙齿大约是按先令与沙弗林的比率与红色的牙齿作交换的。

在其他被用作钱币的装饰物或者具有特殊价值的物品中间，可以提及的有黄琥珀、雕刻过的石头（譬如埃及圣甲虫），以及象牙。

农耕状态下的钱币

许多植物产品至少也能像前面提到过的某些物品一样适合于流通。因此,在那些以农业为生计的人群当中,人们发现一些更为持久耐用的产品于是被利用了起来,那是不足为奇的。从古希腊人的时代到今天,在欧洲的偏远地区,玉米成了交换的媒介。在挪威,人们甚至还把玉米存入银行,并且用于放贷和借债。对于欧洲来说,小麦、大麦以及燕麦的作用,就如同玉米在中美洲部分地区尤其是墨西哥所起的作用一样,玉米先前在那些地方参加过流通。
26 在环地中海的许多国家里,橄榄油是最为常见的产品和消费品之一,而且因为这种产品质地相当均匀、经久不坏、易于分割,所以橄榄油早就在爱奥尼亚群岛、米蒂利尼、小亚细亚的一些城镇,以及累范特的其他一些地方充当钱币了。

正如玛瑙贝在东印度群岛上流通一样,可可豆也在中美洲和尤卡坦半岛上构成了一种完全得到承认的、或许还是一种古老的小额货币。对于这些可可豆的价值,旅行者们已经发表了许多独特的说明,但是如若不去假定要么是可可豆的价值发生了巨大的变化,要么是与之作对照的硬币的价值发生了巨大的变化,那我们就不可能让那些说明协调起来。1521 年时,在加拉加斯,约 30 个可可豆值 1 个英国便士,然而近来,据斯奎尔的说法,10 个可可豆就值 1 个便士。在普遍种植杏树的欧洲国家,杏仁在一定程度上也曾像可可豆一样地流通,但杏仁的价值却会根据收成的好坏而

变化。

然而，在现代社会里，植物产品不仅仅被用作小额钱币。在美洲的殖民地和西印度群岛上，在早期年代里，硬币铸币曾经变得很稀缺，从而造成了不便。于是，立法机构又重新启用了强制债权人必须按发布的标准接受农产品作偿债手段的办法。1618 年，弗吉尼亚种植园的总督下命令，要求必须按 3 个先令 1 磅的价格收取烟叶，否则将被处以做 3 年苦力的惩罚。我们听说，当弗吉尼亚公司从境外进口年轻妇女给殖民者作老婆时，每个女人的价格是 27
100 磅烟叶，之后又上涨到了 150 磅。再后来到 1732 年时，马里兰的立法机构规定烟叶和印第安玉米为法定货币。1641 年，马萨诸塞也有关于玉米的类似法律。西印度群岛上的一些政府似乎也试图效仿这些奇特的钱币法，并且作出规定，诉讼案中获胜的原告必须得接受五花八门的初级农产品，譬如糖、朗姆酒、糖浆、姜、靛蓝或者烟叶。[1] 在下面的一章里人们会发现，为建立某种多钱币体系而作出的这些努力令我们相当感兴趣。

绝大多数用动物类食品都具有易腐烂的性质，这一点妨碍了它们被更多地用作货币。但是鸡蛋据说在瑞士阿尔卑斯山的村庄里流通过。晒干的鳕鱼当然在殖民地纽芬兰起到过钱币的作用。

用作钱币的制成品和各类物件

——列举那些曾经充当过货币的物品对于现正讨论的目标来

① 请参见一篇十分罕见的短文，其标题为《关于背风群岛上的硬币和钱币——致伍德先生的两封信》。

说似乎已经足够长了。所以，我只想简要地补充说，在各个时期和
28 不同地方，有大量的制成品被用作交换媒介。被称之为*畿尼布片*的棉织布片就是这样的制成品。在塞内加尔的银行里，*畿尼布片*被用于做买卖。或者多少有些类似的片片曾在阿比西尼亚、索卢群岛、苏门答腊、墨西哥、秘鲁、西伯利亚以及维达哈斯各岛之间流通过。要想弄明白直至 1694 年还在安哥拉的葡萄牙人领地上流通的有趣的草棍货币的起源，事情就不那么容易了。草棍货币包括被称之为利邦戈斯的小草席，这种小草席用稻草编织而成，每片约值 $1\frac{1}{2}$便士。这些草席除了被用作钱币，至少在当初一定有过某种用途。它们或许与萨摩亚人十分珍爱的编织精美的草席有相似的功能。草席也被萨摩亚人当作一种交换的媒介。

盐不仅在阿比西尼亚，而且也在苏门答腊、墨西哥以及其他地方流通过。其他奇形怪状的钱币有：安息香胶或者蜂蜡曾在苏门答腊流通，红翎在太平洋岛屿上流通，茶砖曾在鞑靼地区流通，铁锹或者锄头曾在马尔加什人中间流通。许多读者都会记得亚当·斯密关于苏格兰的一些村庄使用手工制作的钉子作货币的话。因此，没有必要再作重复。切瓦里埃先生从法国的一个煤田中找到了一个完全对应的案例。

若是篇幅允许，讨论一下鲍彻·德·珀塞斯所提出的并非不大可能的建议将是很有趣的。或许，归根结底，现在如此频繁地发现的那些做工精细的石头工具，乃是最早的交换媒介之一。这些石头工具中，有一些当然是用只有在遥远的国家才发现过的玉石、
29 软玉或者其他坚硬石头制成的，所以在那些我们还没有找到过任

何记录的时代里，一定存在过用这类工具进行的活跃交易。

经典作者中有人提出过一些若隐若现的暗示，认为在拜占庭人中间曾流通过木制货币，并且认为在安提俄克和亚历山大港，人们使用过木制的塔兰特[①]。但由于缺乏较充分的、有关这些东西性质的信息，所以对这些东西除了提及一下外，不可能再有更多的事情好做。

① 塔兰特(Talent)，古代的一种计量单位，可用来计重量或者作货币单位。——译者注

30 # 第五章　货币材料的材质

近期的许多作者，譬如赫斯金森、麦库洛、詹姆斯·穆勒、加尼尔、切瓦里埃以及沃尔拉斯，都对货币材料所应具备的材质作过令人满意的描述。然而，较早时期的作者们对于这一课题似乎也有几乎同样清楚的理解。哈里斯在其发表于1757年的著作《关于货币和硬币的随笔》中，对货币材料所应具备的那些品质作过极为清晰的解释。哈里斯的这篇著作虽然是在《国富论》之前面世，然而却对货币的原则作出了即使在今天也几乎不能再有改进的阐述。但是80年前，赖斯·沃恩在其短小精悍的小书《货币专著》中，就对货币所需具备的品质作了一个虽简明扼要但却令人满意的表述。我们甚至发现伊丽莎白年代(1581年)的杰出对话体著作的作者，即那本书名为《关于英国政策的简要概念》的作者威廉·斯塔福德，也曾在这一课题上展示出完美的见解。然而，在所有的作者中间，切瓦里埃先生关于货币所应具备的属性的描述或许是最为准确和最为充分的。我将在许多问题上沿用他的观点。

31 人们在处理这个课题时普遍存在的缺陷，是未能看到货币的不同职能要求其材料具有不同的属性。因此，要确定哪种材料最适合作货币，实在是一个极其复杂的难题，因为我们必须在同一时刻把货币若干职能的相对重要性、货币行使每一职能时的任务强

度以及货币材料的每一物理品质对于货币各种职能的重要意义都考虑进来。在简单的工业状态下，社会对于货币所提出的主要要求，是让它在买家和卖家之间流转。因此，货币应当便于携带，可分割为各种不同尺寸的小份，从而任意大小的款额都可以随时计算出来，并且从外观上，或者凭借压制在货币上面的图案就可轻而易举地将货币辨认出来。然而，当货币，正如其在未来的某个时刻将要做的那样，要去几乎是专门地充当一种价值尺度和价值标准的时候，因为交换体系这时已经变成一种完美的易货贸易体系，所以比较而言，这样一些属性就都变得无关紧要了。而价值的稳定性，或许会与货币的便携性一道，成为货币最重要的品质。但是，在不揣冒昧地讨论如此复杂的问题之前，我们必须先着手就现正议论的几个货币属性进行一番初步的讨论，这些属性于是或许可以按照各自重要性的大小作如下排列：

1. 使用价值和价值。
2. 便携性。
3. 不易破损性。
4. 质地均匀性。
5. 可分割性。
6. 价值稳定性。
7. 可辨认性。

使用价值与价值 32

因为货币不能不用来与有价值的产品进行交换，所以其自身也应当具有价值，而且货币因此还必须具有作为价值基础的使用价值。货币一旦成了十足的钱币，人们就只是为了让它继续流通下去才接受它。因此，倘若所有人都因诱惑而愿意按照某一固定的定价水平接受几块毫无价值的材料，那似乎便可以说明货币并不真的要求具有很大的价值。在钱币史上，类似这样的一些情况的确曾频繁地发生过，显然毫无价值的贝壳、羽毛或者一些纸片，竟在与价值不菲的商品进行交换时事实上被接受了。然而，这种奇怪的现象在绝大多数情况下都是可以轻而易举地得到解释的。而且，倘若我们熟知每一种货币的历史，那么毫无疑问，类似的解释也一定有可能在其他案例中找到。至关重要之点在于，一定要诱使人们去接受货币，并且按照稳定的交换比率，毫无阻拦地将货币花出去，以换取其他物品。但一定总是会有某种充足的理由首先使人们受到诱惑，接纳了货币。当货币一旦流通了起来，习惯、惯例或者法律规定的力量就可以对维持货币的流通发挥很大作用了。但非常值得疑问的是，即使是权力最大的政府又是否能够强制其臣民必须接受一种除了作货币之外这些臣民们再无其他理由应予接受的、毫无价值的东西并且使之流通呢？

当然，在处于早期阶段的社会里，货币的使用并非建筑于法律规定的基础之上，所以该物品用于其他目的的使用价值一定是其
33 被用作货币的先决条件。因此，早期探险家们发现在北美印第安人中间流通的单个*白贝壳珠*钱币或者*白贝壳串珠*钱币，是由于前面已经提到过的（参见本书英文版第 24 页）装饰用途而受到喜爱。在东方被如此广泛地用作小额钱币的玛瑙贝，在非洲西海岸是因它们用于装饰的目的而有了价值，而且它们在被用作货币之前极

有可能已被用作了装饰物品。所有在本书第四章中提到过的其他物品，譬如在这个地方或者那个地方曾经承担过货币职能的牛、玉米、皮革、烟叶、盐、可可豆，等等，都具有独立的使用价值和价值。如果真的存在着有别于这一定律的任何明显例外的话，那么这些例外毫无疑问会允许用更为全面的知识来给予解释。所以，我们可以同意斯托奇所说过的这样一句话："拿一件没有直接价值的物品去作货币，无论这东西从其他方面看可能多么地适合于这一用途，那都是不可能的。"

当一种物品一旦被广泛地用作货币，可以想象，其使用价值将变得主要取决于该物品因而所能向社会提供的服务。譬如，黄金作为货币材料的重要性就远比黄金被用于生产盘子、首饰、手表、金箔等等物品的意义大得多。一件原有许多种用途的物质，可能最终会仅仅去充当货币。然而受钱币需求和习惯力量的影响，这种物质可能会保持其价值。玛瑙贝在印度沿海的流通，或许就是一个例证。据赫伯特·斯宾塞先生说，习惯，无论是个人的还是遗传的，其在货币科学中的重要性至少是与一般而言的道德和社会 34
学现象同样的伟大。

然而，没有理由可以这样猜想，认为黄金和白银的价值目前只是因为它们按照惯例被用作了货币。这两种金属都被赋予了如此非凡的有用属性，以至于只要我们能够搞到足够多的黄金和白银，那么在制造家居用具、装饰物、各种配件，以及不胜枚举的小件物品时，它们就会取代所有的其他金属。上述这些东西目前是用黄铜、铜、青铜、白镴、德国白银或者其他品质较低劣的金属和合金制作而成的。

为了使货币可以有效地承担起自己的某些职能，尤其是使其交换媒介和价值储存的职能得以实现，货币应当用一种在世界各个地方价值都很高，而且如果可能，所有民族都几乎同等地喜爱的物质来制作，这一点非常重要。人们有理由认为，黄金和白银一直受到一切有幸买到它们的部落的爱戴和珍视。这两种金属的美丽光泽在最久远的过去也像在当今时代一样，一定强烈地吸引了人们的注意力并且激发出他们对两种金属的爱戴之情。

便携性

作货币的材料一定不只是有价值，而且其价值还一定要与该材料的重量和体积相关联，以便货币一方面不能重得不便于使用，
35 另一方面也不能微小得不便于使用。在希腊有这样一个传说，莱库古斯[1]强制拉凯戴孟人[2]使用铁制的货币，以便铁钱的重量可以吓住拉凯戴孟人不去进行过多的贸易。无论怎样，铁制货币肯定是不能在当今时代用于现金支付的，因为那样 1 个便士便会重达一磅左右，而且要取代一张 5 英镑的钞票，我们就不得不运送一吨重的铁。上一个世纪里，铜在瑞典实际上是被用作主要交换媒介的。商人们在去收取以铜币达雷尔(copper dalers)为支付手段的款项时，不得不随行带上一辆独轮手推车。许多在以前时代被用作钱币的物品一定是悲惨兮兮地缺乏便携性的。的确，牛和羊自

① 莱库古斯(Lycurgus)为古斯巴达王。——译者注

② 拉凯戴孟人(Lacedaemonians)为古斯巴达人。——译者注

己有腿，它们可以自己走。但玉米、皮革、油、硬壳果、杏仁等等，尽管从若干方面讲都是不错的钱币，然而却是不可容忍的大块头，并且转让起来很麻烦。

货币的便携性是一个很重要的品质，这不仅仅是因为便携性能够使货币所有者毫无麻烦地在衣兜里揣上少量货币，而且还因为有了这样的品质，大额款项就能够几乎不产生成本地从一个地方转移到另一个地方，或者从一个大洲转移到另一个大洲。其结果就是，这样能够保证货币的价值在世界上的一切地方接近于统一。与价值相比重量非常重、体积非常大的物品，比如玉米或者煤，可能在一个地方非常的稀缺，而在另一地方又过度的丰富。然而，供给和需求却不能实现均衡，除非要花费巨资去进行运输。把黄金或者白银从伦敦运输到巴黎的费用，包括保险费，只要大约千 36
分之四，而在世界上最遥远的两地之间，其运输费用也不会超过百分之二至百分之三。

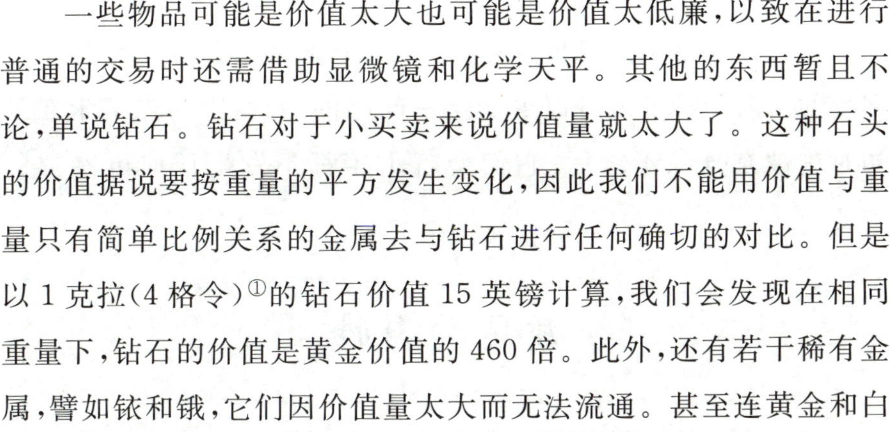

一些物品可能是价值太大也可能是价值太低廉，以致在进行普通的交易时还需借助显微镜和化学天平。其他的东西暂且不论，单说钻石。钻石对于小买卖来说价值量就太大了。这种石头的价值据说要按重量的平方发生变化，因此我们不能用价值与重量只有简单比例关系的金属去与钻石进行任何确切的对比。但是以 1 克拉(4 格令)[①]的钻石价值 15 英镑计算，我们会发现在相同重量下，钻石的价值是黄金价值的 460 倍。此外，还有若干稀有金属，譬如铱和锇，它们因价值量太大而无法流通。甚至连黄金和白

① 格令(grain)，英美最小重量单位，1 格令等于 0.0648 克。——译者注

银如若被用作小额钱币其成本也会嫌太高。一枚银便士目前的重量为 $7\frac{1}{4}$ 格令，而一枚金便士其重量就只能有半个格令。在加利福尼亚流通的拥有漂亮八角形的 25 美分辅币，是我所见到过的最小的金币，其每枚的重量不到 4 格令，而且该辅币太薄，几乎一阵风都能把它们吹跑。

不易破损性

如果货币是为了在贸易中流通来流通去，并要被储备起来，那货币就一定要不易变质或者不易破损。它一定不要像酒精一样地易于挥发，也不能像动物制品那样易于腐烂变质，不能像木头一样地易于霉烂，也不能像铁一样地易于生锈。易于破损的物品，譬如
37 鸡蛋、鳕鱼干、牛或者油，当然都曾被用作钱币，但是这些在某一天被当作货币用的东西必须在之后不久就马上吃掉。因此，这样的易腐易烂商品不可大量地保存在手上，它们的价值也一定是十分多变的。若干种玉米可以少受这一问题的困扰，因为当玉米在最初时刻被充分晾干之后，它们会若干年都不发生任何可察觉的霉变。

质地均匀性

用作货币的物质其所有的部分或者样品都应当是质地均匀的，也就是说，品质是一样的，从而相等的重量具有完全相同的价

值。为了我们可以按任意单位进行正确的计数，这些单位必须是等量的和相同的，所以二乘以二才能永远等于四。倘若我们来计数宝石，要四块宝石的价值恰好等于两块宝石价值的两倍，这种情况是鲜有发生的。即使是在原生态下发现的贵重金属，其质地也并非是完美均匀的，其混杂在一起的各种成分几乎呈各种各样的比例。但这种情况并未造成多少不便，因为分析师随时可以确定任何一个金属锭中所含的单一纯金属的分量。在精炼和铸币的过程中，这些金属后来都提纯到了质地几乎完全一致的程度，所以这个时候同等的重量完全是同样价值的。

可分割性 38

与上一个属性密切相关的是可分割这一属性。的确，每一种材料机械地讲都几乎是无限可分的。最坚硬的宝石能够被打碎，钢可以用硬度更高的钢来切割。但是用作货币的材料不应当仅仅可以分割，而且还要在被分割之后其各个部分的价值总和几乎完全等于材料被分割之前的价值。倘若我们把一张皮革或者毛皮剪开，一般说来被剪开之后的各块皮子的价值要比整张皮革或者毛皮低许多，除非被剪开的皮革有某种特殊的用途。木材、石头以及绝大多数被分割之后便不可能再重新拼接起来的其他材料也都属于这同一种情况。但是金属的各个部分却可以在熔炼了之后再重新聚合起来，只要是有这样的要求。而且这样做的费用，包括金属的损耗，若以贵金属为例，都是可以忽略不计的，其每盎司的费用从$\frac{1}{4}$便士至$\frac{1}{2}$便士不等。因此，近似地讲，任何一块黄金或者白银的价值都与这块黄金或者白银内所含的纯金属重量成正比。

价值稳定性

显而易见，人们需要钱币不受价值波动的影响。货币与其他商品进行交换的比率，平均而言，应尽可能地保持在近乎不变的水平上。如果货币在任何一刻都仅仅是被用作一种价值尺度，以及被当作一种交换媒介，那么比较而言，价值稳定性就应是一个重要
39 程度较低的问题。倘若货币的价值一变，所有的价格都立刻按相同的比例发生变化，则无人会亏损或者受益，除了那些刚好被人们揣在兜里，锁在保险柜里，或者存入银行账户的硬币。但现实地讲，正如我们已经看到的，人们确确实实在把货币作为签订长期合同的一种价值标准使用着。而且，人们受到习惯或者法律的影响，时常会按照同一种不变的价格来进行支付，即使是在支付款的实际价值已经发生很大变化的时候。这样，货币价值的每一次改变都会给社会造成某种伤害。

债务人受益多少，债权人就损失多少，反之亦然，所以从整体上讲，全社会的富裕程度还是和过去一样。的确，这样讲可能是有道理的，但真实的情况却并非如此。对这个课题所作的数学分析显示，从一个人那里拿走任意数额的一笔钱，然后将之交给另一个人，从案例的平均情况看，此举对失钱一方所造成的伤害，要大于给得钱一方所带来的利益。一个年收入 100 英镑的人，其丢失 10

英镑所蒙受的打击会比其多得 10 英镑所获取的受益更大，因为对于他来说，货币的有用程度在 90 英镑时要比在 110 英镑时高出许多。根据同一原理，一切赌博、打赌、纯粹的投机，或者通过其他偶然的方式所进行的财产转让，平均而言都涉及使用价值的完全丧失。对工业和商业以及对资本积累的全部激励，都取决于之后所产生的对于享受的预期，而钱币的每一次变化都会在某种程度上让这样的预期幻灭，从而使努力奋斗的积极性受挫。

可辨识性 40

顾名思义，我们要说明的是一种物品所具有的可被人轻而易举地辨认出来并与所有其他物品区别开来的能力。作为一种交换媒介，货币不能不被连续地倒手，而且倘若每一个接受钱币的人都不得不对钱币进行一番认真的察看、称重以及检验，那就会引起巨大的麻烦。倘若将良币与劣币区分开来需要某种技能的话，不具备这种技能的可怜人们肯定会上当受骗。因此，交换媒介应当具有某种独特的、谁都不会弄错的标识。各种宝石即使在其他方面也能像货币一样的优秀，那也还是不可以把它们用作货币，因为只有娴熟的宝石工匠才能很有把握地将真正的宝石与赝品区分开来。

在可辨识性的标题下，我们或许还可以把被人们巧妙地称之为*可做烙印性*，也就是说，一件物品能够被打上烙印、盖上印章或者印上图案的接受能力包括在这个标题之内，这样做是很恰当的，就像目前有一定价值的货币要借此树立自己的特征一样。我们或许可以说得更为简单一点，即这种被用来作货币的材料应当是*可以铸造成硬币的*。这样，一旦一个单位的这种材料按照适当的法规，被打上了国家的印记，它们就可以成为尽人皆知的质地优良的合法钱币。它们在重量、尺寸以及价值上与一切打着同样标记的钱币是等同的。我们将在后面更为细致入微地考虑制作一种良币都要涉及哪些事情。

第六章　用作货币的金属 41

尽管在本书第四章中所提及的许许多多的商品都或多或少地具备了被用作货币材料所需的至关重要的品质，但毋庸赘述，那些商品一时一刻也不可能在作货币材料方面与许多的金属相媲美。某些金属似乎是天造地设一般地被挑选出来，成为所有物质中最适合于作货币的材料，它们至少在充当交换媒介和承担价值储藏职能时是这样。于是，我们发现黄金、白银、铜、锡、铅以及铁，都曾或多或少地在所有的历史年代内广泛地流通过。在人们的脑海中，白银和铜曾是那么紧密地与其被用作货币的历史联系在一起，以致我们发现连它们的名称都被用作了货币的名称。在希腊语里，*ἄργυροζ* 与白银、银币的意思是等同的，同时也泛指货币。在拉丁语里，*aes* 是指铜、青铜或者黄铜，同时也指货币和工资。在法语里，*argent* 的意思既是白银也是货币。在其他许多语言包括我们自己的语言[①]中，也能找到同样的词义联系。虽然我国的便士现在是用青铜做的，但我们依然还把它们称作*铜板*。

除了铁以外，主要的金属质地都异常地坚不可摧，而且在囤积或者倒手的过程中几乎不发生损耗。每种类型的金属的质地都近 42

① 指英语。——译者注

乎于完全均匀，以黄金和白银为例，这一件物品与那一件物品之间除了会在重量上会有所区别外再无其他不同，成色上的差异都是确定的和允许的。这两种金属无论是用凿子凿，还是用坩锅炼，也都完全适合于分割。而且，再次回炉熔炼，总能在几乎没有什么成本或者没有什么材料损耗的情况下，把分割后的各个部分通过熔融，再度组合在一起。这些金属中的绝大多数都具有极高的可辨识性和可做烙印性的属性。每种金属都有其特有的颜色、密度以及硬度，因此，一个经验很少的人也能轻而易举地把这种金属与另一种金属区别开来。这些金属的延展性使我们能够将它们卷成卷，切割开来，用锤子敲成所要求的任何形状，并用模具将永久图案压铸在这些金属的表面。除了瓷制硬币（这种硬币曾在暹粒使用过），我尚不清楚还有哪一种硬币是用金属以外的任何一种物质制作的。

至于价值的稳定性，金属在被当作价值标准的方面或许不及其他许多商品（譬如玉米）那么令人满意。从最早的年代起，各种金属一定一直享有极高的价值，这一点我们可以从当今的野蛮人对金属的尊崇方式上了解到。但这些金属的价值却蒙受了并且还在继续蒙受着几乎不停顿的下跌，其原因是工业的进步，以及提炼金属的新的机械手段和化学手段的发现。甚至连这些金属的价值
43 排序也都发生了变化。据格拉德斯通先生说，在荷马史诗的年代，铁要比铜价值高得多，铜在当时是最普通和最有用的金属。铅在当时几乎不被人知晓或者没有什么价值。但是黄金、白银以及锡却占据着同今天一样高的地位，排在名单之首。

铁

在开始扼要地讨论每一种比较重要的金属之前，亚里士多德、波鲁克斯以及其他一些作者的陈述都能证明，铁在早期时代曾被广泛地用作货币。虽然据人们所知，这种货币的样本现在连一枚也不复存在了，但是考虑到这种金属的锈蚀速度，出现此种情况也就很容易理解了。因为找不到此种硬币的样本，我们也就无从得知这种货币的形状和大小。但这种货币有可能是由小铁饼、小铁锭或者小铁签子构成的，与今天中非当地人进行贸易时仍在使用的小铁饼多少有些相似。铁制货币仍然在或者不久前还在日本进行的小额贸易中使用。但是造币厂已经不再继续发行铁币了。

当今时代，在文明的国家里，纯粹铁制硬币的使用已是不可能的了。这既是因为此种金属太便宜，也是因为锈蚀会很快让硬币上的图案变得不再清晰，变得肮脏和易于伪造。但铁或者钢依然可能与其他金属炼成合金，用于铸造便士。这是很有可能的事情。

铅 44

铅曾经常常被用作钱币，而且古希腊和古拉丁的诗人们偶尔曾提到过这样的事情。1635 年，在马萨诸塞，铅制的子弹被用来交换东西，价格是一枚子弹换一个法辛①。在当今时代，这种钱币

① 法辛(Farthing)，英国旧币，现已不用，等于四分之一便士。——译者注

依然还在缅甸通行，付账的办法是按重量计算，用于小额支付。由于这种金属极其柔软，所以显然在成色很高的状态下，铅很不适合于铸成硬币。时常被用来铸成硬币的是白镴的某一种成分。

锡

锡也曾在各个不同的时期被用作货币。叙拉古的戴奥尼夏发行过最早的锡制硬币，有关这种硬币当然一切都已为人知。但因为在早期时代锡是从康沃尔买来的，所以几乎可以不用怀疑，第一批英国钱币是含有锡的。在不胜枚举的艺术品陈列室里，可以发现一系列由罗马的皇帝们发行的锡制硬币。英国国王也时常铸造锡币。1680 年，查理二世打造了锡制法辛，将一枚铜钉镶嵌在锡制硬币的中央，以增加伪造的难度。在威廉和玛丽（1690 年至 1691 年）统治时期，英国还曾相当大量地发行过半个便士和 1 个法辛的锡币。锡制硬币从前曾在爪哇人、墨西哥人以及其他许多民族中间被使用过，而且据说这种金属在马六甲海峡仍很流行，付账的办法是按重量来计数。

45 从许多方面看，锡应当非常适合于制作便士，因为锡具有纯洁的白颜色，完全不会被腐蚀，而且价值要比铜高得多。不幸的是，这种金属在成色很高的情况下太软，容易弯曲并折断，这些都是锡被用作货币道路上不可逾越的障碍。

铜

这种金属从许多方面讲非常适合于铸造钱币。把它曝露在干燥的空气中不会受损。它具有非常鲜明的红色，而且通过模具可以打上十分清晰的印迹，铜保持印迹的能力要高于大多数其他金属。因此，我们发现铜曾连续不断地被用作钱币，要么是单独作为钱币，要么是作为黄金和白银的辅币。最早时候的希伯来硬币的主要成分是铜，而罗马的金属钱币是用含有杂质的铜制作的，被称之为阿伊斯（*aes*）。直到公元前 269 年时，白银才第一次被铸成硬币。在后来的年代里，铜不仅被一般地用作价值较低的硬币，而且还在 100 年以前，成为俄国和瑞典的主要钱币。现在，铜的低价值妨碍了它的应用。一个便士倘若按照与自己面额价值相等的金属含量去制作，这枚铜制便士就会重达 870 格令，或者比 $1\frac{3}{4}$金衡制盎司还重。铜的价值还容易发生相当大的波动。此外，纯粹状态的铜在未来也不大可能被铸成硬币，因为现在已知青铜更适合于铸造硬币。

银 46

几乎无须由我来说，白银是因其优雅的白色光泽而卓尔不凡的，白银的这一特点是任何其他纯金属的光泽都不可比拟的。的确，某些合金，譬如镜合金或者不列颠合金，也曾被做得几乎拥有同等的光泽，但这些合金或是易碎，或是太软因而不能发出白银那样的金属声音。如果在空气中曝露得太久，白银会因表面形成的一层黑色硫化银薄膜而失去光泽。但这一点并不能构成白银被用作钱币的障碍，因为那层薄膜总是很薄很薄的，而且薄膜奇异的黑颜色甚至可以帮助人们把纯银与赝品区别开来。倘若适当地做成合金，白银的硬度便足以经受得起很大的磨损，而且白银是仅次于黄金的、所有金属中延展性最好和最可模压印迹的金属。

一枚用白银制作的硬币或者其他物件，可以通过下列标记被辨认出来：(1)只要是刚刚擦拭过或者刮过，白银就会现出优雅纯洁的白色光泽。(2)只要把这种物品的表面长时间地曝露于空气之中，便会出现一种发黑的色泽。(3)比重适度。(4)将之抛掷在地时，会发出好听的金属声。(5)相当坚硬。(6)强硝酸可以溶解白银，而且若将这种溶液置于光下，溶液会变黑。

几乎毋庸赘言，自铸造硬币这门手艺第一次被发明出来迄今，白银在所有的年代里都被制成过硬币，而且白银与黄金和铜的相对价值使之适合于在一种货币体系内取居中的位置。白银的价值还能在 50 年或者 100 年的时间段内保持得非常稳定，因为这种金
47 属除被做成货币外，还以盘子、手表、首饰以及各式各样装饰物的形式被大量地保存起来，所以几年时间的供给变化并不能使白银的总库存发生任何可察觉的改变。产量颇丰的银矿几乎在世界各地都有，而且只要有生产铅的地方，就能通过帕丁森提取法得到少量但却产量稳定的白银。

黄金

白银是美丽的,然而黄金更美丽,而且的确还展示出一种所有已知物质都远不能与之相媲美的、集有用性和迷人性于一身的属性。对于一种富贵并光芒四射的黄颜色,人们只能恰如其分地将之形容为金色。黄金把令人惊诧的延展性与很高的比重结合在一起,只有铂以及少数极其稀有或者几乎尚不为人所知的金属的属性能够超过黄金。我们通常可以通过寻找如下三种特征性标记来弄清楚一枚硬币中是否含有黄金:(1)颜色是闪闪发光的黄色。(2)比重很大。(3)硬币掷地是否会发出金属声,这能证明硬币的内部是否含有铅或者白金。

倘若对一种金属是否为黄金依然还存有任何疑问的话,那我们就只好求助于黄金的可溶性了。黄金的耐腐蚀性或者耐溶解性非常出色,将之曝露在干燥的,或者潮湿的,或者不干净的空气中,无论多长时间,黄金都不会受到什么影响,也不会失去光泽,而且在所有的普通酸中也不会被溶解。强硝酸会很快让任何镀了色的赝品金属腐蚀,但却不会有损于标准的黄金,或者顶多将混杂在黄 48
金里面的铜和银合金有气无力地溶解出来。几乎在所有的方面,黄金都十全十美地适合于铸造硬币。的确,在成色很高的情况下,黄金几乎像锡一样的柔软。但当黄金与十分之一或者十二分之一的铜冶炼成合金时,它又可以变得很硬,足以抵抗磨损。而且,这种合金能够发出一种好听的金属声。然而,这种合金依然保持着完美的延展性,能够打上清晰的印迹。黄金的熔点高低适度,而且

还不存在金属在转炉产生的极高温度下出现的可以感知的氧化或者挥发的现象。因此,旧的硬币和此种金属的碎片可以在损耗很小的情况下被熔炼成金条块。这种损耗在每一金衡制盎司里不超过半个便士或者略高于 0.0005。

白金

比较而言,这是一种相当稀少的金属,只是在最近的时期里它才为人所知晓。白金极高的熔点以及对氧的低亲和力,使之成为所有物质中最坚不可摧的东西之一。同时,白金的白色加上其极高的比重,这是人们不会弄错的标志。因为白金在这些方面似乎很适合于充当货币,所以在乌拉尔山脉拥有多座主要白金矿的俄国政府,于 1828 年开始铸造白金硬币,意图将之制成价值 12 卢布一枚、6 卢布一枚以及 3 卢布一枚的硬币。很快,若干反对这样使
49 用此种金属的意见就冒了出来。白金的外观不及白银或者黄金那么好看,也很少或者从来没有被用作装饰品,白金唯一得到广泛利用的地方是制造化工设备。因此,人们的手中并没有大量地保存这种金属,而且因为发现白金的地方很少,供给不可能增加很多,所以只要需求发生任何一点变化,都肯定会导致白金价值的巨大变化。此外,用白金制作硬币的成本也非常大,因为要熔化白金困难极大,所以对磨损了的硬币不能不大大增加成本地实行回笼和回炉重铸。因此,人们发现白金非常不适合于作钱币,于是,俄国的计划于 1845 年被放弃,已有的硬币被从流通中撤出。

近来,加工白金的方式得到了很大的改进,所以,俄国参加

1867 年在巴黎举行的国际货币大会的代表 M.德·雅各比提出建议,主张应当用白金去制作 5 法郎一枚的硬币。这样的建议不大可能会被采纳。

镍

这种金属原来曾被看作是冶金学家的灾星,但近来则在制造业中,甚至在货币科学领域内取得了重要的地位。镍仅仅被使用在与其他金属的合金之中。而且为了铸币的目的,这种金属时常要按一份镍对三份铜的比例与铜熔融在一起。比利时较小面额的
硬币,以及美国一美分的硬币,都是用这种材料制作的,而且看上 50
去非常便于使用。在 1869 年和 1870 至 1871 年内,为殖民地牙买加制造的、价值 3,000 英镑的 1 便士硬币和半个便士硬币,就是用同样的合金在英格兰造币厂制作的。这是伦敦塔丘[1]所发行过的最漂亮的硬币之一,而且从很多方面讲都非常适合流通。但不幸的是,这些硬币造得太大、太沉。因此它们不但不便于流通,而且在 1873 年当英格兰造币厂的副厂长被要求提供更大数量的同种硬币时,他发现镍的价格已经大幅上涨,因此,仅硬币材料本身的成本就超过了所要生产硬币的面额价值。金属镍价格的上涨,一

① 伦敦塔丘(Tower Hill)是伦敦塔(Tower of London)所在地。英国国王爱德华一世(1272 年至 1307 年在位)在 1275 年至 1285 年间花了很多钱,将原有的伦敦塔改造成英格兰最强大的同心防御城堡。尽管打造得很舒适,但英国国王很少待在塔中的皇室住所。在其统治时期,该塔被用于军事或储存目的,成为一座监狱以及爱德华存放官方文件和贵重物品的保险库。英国皇家造币厂也建在塔内。所以塔丘便成了英国皇家造币厂的代名词。——译者注

部分原因在于当时开工的镍矿数量少，而另一部分原因则在于由德国政府所引发的对这种金属的巨大需求。德国政府选择用同样的合金为自己的新货币体系分别制作10芬尼和5芬尼一枚的硬币①。德国现在正发行的这些硬币，大小合适，便于流通，比1个先令一枚和6个便士一枚的硬币分别小不少，而且从各个方面看都显得非常适合于这些硬币的发行目的。德意志帝国很快就将拥有世界上最好的而不是最糟糕的小额钱币。金属镍的价格变化无常，这是造成目前窘迫局面的原因，但再过一段时间之后，当镍的在用量和年产量增大之时，形势可能会变得不那么严重。

51

其他金属

已经提到过的这些金属，不过是化学家们现在已知存在的众多金属中的一小部分，若是断言未来的货币一定总是像过去一样，用同样的材料去制作，那就是不明智的。一方面，完全可以想象，随着时间的推移，某种比黄金还贵重的金属可能会被引进货币体系。大致地讲，金属迄今为止充当主要交换媒介的次序为(1)铜，(2)银，(3)金。随着金属价值总体上的下降，价值更高的金属取代了价值较低的金属，而且更便于携带的黄金现正迅速地占据白银的位置。某些更有价值的金属，譬如稀少而又难于加工的铱或者锇，或者十分出色的金属钯，都有可能取黄金的位置而代之。然

① 芬尼(pfennig)是德国旧时货币体系中的辅币，100芬尼等于1马克。——译者注

而，这样想却并不比科学幻想有很大的区别。

另一方面，现存的许多金属，其生产成本可能会比白银的生产成本更低廉，譬如铝或者锰。人们很值得去探询，在这样的金属中是否有可能找到解决小额钱币紧缺困难的办法？有关这一问题，我们将在后面进行更为充分的讨论(参见本书英文版第 132 页)。

合金

在不同的时期内，为数众多的不同合金或者金属混合物都曾经被做成过铸币。的确，说金属除非是在合金的状态下，否则鲜有被作为硬币并发行的，这样的说法是完全正确的。甚至连通常被 52
铸成硬币的黄金和白银也要么是相互间的合金，要么是与铜的合金。后一种金属也是一样，一般是被用在与其他金属相结合上面。古罗马人的*阿斯*(*as*)并不是由纯铜制作而成的，而是用一种混合物的金属*阿伊斯*(*aes*)，即一种铜与锡的合金制作而成的。被称作*阿伊斯*(*aes*)的金属混合物部分地与青铜相似，而青铜则是刚于前不久被引入法国、英国以及其他国家，用于制作小额货币。黄铜在很大程度上被一些罗马的皇帝们用来制作铸币。毫无疑问，在很多情况下，早期的冶金学家在熔炼某种矿石时得到了矿石内所含的所有金属的一种天然合金。而且由于无法将不同的金属相互分离开来，所以被迫使用这种混合物。于是，我们便可以解释为什么这种奇妙的金属中会含有 60 份到 70 份不等的铜，20 至 25 份不等的锌，5 至 11 份不等的白银，以及少量的黄金、铅和锡。这

种金属被用来制作诺森布里亚[①]早期国王们的*斯黛卡斯*[②]，或者说小额货币。

陷于困境之中的君主们或者国家，常常会把自己最容易搞到的金属铸成硬币。由詹姆斯二世发行的爱尔兰货币，据说就是用旧枪炮、破碎的钟、废铜、黄铜、白镴、旧的厨房用具以及事实上詹姆斯二世的军官们所能找得到的任何垃圾金属的混合物制作而成的。詹姆斯二世曾试图用白镴制作的克朗以银制克朗的价值参加流通。

① 诺森布里亚(Northumbria)是中世纪时在英国北方的王国。——译者注

② 斯黛卡斯(stycas)是用铜合金制作的小额硬币。——译者注

第七章　铸币 53

很清楚，金属要远比所有其他物质都更适合于流通的用途，而且几乎同样清楚的是，某些金属在这方面要胜过所有其他金属。关于黄金和白银，我们尤其可以说与杜尔哥的看法是一致的，这两种金属由于其天性，不必依赖任何习俗和法律的支持就能成为万国货币。即使铸币制造手艺从来就不曾被发明出来过，黄金和白银或许也还是会成为世界性钱币。但是，我们现在不得不去考虑，我们怎样才能通过给称好了重量的一块块这样的金属做成硬币形状，来最大限度地把金银的宝贵属性利用起来。

的确，让这些金属以原始的形态参加流通，那只不过是用这些金属去换取其他商品的原始形态的买和卖，用多少重量或者多少份这样的金属去进行交换，这些都只能作个粗略的估算。一些最早期的货币样本是由*原生态的铜锡合金阿伊斯*(*aes*)，或者由粗糙的、无一定形状的原产铜块构成的。古伊特鲁里亚人[①]把这样的金属块用作货币。在博洛尼亚的阿奇吉纳西奥博物馆里，人们可以看到一副伊特鲁里亚人的骨架。骨架的一半被埋在土里，一 54

---

① 伊特鲁里亚人(Etruscans)是公元前十世纪至公元前一世纪生活在亚平宁半岛中北部，即现在意大利中北部的一个民族。——译者注

个粗糙的铜片还被握在只剩下了骨骼的手中，铜片放在那里是为了满足卡隆[①]的要求。此外，普林尼还告诉我们，在塞尔维乌斯·图利乌斯[②]的时代之前，铜是以原生态的状态参加流通的。之后，铜、黄铜或者铁可能是以小饼或者小签子的形状被利用的，而在希腊文中价值单位的名称*德拉克马*据说就是从一只手能够抓得住 6 根这种金属签子的事实中派生出来的，每根签子被称之为 1 *欧布鲁斯*[③]。据认为，这便是第一个货币体系。此说法纯粹是靠传说或者几枚金属块才得以流传下来的。

人们可以极其方便地随时从冲积矿藏中找到黄金，然后便可以得到颗粒状或者细砂状的黄金。所以，这便是货币黄金的原始形式。古时候的秘鲁人把金砂灌进羽毛的管杆中以保证不丢失，并且因此能够更为方便地让金砂四处流通。在加利福尼亚、澳大利亚或者新西兰的淘金潮中，金砂直至今日都还是借助于天平而直接与其他货物交易的。将黄金和白银熔化，然后再用锤子把黄金和白银敲成各种形状的手艺很早以前就被发明了出来。甚至在当今，积攒了几个卢比的穷苦印度人也会找一个银匠，把这些卢比熔化掉，再将之打制成简单的手镯。这些穷苦的印度人把手镯戴在手腕上，既可以当作装饰物，又是一种财富的囤积办法。

---

① 卡隆(Charon)是古希腊神话中的阴曹地府之神。他负责把死人的亡魂用船摆渡到阴界去。所以被称作冥府渡神。死人的亡魂要乘卡隆的船，就须向他付钱。所以在这里有“满足卡隆的要求”之说。——译者注

② 塞尔维乌斯·图利乌斯(Servius Tullius)是罗马王政时代的第六任君主，统治时期约在公元前 578 至前 534 年。——译者注

③ 欧布鲁斯(obolus)是古希腊价值六分之一德拉克马的硬币，现行的希腊重量单位，合 0.1 克。——译者注

与此类似，古哥特人和古凯尔特人也习惯于将黄金打制成很粗的金丝，他们把金丝卷成螺旋塔式的戒指，并且或许会将这种戒指戴在自己的手指上，直至贸易上需要用这种金属时为止。这种 55
戒指货币构成了第一批近似于铸币的东西，对此人们几乎是没有什么疑问的，因为在欧洲和亚洲的不同地方，人们都曾发现过大量的此种戒指货币的样本。在某些情况下，这些戒指可能是有意地被打制成了重量相等的戒指，因为恺撒说过不列颠人佩戴铁制戒指的情况，他们把戒指调制到一定的重量，用来充当货币。在另一些情况下，这些戒指或者护身符借助于天平，被人买来卖去。而在一些埃及的绘画中，男人们被表现为正在做给戒指称重的动作。为了避免频繁称重所带来的麻烦，人们很有可能制作了可以加上封条、内里装着具有一定重量戒指的口袋，而这样的一些口袋，或许就是《列王纪》第 23 卷中乃缦[①]交给基哈西的装着白银的口袋。戒指货币据说在努比亚[②]仍在使用。

黄金和白银还曾被打制成其他各种不同的式样来充当货币。暹粒的货币就是由很小的金属锭子或者弯成奇特模样的金属条构成的。在本地治里[③]以及其他地方，黄金是以小颗粒或者小纽扣的形式流通的。

① 乃缦(Naaman)是《圣经》中的一位人物，见《旧约·列王纪》。——译者注

② 努比亚(Nubia)为非洲东北部一个地区，历史上曾为一个古国。——译者注

③ 本地治里(Pondicherry)是印度的一个地方。——译者注

货币铸造的发明

货币铸造的发明日期，可以用某种程度的可能性来确定。在荷马史诗的年代，人们显然还未曾听说过制成硬币状的货币。到了吕库古时代，制成硬币状的货币才为人所知。我们因此可以带有各种不同权威性地作出假定，货币铸造技术是在吕库古时代的同时期内，或者公元前大约900年时被发明出来的。此外，还有这
56 样一个传说，阿尔戈斯[①]的国王斐冬在公元前大约895年于爱吉那岛最先铸造了白银货币，而且这个传说从爱吉那发现的带有压制图案的小银锭上得到了佐证。然而，后来的探究却引出了这样一个结论：斐冬生活的年代是公元前八世纪中叶。而且格罗特[②]已经表明，他有充足的理由去认为，斐冬确确实实成就的事情并非发生在爱吉那，而是在阿尔戈斯。

这项发明的发生方式是足够清楚的。印章在非常早的年代里就以人们非常熟悉的方式得到了利用，正如我们从埃及的绘画中或者从尼尼微带有印章的砖头上所了解到的那样。这些印章因为是被用来表示拥有的，或者是被用来核准合同的，所以它们要显示出权威性。当一个统治者第一次担负起要证明每个金属片的重量

① 阿尔戈斯(Argos)是古希腊的一个城邦，位于伯罗奔尼撒半岛的东北部，青铜器早期时代开始有人居住，约有五千年的历史。斐冬是阿尔戈斯的国王，确定并公布了度量衡标准，又在爱吉那铸造了银币。——译者注

② 乔治·格罗特(George Grott)是英国历史学家，生于1794年，卒于1871年。——译者注

为多少的任务时，他很自然地要利用自己的印章来让这个事实被人知晓，正如人们在金银店里所见过的情况那样，金银店采用打一个小孔的办法用来证明盘子的成色。在最早的铸币形式中，我们还看不到古人曾经有过这样的打算，即要把一块金属敲击成某种形状，这样如果有人要改变硬币的重量，那他就不能不破坏硬币上的印章或者图案。最早制成的硬币，无论是在利迪亚[1]还是在伯罗奔尼撒半岛上[2]制作的，都只在硬币的一面压有印章图案。波斯的货币被称作*拉林*(larin)，由一根圆形的、长约6厘米、折成两截的银丝构成，并且在其中被敲扁了的一截银丝上压有印章，那一截之所以被敲扁就是为了这个目的。这或许是戒指货币的一个遗物。中国目前流通的货币在相当大程度上是由所谓的银锭构成的，这里面包括小的马蹄金锭子。根据一些人的描述，那些银锭由政府验过成色和重量并压上了印章。

什么是铸币？ 57

尽管从戒指、金砂或者压上了印章的锭子中，我们对自己称之为铸币的东西有了一个近似的了解，但是很清楚，我们还必须做更多的事情才能制作出方便易用的货币。印章盖上之后必须不仅能够证明产品的成色和原封未动时的重量，而且还要能够证明之后不曾发生过任何改变。我们现在已经了解了铸造硬币的手艺，把

---

① 利迪亚(Lydia)是小亚细亚西部的一个富裕古国。——译者注

② 伯罗奔尼撒半岛(Peloponnesus)在希腊的南部，濒临爱奥尼亚海。——译者注

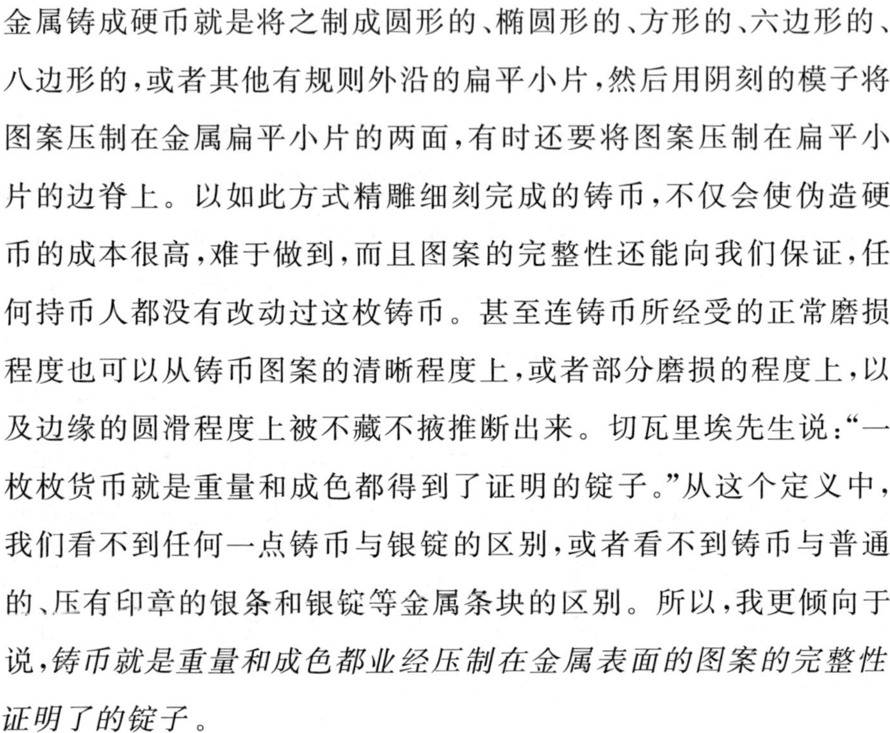

金属铸成硬币就是将之制成圆形的、椭圆形的、方形的、六边形的、八边形的，或者其他有规则外沿的扁平小片，然后用阴刻的模子将图案压制在金属扁平小片的两面，有时还要将图案压制在扁平小片的边脊上。以如此方式精雕细刻完成的铸币，不仅会使伪造硬币的成本很高，难于做到，而且图案的完整性还能向我们保证，任何持币人都没有改动过这枚铸币。甚至连铸币所经受的正常磨损程度也可以从铸币图案的清晰程度上，或者部分磨损的程度上，以及边缘的圆滑程度上被不藏不掖推断出来。切瓦里埃先生说："一枚枚货币就是重量和成色都得到了证明的锭子。"从这个定义中，我们看不到任何一点铸币与银锭的区别，或者看不到铸币与普通的、压有印章的银条和银锭等金属条块的区别。所以，我更倾向于说，*铸币就是重量和成色都业经压制在金属表面的图案的完整性证明了的锭子*。

形态各异的铸币

随着时间的推移，铸币被以多种多样的形状生产出来，尽管圆
58 形铸币在数量上广泛地占据主导地位。在德国各州不计其数的多次硬币发行中，人们可以发现八边形的和六边形的铸币。1513年，鲁德伯特在萨尔斯堡发行了一种奇特的方形铸币，该铸币的中央压制了一个圆形。全包围式硬币曾在英国以及其他地方发行过，形状有方形、菱形等。在历来使用过的货币中，有一些极其特别的货币样本，它们是用纯铜制作的大盘子。这种货币18世纪时

在瑞典流通过。这些盘子的厚度约有$\frac{3}{8}$英寸，大小各不相同，半个达雷尔(daler)一枚的铸币面积有$3\frac{1}{2}$平方英寸，而 2 个达雷尔一枚的铸币面积大到$7\frac{1}{2}$平方英寸，重$3\frac{1}{2}$磅。由于这种硬币的整个表面无法用设计图案全部覆盖住，于是又在每个边角的附近打上了一个圆形的烙印，中央也打上了一个圆形烙印，目的是让更改硬币之举变得尽可能的困难。

在东方国家之间，铸币的形状更为奇特。在日本，流通货币的主体部分是银条丁银(itzebus)。这种铸币是长方形的扁平银块，银块的两面都覆盖有图案和铭文，上面的方块字一部分是用阳文刻的，一部分是用阴文刻的。较小的银币形状与之类似。在日本的辅币当中，能够发现大个的、椭圆形的、用模子做出来的铜币或者混合金属币。每枚硬币的中央都有一个方孔。众所周知，中国的现金货币*通宝*是一种用黄铜制作的圆片，当中有一方孔，以便人们用线绳把铜钱儿串起来。台湾地区的铸币与之类似，只是台湾地区的硬币要大得多，厚得多。中国、日本的所有铜制和低劣金属质的硬币，都可以通过一个宽大扁平的边缘区别开来，而且在凹 59
槽底部有浮雕式的汉字，有点博尔顿和瓦特的 1 个便士一枚铜币的风格。这些铸币是通过范模使熔融的金属成型，然后再把突起的部分锉平滑而制成的。这样的铸币能够经得起磨损，并且比欧洲的铸币能够更好地保持铸币上面的图案，但东方的铸币比较易于伪造。

所有铸币中最为奇异的是先前曾在波斯流通过的半月形刀状

硬币。

最佳形态的铸币

尽最大可能为硬币设计出最好的形状并以最佳方式将之打制出来，这是一个相当重要的问题。货币的使用，可以说创造出了制作假币这样一种人为的犯罪，而且施展这项非法手艺的诱惑力非常之大，以至于任何惩罚都不足以将这样的人为犯罪镇压下去，两千年来的经验充分地证明了这一点。成千上万的人被处死，而且所有的叛国罪惩罚都被用上了，但却不见成效。于是，鲁丁毫无疑问非常正确地说：“我们的努力不应当过多地放在惩罚这种犯罪上面，而应当通过改进制造铸币的手艺预防这种犯罪。我们必须将我们的铸币打造得如此完美，以至于仿制铸币或者更改铸币的行为完全没有成功的可能。”

在决定为一种铸币选择哪种确切的设计图案时，我们应当瞄准如下四项主要目标：

1.预防伪造。

60 2.预防有人以欺诈的手段将铸币上的金属刮掉。

3.减少合情合理的磨损所带来的金属流失。

4.把铸币打造成铸币发行国家以及使用铸币的人民的一座艺术的和历史的纪念碑。

为了预防伪造，我们的主要资源就要用在让机械加工的铸币尽可能的完美，并把铸币打造成只有借助于复杂的机器才有可能完成的产品。当所有的铸币都是通过浇铸的方式制作时，伪造硬币的人也能够几乎像真正造币人一样技术娴熟地造假。因此，在罗马帝国内，要将真币和假币区分开来那是非常困难的。用锤子敲打出来的货币，比浇铸出来的货币改进了许多，而工厂冲压出来的货币又比锤子敲打出来的货币改进许多。由博尔顿和瓦特最先开始的用蒸汽机压制硬币的办法，是又一次伟大的改进。目前用在除伦敦塔丘以外的几乎所有造币厂的厄尔霍恩和索恩奈利埃弯头接合压力机，是打造硬币机械里最新的进步。

最大的注意力应当放在如何在当代硬币的边脊上完美地实现压制齿边、铭文或者其他设计图案的上面。这样做，一度是为了防止硬币滑脱手，或者私改硬币，挫败伪造者的技术。古代国家发行的硬币具有粗糙的、未打上烙印的边脊。而在硬币的边脊上压上了铭文的第一枚硬币，是 1573 年发行的法国查理九世的银币。英国铸币首次在边脊上被做上小圆粒或者打上记号，是在 1658 年或者 1662 年，那时铣边机的使用已经最终在造币厂确立了地位。的 61
确，英国以及其他绝大多数造币厂现在发行的所有较大硬币，都带有一个轧了花纹或者呈锯齿状的边脊。这样的边脊是在一个固定的项圈内加工出来的。固定项圈的内侧壁上布有许多条脊，待加工的硬币被固定在固定项圈之内，当硬币被上下两侧的印模冲压时，花边或齿形边脊就被做了出来。这些固定项圈很难制作，而且它们除了在硬币冲压中使用外别无其他用途。硬币造假者无法用手工去仿制硬币边脊上的花纹。用一把锉刀几乎不可能锉出非常规则的花纹来。

法国 5 法郎一枚的硬币在边脊上用凸起的字母书写了一串铭文：“上帝保佑法国”。这种凸起的字母远非造假者的手艺所能企及。英国的克朗[①]上有一串凹进去的铭文:“光彩和保护者”,并且还有英国君王的统治年份。这样的铭文显而易见用锍子就能仿制。德国的新金币发行时边脊是光滑的,10 马克一枚的金币只有几个略微凹进去的阴刻标志,而 20 马克一枚的金币上有一串铭文,字母是模糊的,写道:“上帝与我们同在。”与其他绝大多数造币厂采用的铣成边相比,德国金币的防伪能力当然远不能令人满意。也许值得探究的是,铣成边是否可以不与铭文或者其他带浮雕的设计图案结合在一起使用,以便给仿制行为制造更大的困难。一个世纪或者两个世纪之前,银币的边脊上曾经有过一种装饰性的小珠子。复杂的图案、带有完美规则性的机械化生产以及完全不可能用手工仿制的工艺,现在可能要成为老式造币手段的替代
62 者了。

用作艺术品的铸币

我在前面一节中分析过,为了防止伪造,铸币最理想的形式应是个什么样子。伪造硬币,硬币因磨损而发生的残缺,以及避免这些恶魔现身的最佳手段,我们将在本书的第十三章中处理。关于把硬币用作艺术性的奖牌一事作长篇大论是不合适的。然而,我必须说,英格兰造币厂仍在发行的硬币中有许多是不良品味的纪念碑。很难想象还有比 1 个先令一枚和 6 个便士一枚的硬币上的

---

① 英国的克朗(English crown)是英国旧时的一种金币,于英国国王亨利八世时作为货币改革的一部分被推出,价值 5 个先令,硬币的一面印有王冠图案。——译者注

设计图案更为糟糕的东西了，这两种硬币都是从许多分支的艺术在英国已达到登峰造极地步的时期流传下来的。随着我国多种多样的建筑和艺术制造都因个人的努力而获得了新生，那么希望一个政府部门能够马上跟进而行，这个要求难道太过分了吗？弗罗林[①]的确比先令先进得多，因为弗罗林在某些方面已经回归到英国老货币的风格上去了。1847 年一个图案非常漂亮的克朗硬币被生产了出来，其风格与弗罗林多少有些相似，但从未发行过。当时的造币厂厂长罗威先生又把老的乔治与龙的沙弗林还给了我们，这种硬币要比盾牌和花环硬币强许多。然而我认为，对我国的铸币来一次总的改进的时刻到来了。

历史性的铸币

一些国家把本国的铸币当作重大事件譬如征服某地、周年纪念、君王登基等等的纪念碑。德国各州，尤其是普鲁士，已经打造 63
了一套长系列的、精美的系列硬币，一直到 1861 的塔勒加冕和 1871 年塔勒被围。这样的硬币当中，有一些立即便被人像收藏奖章一样地放进了藏宝匣子中。倘若能够想象出那些已遭损毁的文献、现代城市以及那些城市在废墟上和衰败中矗立起来的纪念碑，这样的金属硬币将成为最持久的纪念物，而且各个普鲁士国王的历史将会被未来的钱币研究人员发掘出来。就像大巴克特里亚王朝的历史于最近被发现的情况一样。

① 弗罗林(florin)是英国旧时的一种银币，等于 2 个先令。——译者注

1842年，安特诺尔·乔利先生向法国的立法院提交了一项计划，要建立一个历史货币体系，而且在1852年他又重新提出了这项提案。欧内斯特·杜马先生也提出建议，要求发行20生丁的青铜硬币，他建议这种硬币或者作货币使用，或者作历史纪念章使用。这一类的计划在法国未能得到贯彻，而在英国这类的硬币从来就没有打造过。除了制作一套新的模具会产生少许开销外，我看不出还有什么理由去反对发行历史性货币。

货币铸造的皇权象征意义

每一个文明的社会都会要求向它供应制作良好的铸币，这就产生了一个问题，这样的货币应当怎样来供应呢？每一种同一面额的硬币都必须含有重量完全相等的纯金属，而且必须带有能够证明该种硬币所含的金属量完全相等的压制印章。我们能够把保持这种硬币的充足供给一事托付给制造商和贸易商人的普通竞争
64 吗，就像要他们供应纽扣或者别针和针那样吗？还是我们必须成立一个政府部门，在严格的立法管控下来确保良好的货币制度？

正如几乎每一种舆论都会找到某些支持者一样，也不乏有些人认为，铸币一事应当放手让自由的竞争行动来决定。赫伯特·斯宾塞尤其如此，他在自己名为《社会静态》的书中提出了这样一种理论，正如我们把为我们提供数磅重的茶叶一事托付给杂货铺老板，把为我们送几片面包一事托付给面包师一样，我们同样可以委托希顿父子公司，或者伯明翰的其他企业公司，以自负盈亏的方式向我们供应沙弗林和先令。他坚持认为，正如同人们会根据自

己的偏好去光顾出售优质茶的杂货店买茶,去光顾面包片味道好、分量足的面包房买面包一样,诚实和成功的造币者也会赢得市场,而且他的货币会把劣质产品赶出市场。

虽然我必须总是毕恭毕敬地对待像斯宾塞这样一位有着如此深邃思想的思想家的意见,但我还是坚持认为,在这个例子中他把一个总的原则强加给了一个例外的案例。在这个案例中,他的总的原则完全是失效的。他忽略了重要的格雷欣法则(我们将在本书下一章中解释),即较优质的货币并不能把较劣质的货币赶出市场。在钱币的问题上,利己主义的作用方向与其在其他事情上的作用方向正相反,正如我们将在后面作出的解释那样,而且如果货币铸造被放任自流,那些打折出售缺斤短两硬币的人将会把生意做得最红火。

这个结论已经被经验所充分地确认,因为在许多时间里或者场合下,硬币是由私人制造商发行的,而且总是带来货币贬值的结果。在一段漫长的时间里,英国的铜制钱币主要由商人们的代用 65
货币构成,这些代用货币发行时分量很轻,而且为数过多。在斯迈尔斯先生的《博尔顿和瓦特的生平》一书中(见该书第391页),登载了一封有趣的信,博尔顿在信中抱怨说,在旅途中他在收费站收到的假币数量为平均每收到1个真正的便士,便会收到两个假的便士。他说,较低层的制造商用20个银先令买到面额价值为36先令的铜制铸币,并将这些钱作为工资分配给自己的工人,因此便能赚到相当大的利润。流通中的这些贬值铸币数量非常大,以至于斯托克波特的治安官和居民召开了一次公众会议,并作出决定将来不再收取半个便士一枚的硬币,而要收盎古莱斯公司的铸币,

该公司的铸币都是足量的。倘若还需要证明的话，这便能表明，利己主义的各行其是，对于驱使劣币退出流通是不起作用的，而且不能设想公众会议可以产生任何足够的效果。在中国，还在使用的小额货币被称之为*通宝*或者*大钱儿*，这种货币通常由私人铸币商制造，其后果便是铸币的大小、品质以及价值的下降幅度都非常大。

在我看来，没有任何东西要比货币更不适合于听任竞争行动的摆布了。在宪法中，制造铸币的权利一直都被认为是王权中的一个专有特权，而且民法的一个准则是：铸币权包含于王权之内（monetandi jus principum ossibus inharet）。[①] 对于政府的行政
66 部门和科学顾问来说，钱币和制造铸币这样的事，他们最好还是撒手别管，这些部门和人物一直在事无巨细地过问错综复杂的钱币和硬币铸造问题。应该使这个问题尽可能地远离党派斗争或者公众舆论的圈子，并且将之托付给专家们，听由他们来决定。毫无疑问，在以往的年代里，一代代君王一直是最臭名昭著的假币制造者和钱币贬值的制造者，但在当今时代造成类似情况的危险已经不复存在。恰恰相反，这种危险就潜伏于这样的一个现实当中，即各个民选的政府在没有取得民众舆论赞同的情况下，不愿冒着风险去对货币体系进行最明显不过的和最为必要的改进，而受到习惯的影响，又对这一问题不甚了了的人民将永远无法就最佳方案达成一致。

① 有这样一句拉丁谚语“Monetandi jus comerhenditur in regalibus quae nunquam a region sceptro abdicator”，其含义为：铸币权包含于王权之内，这些权利与君王的统治权不可分离。该拉丁谚语及其说明，请参见 F. A. Mann, *The Legal Aspect of Money*, 5th edition, Clarendon Press, 1992, p. 461。——译者注

第八章　货币流通原则 67

在着手分析当代国家或者古代国家所采用的实际货币体制之前，我们有必要花上一点点时间，详细地论述一下*货币*一词可能被赋予的不同含义，并且详细地论述一下支配着铸币的使用和流通的天然原理是什么。首先，我们一定得把下面三件事情区分开来，也就是说，实际采用的铸币、这些铸币用以表达自己的数字，以及这些数字与设定的价值单位的关系。在一种钱币体系的实际运行过程中，这三件事情时常是分开的。我们一定要根据下面这样一些情况，对铸币作更进一步的区分，即铸币的价值取决于铸币中所含的金属是什么，这些铸币所能够交换来的金属有多少，或者这些铸币从法律上讲等于多少其他铸币。

价值的标准单位

首先，清晰地确定我们所谓的*价值的标准单位*是何意思，此
事至关重要。这里面一定含有一个数量固定的某种具体物质，该 68
物质能够按照重量单位或者空间单位得以确定。对某些人来说，
价值似乎纯粹是一种精神现象，于是，一个英镑的价值就不能不正
如卡斯尔雷爵士所坚持认为的那样，要用一种*价值的意识*来定

义。但是，我们也可以用一种长度的意识来为一码下定义，或者用一种重量的意识来为格令下定义。正如自然科学中的每一个数量都是通过参照某种特定的标准样本来定义一样，所以，倘若我们确想衡量价值并将之表达出来，我们就必须为了这个目的，将数量确定的某一种或者某几种确定的并且不会改变的商品作为固定的对照基础。

*价值的标准单位*这一表述，的确几乎不可避免地要被人误解，以为其暗含的意思是，世间存在着某种价值固定不变的东西。然而，正如我们已经看到的（参见本书英文版第 11 页），价值仅仅是在表示两种商品进行交换的比率，这一比率从本质上讲是多变的，因此，我们没有任何理由可以假定，有哪一种物品真的会连续两天保持同样的价值。价值标准所意味的一切，就是某种统一的、无变化的物品被挑选了出来，所有的交换比率都可以比照着这个被选出的物品表达出来并进行计算。这并不需要对商品给人们所带来的任何感觉或者所造成的任何精神现象有任何的考虑。出于前面已经申明过的原因，一种或者另外几种金属，譬如黄金、白银或者铜，通常都被认为是最适合于作价值标准的物品。

货币单位的绝对重量或者数量级，是一个几乎没有什么意义的，或者全然不重要的问题，设若所有的人都一致赞同使用同样的
69 单位，而且这一单位得到了永久的和确切的定义，并在此之后大家都恪守这个定义。在英国的长度单位“码”被固定下来之前，人们并不在意 1 码是长了几英寸还是短了几英寸。的确，用英寸、英尺、弗隆或者英里作单位都没有关系，只要这些单位中的某一个被明确地固定下来，而且其他的单位是按已知的比率与之形成参照。

所以，无论我们是把标准黄金的金衡磅，还是金衡盎司，还是沙弗林中固定数目的格令看作我们的标准，这真的是无关宏旨的。要紧的只是每份用货币表达出来的合同，将使我们能够分毫不差地弄清楚一个人应该给另外一个人的标准黄金是多少。

切瓦里埃先生和欧洲大陆上的其他一些经济学家曾经为主张建立一种通用的价值标准单位作过详尽的辩解，他们的主张刚好与重量的公制体系相耦合。他们希望一个价值单位应是分毫不差的 10 克黄金，并且似乎还认为在货币与重量的对应关系中存在着某种具有魔力的功效。这样的对应关系或许可以给那些金条块的经纪人提供少许方便，因为他们在将铸币投入熔炉中化掉或者将之出口到外国去之前不得不计算铸币中的金属重量，或者这样的对应关系或许可以给那些造币厂的官员们提供少许方便，因为他们不得不调整和检验铸币的重量。而对所有其他人来说，这样的对应关系完全是一个可以漠然视之的事情。那些要在普普通通的生意中用到铸币的人，绝不需要过问这些铸币中的金属含量是多少。或许在大英帝国里，每 1 万人当中也未见得有 1 人了解，或者需要了解，一个沙弗林应当含有 123.27447 格令的标准黄金。此外，倘若我们同意接受以某一种金属的精确公制质量为我们的标准，那么由其他金属组成的铸币的重量就将是复杂的、带有小数 70
的量，这些铸币的重量要比照着那些金属的偶然市场价值来确定。

于是，我们所能够说的一切就只是：价值的标准单位是标准金属的某个完全随意的重量，至于该重量的确切数值为多少，一般地讲，这是一个可以不必关心的问题，其确切数值应当在参考了各个

国家的习俗或者其他偶然条件之后，以看上去最为便利的办法固定下来。

铸币、记账货币以及价值单位

我们需要把三件事情两两一组地清晰划分开来，这三件事情虽然肯定是互有关系的，但却不必是完全相同的。价值单位，或者被选中金属的标准重量，并不一定会被做到硬币里面去。价值单位的质量对于制造一枚铸币来说，有可能是太大，也有可能是太小。所需的一切必要条件只有一条，即在用的铸币须是价值单位的倍数或者约数，或者非常便于用价值单位表达出来。至于说我们用来表示价值高低的数字应当是铸币的枚数，还是价值单位的个数，那就甚至连必要条件也算不上了。*记账货币*，正如它的称谓所示，可以既不同于在用货币，也不同于标准货币。这种情况在盎格鲁－撒克逊的钱币体系中展示得非常充分。价值单位那时是撒克逊标准银的磅，以这样的价值单位为单位来制造铸币，那铸币的个儿就太大了。盎格鲁－撒克逊的历代君王唯一发行过的、具有相当大数量的几种铸币，只有 1 便士一枚的银制硬币和少量半
71 个便士一枚的硬币。然而通常使用的记账货币却是先令，1 先令从等于 4 个便士变为等于 5 个便士之后，便被威廉一世固定在了每个先令等于 12 个便士的水平上，自那时往后，这一兑换率一直被沿用下来。在亨利七世统治之前，就没有发行过一种被称之为 1 先令的硬币。虽然先令被保留了下来，但其他记账货币却都已经被人遗忘了，譬如就像*曼克斯*一样，1 个曼克斯等于 30 个便士，

或者 6 个先令(每个先令等于 5 个便士)。盎格鲁－撒克逊使用过的其他记账货币还有*马克*、*欧拉*以及*吉利姆萨*。

在我们目前的英国体制中,有三种货币碰巧实现了铸币、价值单元和记账货币的耦合了,这无疑是有某些方便之处的。沙弗林在同一时刻既是主要硬币,又是价值单位,还是所有较大宗交易中的记账货币,尽管在表现较小的金额时人们还是偏爱使用先令。在当今时代的法国,记账货币和价值单位是金法郎,但因为 1 个金法郎含金量只有 0.3226 克重,或者约为 5 个格令,所以制成硬币的金法郎只有 5 法郎一枚、10 法郎一枚,以及 20 法郎一枚的金币,银币起辅助作用。在俄国彼得大帝的时代之前,卢布是一种想象中的记账货币,每个卢布包含有 100 个铜戈比。

当孟德斯鸠断言,非洲西海岸的黑人有一种被称之为*马库特*的纯粹理想化的价值符号时,他对记账货币的本质是有误解的。马库特对于黑人来说,是一个代表着确定数目的玛瑙贝的名称,尽管 1 个马库特所包含的玛瑙贝数目可能是一个变化着的量。在一段时间里,1 个马库特等于 2,000 个玛瑙贝。马库特还曾被打制成 8 个、6 个和 4 个马库特一枚的银制硬币。这些硬币是葡萄牙人为在他们的殖民地上使用而制作的,一个马库特约值 $2\frac{3}{4}$ 便士。 72

当一国的钱币发生了变化时,铸币单位、记账货币单位以及价值单位很有可能会分道扬镳。有时,一种新的记账体制会被用于一种陈旧的铸币制度上面,正如挪威目前的情况。斯德哥尔摩政府正在努力将十进制的钱币体系引入瑞典,并且一些商人据说已经准备用克朗和欧尔来记账了,尽管流通中的货币几乎清一色还是老的斯吉林以及纸质的钱币达雷尔。另一方面，铸币制度有时已经发生了变化，然而旧的记账方法却还保留着，尤其是在涉及对外交易的过程中。于是，美国与英国的外汇汇率直到去年还在根据 1789 年的法律，按 1 美元价值 4 先令 6 便士来报价。这个汇率似乎一直是墨西哥元的传统汇兑平价，而且即使当美国美元已经被铸成硬币，1 个美元的价值只相当于 49.316 英国便士的时候，这个汇率却还依旧被保留着。

导致铸币与记账货币之间时常会出现差异的原因有两个。合情合理的磨损，或者出于欺诈的目的而故意进行的刮削，都可能使铸币比它们应有的重量缺损很多，然而由于有为平均折旧所规定的扣头或者贴水，旧的价值标准和记账货币有可能被保留下来，就像阿姆斯特丹、汉堡以及其他一些城市的情况那样。当一种已经
73 贬值了的钱币在一国发行之后，记账货币可以要么随之作出变更，要么维持在从前状态。而且，要在英国历史上的特别时期内作出这样的决定即，是用已经贬值了的新货币来表示价格，还是用旧的良币来表示价格，这是一个极其棘手的（如果不是不可解决的）难题。J.E.T.罗杰斯教授在他的那部令人推崇的著作《英国的农业和价格史》（由克莱兰顿出版社印制，第一卷，第 175 页）中指出，在十四世纪，铸币时常要被称重，虽然这种说法显然是通过传说流传至今的。在他对之作过调查的古代学院的账目中，他发现收费既被记入用来称重的天平费用一栏，也被记入铸币重量的缺失一栏。

在许多国家，即使是在今天，流通着的交换媒介所包含的不是任意一种简单的并且联系紧密的铸币系列，而是包含了各色各样、尺寸大小不同和价值高低各异的、从外国进口的各种铸币。在这

样的情况下，记账货币一定有必要与铸币的重量区别开来，这些铸
币的价值通常是按用记账货币所表示的关税估算出来的。在德国
各州，几年以前，法国和英国的黄金就是以这样的方式自由流通
的。在加拿大，多种货币体系错综复杂地混淆在一起。因为加拿
大并没有一个全国性的造币厂，所以流通领域内存在着许多种类
的外国硬币，主要是多种多样的美元。货币的单位是 1 个美元，1
个美元被认为等同于 50 个英国便士。但这个货币单位是以银行
票据作代表的，而不是以任何一种铸币为代表的。与此同时，还有 74
两种不同的记账货币存在着：哈利法克斯钱币镑，1 镑之下被分割
为 20 个先令，每个先令价值 20 个便士，而事实为这种记账货币所
下的定义则是 60 个这样的便士等于 1 美元。第二种记账货币是
哈利法克斯英镑钱币，这种钱币为了表达出外汇的汇率，把 1 美元
等于 4 先令 6 便士的陈旧估值永久化了。

标准货币与代用货币

我们必须把作为*标准货币*的铸币与作为*代用货币*的铸币区别开来。一枚标准铸币就是一枚其交换价值仅仅取决于铸币中所含有的那种材料的价值的硬币。硬币上的印章所起的作用仅仅是纯金属含量多少的指示器和保证。我们可以把这类铸币当作金属条块看待，并可以将它们熔化掉，或者将它们出口到那些它们不能合法流通的国家，不受立法左右的金属价值，将在所有的地方得到承认。

代用铸币却正相反，其价值要由这样的事实来确定，即它们可

以通过法律或者习俗的力量，按照一定的固定比率，与标准铸币进行交换。一枚代用铸币中所含有的金属，当然是有一定价值的，但其所含有金属的价值可能会程度不同地低于法定价值。在我们英国的银制铸币中，根据白银的市场价格，代用铸币中所含金属的价值与代用铸币的法定价值之间的这种差异为9%至12%。在我们的青铜铸币中，这种差异为75%。法国青铜铸币中的金属含量大
75 概在价值上等于现行价值的四分之一略强。在许多情况下，两者间的差异要远大得多，譬如近来在德国各州流通的某种老的克鲁泽十字硬币中情况就是这样。伍兹的半个便士（曾一度在爱尔兰引起了极大的不满），或者先前由查尔斯二世在爱尔兰发行的小额货币，就是代用货币贬值的极端例子。

铸币的金属价值与面额价值

通常人们把铸币中所含金属的价值称作铸币的*内在价值*。但如此使用*内在*一词，很有可能会引起有关价值本质的荒谬理解，价值从来就不具有内在的属性，或者从来就不是一种固有的存在，而仅仅是一种境况，或者外部关系（参见本书英文版第9页）。为避免有造成任何含混不清情况的机会，我将使用*金属价值*这样的表述作为替代，而且我还将把金属价值这个词汇与*面额价值*、*通常价值*或者*法定价值*区分开来，这后三个价值就是一枚铸币所要实际交换到的，或者按照法律的要求应当交换到的其他铸币的数量。

一枚铸币的金属价值可以因两种情况而降到其面额价值以

下，也就是说，要么减轻铸币的重量，要么降低铸币金属的成色。英国的银币依然被维持在金衡磅11盎司2便士重的“古代权利本位制”水平上，这个标准的存在时间可以上溯至很早很早以前。根据1816年的法令，先前至少在理论上曾作过标准货币的银币，其重量减轻了6%，于是便被当作了代用货币，其代用货币的作用依 76
然还在继续发挥着。在法国以及其他属于货币公约的国家里，2个法郎一枚、1个法郎一枚以及50生丁一枚的较小金额的银币，就是被降低了所含白银的成色，由千分之900减少至千分之835，由标准货币转成了代用货币的铸币。铸币采用哪一种形态，似乎并不是什么了不起的问题。但只要铸币不被弄得太小，太不方便，英国的铸币形态就或许会略好于其他一些国家的铸币形态，因为一些人可以因为铸币的重量没有减少而沾沾自喜，但却无人能够检验货币的成色，除非他们是专业的验金师。

几乎无须赘言，根据法律规定，铸币在一个国家内以代用货币的身份参加流通，可以在其他国家内以这些代用货币的金属价值被接受。

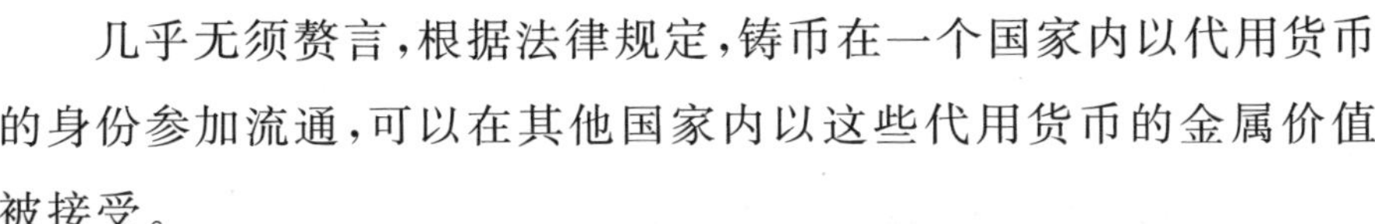

法定货币

一定要根据货币是否属于*法定货币*，或者是否如法文所说是*强制流通*的，而对货币作进一步的区分。货币一旦被冠上了法定货币之名，作为一个债权方他就必须得接受这种货币，同意用这种货币来偿还按照王国货币的数值所表示的一笔债务。立法的一个伟大目标就是要防止在诠释合同时出现语焉不详的问题，因此，

《铸币法》对债务人怎样才算对所欠的货币债务作了合乎法律的偿还下了一个精准的定义。倘若一位债务人向自己的债权人正式提出，要用法定货币偿还一笔到期的债务，而他的这一请求被拒绝，
77 则债权人的确可以提出仲裁申请，或者事后提起诉讼，但是这些行
动的费用将会被甩给债权人来负担。

但是，用王国的货币去进行交换或者签订合同却似乎并无法律上的必要性。根据习惯法，就两种商品进行直接易货贸易的合同，或者采用任意一种货币进行采购和销售的合同都将是有效的，只要合同条款的含义是清楚的。因此，《铸币法》的第 6 部分（参见该法 33Vict. c.10）虽然以立法的方式规定说，每份合同、每笔销售、每项支付活动、每张账单、每张票据、每笔交易，或者每件与货币相关的事情，都须按照在用的并符合本法关于法定货币之规定的铸币去执行，然而《铸币法》又补充道，“除非同一些凭证是按照某个英国领地的钱币或者某个外国的钱币来签订的、执行的、缔结的、完成的，或者取得的”。

倘若我对这个问题的理解是正确的，那么每个人就都有根据自己的喜好，使用任何一种货币或者任何一种商品，去购买、去出售，或者去交换的自由。而且，某些铸币在一定的限度内变成了法定货币这个事实，只是意味着国家规定了一种明确的交换媒介，并且对法定货币是什么作了精准的定义。《铸币法》要求，英国的货币必须是造币厂遵照《铸币法》之规定发行的货币。当然，该法对债权人接收以并非是法定货币的铸币偿还的欠款（只要债权人愿意接收）还是保持了十分开放的态度。而且，我可以假定，该债权人若要签订一份诸如此类的合同，他是不会遇到任何障碍的。倘

若某人签订了一份合同，要出售一批金额达 100 英镑的商品，并按
合同要接受以青铜制便士和半个便士支付的货款，那么毫无疑问， 78
这是一个有效的合同，虽然任何单笔数量超过 12 便士的货款中，
便士并不是法定货币。

法定货币这个词的确切含义，当然可以因国家不同而有不同的解释，而上述的说明仅仅适用于采用英国法律的国家。

货币流通中的习惯力量

一个人除非能够永久地牢记习惯和社会传统的力量，否则就不大可能理解许多的社会现象。在我们所研究的货币这个课题里，上述结论更是惊人的真实。在历史的长河中，位高权重的统治者一次又一次地挖空心思，力图把新的铸币投入流通，或者将旧的铸币从流通中收回。但是人们自私自利的本能或者习惯，对于法律和惩罚来说则一直都是太强大了。虽然从个别的例子里要解释在铸币流通过程中所发生事情的缘由可能会很困难，然而细致入微地分析一下那些处理货币人物的特点，以及他们持有货币或者把钱花掉的动机，将会给我们研究这个课题带来很多的启示。

首先，我们一定会注意到，那些手中握有铸币的人，他们为数
众多，他们并没有什么有关货币这一课题的理论，或者也没有任何
有关货币这一课题的一般信息。他们完全是在受着大众报道和传
说的引导。每当他们收到一枚铸币，他们所关心的唯一问题便是，
类似的铸币是否会随时为其他人所接受。因此，在当今时代，在挪
威的一些偏远地方，陈旧的纸币达雷尔要比崭新、漂亮的 20 克朗 79

金币更受欢迎。截至目前，相当大数量的人们并不掌握任何可以了解一种并不熟悉铸币的金属价值甚或法定价值的手段。拥有适合于给硬币称重的天平和砝码的人寥寥无几，而且除了成色检验师或者分析化学家，没有人能够确定铸币的成色。许多怀揣着优质崭新硬币的旅行者，来到一个他碰巧并不熟悉的国度，他于是不得不在花销这种钱时蒙受一些损失。当我国的青铜便士还是一种令人感到相当新鲜的物件时，我碰巧带了一些这样的硬币来到北威尔士的一个偏远地方，结果人家不收这样的钱。

一般地讲，人们只是根据铸币的熟悉外观来接受铸币。所以，这件发生在非常无知人群中间的事情完全可以说明，人们时常会发现连续发行的铸币最好应保持压制在铸币上面的图案不被改变。在许多情况下，铸币为了这个目的而将很久以前的一个日期，甚或一个已故君主的肖像压制到铸币上面。奥地利造币厂依旧还在铸造玛丽娅·特蕾西亚银币，采用的设计图案和日期与 1780 年首次发行该银币时一模一样，因为这是北非一些国家，以及累范特的各个地方非常喜欢的一种铸币。英国政府在进行阿比西尼亚远征的时候，采购了大量的这类铸币，用以给当地人发薪酬。出于同样的原因，墨西哥元通常要比白银条块值更多的钱，因为这种钱币在东方发行得太多了。

钱币所遭受的贬值，显然是由于习俗占据了至高无上的地位，
80 而且由于人们缺少对铸币的实际价值进行评估的手段。假币制造者与国王是一丘之貉，他们发现只要他们能够把新币做得与旧币看起来和摸上去完全一样，人们就会毫无问题地接受业已贬值的货币。

我国的以及所有其他国家的铸币记录，都不过是在单调地重复着无论是公营的和还是私营的部门发行业已贬值铸币的记载，偶尔也会发生一点变化，出现一些有关值得赞许的举动的记录，但这样的举动时常是不成功的、试图恢复钱币本位制的努力。有这样一个奇特的例子，人们在古罗马执政官时代的某种罗马钱币第纳尔中，发现了当局连续试图蒙骗一个民族的行为。假币制造者们在臣民日耳曼人中间发行了带有镀层的第纳尔，这些铸币看上去已经被人用锉刀刮过，对它们的真假程度作过检验。日耳曼人于是已习惯于看到*被锉过的*真正铸币。这样罗马政府便发现，它有必要在发行新币时用同样的方法做上锉过的痕迹。但是，伪造者并没有被击败。他们也发行了带镀层并有全套锉痕的第纳尔，这样做显然是为了展示里面的优质金属。这种带有锉痕的赝品铸币一直到今天还可以在钱币研究人员的陈列室里找到。

格雷欣法则[①]

尽管公众一般不会对不同的铸币厚此薄彼，只要这些铸币看上去显然很相似就行，但是有一小部分经营货币兑换的人、金属条块的经纪人、银行或者金银匠人，却把洞悉铸币之间这种差异的特长变成了自己的一种生财之道，而且他们懂得该如何从这些差异中牟取利润。这是一些经常要让货币蜕去铸币外衣的人，他们或 81

① 格雷欣法则（Gresham's Law）即在多种货币流通的社会环境中，劣币会将良币逐渐淘汰的现象。——译者注

是通过熔炼铸币的办法，或是通过将铸币出口到那些或迟或早要把这些铸币熔化掉的国家的办法，达到使货币蜕去铸币外衣的目的。有些铸币被沉入了大海或者丢失了，而有些铸币则被移民和旅行者带到了国外，这些人并不会细致地察看货币的金属价值。但是截至目前，标准铸币中的最大部分却被一些人从流通领域中挪走了，这些人懂得，选择刚刚从造币厂发行出来的沉甸甸的新币，并将它们从流通领域中挪走，他们是可以发财的。于是便产生了在当今时代的英国人们广泛从事的一种做法，即*剪剪掐掐*，或者用另外一种有技术含量的表述，就是*篡改*铸币。这些人把崭新的优质铸币投入到坩埚之中熔掉，而借每一个天赐良机让严重磨损了的旧币再回到流通中去。

从这些分析中，我们已经不难得知一项有关货币流通的一般法则或者原理的正确性和重要性。关于这一原理，麦克列奥德先生非常贴切地以托马斯·格雷欣爵士的名字将之命名为格雷欣法则。300 年以前，格雷欣爵士非常清晰地领悟到了这一法则的真谛。简明扼要地讲，这一法则就是，*劣币会把良币赶走*，但是*良币却无法把劣币赶走*。乍看上去，下面的事实中似乎存在着某种自相矛盾的东西：当崭新漂亮的足秤铸币从造币厂发行出来时，人们还是乐于继续流通已经贬值了的旧币。许多用心良苦的钱币改革努力因此而遭遇了挫折，给国家造成了巨大的损失，而且也成为那些没有研究过货币科学原理的政治家们的困惑。

82 在所有其他问题上，人人都是被个人主义的私利牵着鼻子走，都是趋利避害的。但是在货币的问题上，情况却似乎迥然不同，人们好像在自相矛盾地保留害处而放弃利益。对此情况的解释非常简单。作为一条一般规则，人们是不会拒绝利益的，但是他们却能毫不在意地将沉甸甸的和轻飘飘的铸币从这个人的手上转到另一个人的手上，因为铸币对于他们的唯一用途就是作交换媒介。正是那些准备将铸币熔化掉，出口到国外，囤积起来，要么将王国的铸币溶解了，要么让它们转变为首饰和金箔的人，才会小心翼翼地为沉甸甸的崭新铸币选择用途。

仅格雷欣法则本身就足以将赫伯特·斯宾塞先生的学说驳斥得体无完肤。我们已经注意到斯宾塞的学说（参见本书英文版第64页），他认为货币应当由私人制造商来供给。可以相信，那些想要家具或者书籍或者衣服的人们，能够选择他们所能买得起的最好的商品，因为他们会把这些采购来的东西保存好并且投入使用。但对于拿到的货币，情况则刚好相反。货币本来就是要被花掉的。人们想得到货币，但并不是为了把货币保存在自己的口袋里，而是想把钱花掉，放进别人的口袋里面。他们让别人所接受的货币越是质次价高，能够给自己带来的利润就会越丰厚。于是便会出现金属钱币贬值这样一种自然的趋势。这种趋势只有通过国家持之以恒的监管才有可能避免。

从格雷欣法则中我们可以推断出钱币调控中两件须预防事项的必要性。首先，从造币厂发行出来的标准铸币，应当尽可能地接近于标准重量，否则两者间存在着的差异将会成为金属条块经纪 83
人和出口商的利润。其次，一定要采取切实的措施将那些因磨损铸币重量已经低于最低合法重量的所有铸币都从流通中撤回，否则这些铸币就将像代用铸币一样在一个没有限定的时间长度内继续流通下去。一切商务就在于等价的商品相互交换，而主要的货

币应当由非常接近于等价的金属含量的金属铸币构成，唯有如此，所有人包括金属条块经纪人、银行以及其他的专业货币经纪人，才会毫不在意地拿一种铸币去替换另一种铸币。但是很显然，上述说法并不适用于原本要用作代用货币的铸币，因为代用货币的现价超出了这些铸币的金属价值，而每个对这些代用货币另有用途，而不是在通常的流通中使用它们的人，都会丧失这个差价。因此，比较而言，代用货币的重量是一个可以漠然视之的问题，只要人们愿意接收代用货币，并且代用货币重量上的亏欠程度还没有高到会令假币制造者怦然心动的地步。

在当今时代的英国，习惯的力量以及鉴别手段的缺失，导致了我国标准的铸币因磨损而贬值。1 枚沙弗林只有在重量高于 122.5 格令时，才是一枚合法的沙弗林。但是在通常的贸易中，人们还在继续毫不在意地花着和收着金属价值差额达 2 便士或者 4 便士，有时甚至高达 6 便士或者 8 便士的沙弗林。于是，每一枚标准的铸币都往往会被降格为代用铸币，而这样的铸币只能由国家从流通中回笼回来。

84

格雷欣法则的延伸

格雷欣关于良币无法赶走劣币的言论，指的只是同一种类的金属货币，但是同样的原理也适用于处在同一流通领域内的一切种类的货币相互间的关系。黄金与白银相比，或者白银与铜相比，或者纸质货币与黄金相比，这些关系都遵从同一法则的支配，即相对较便宜的交换媒介会被保留在流通领域内，而相对较昂贵的交换媒介将会从流通领域内消失。有史以来曾经发生过的最为极端的情况是日本钱币的案例。1858 年，在英国、美国以及日本之间的条约签订之时(该条约使日本成为向欧洲贸易商部分开放的最后一个国家)，日本存在着一种非常奇特的钱币制度。价值量最大的日本金币*小判*(kobang)，由一枚薄薄的椭圆形金片组成，金片长约 2 英寸，宽 1 $\frac{1}{4}$ 英寸，重 200 格令，装饰风格很原始。这种金币当时在日本的城镇流通，很普遍，能够换 4 枚银条丁银(itzebus)，但是按照英国的货币计算，这种金币约值 18 个先令 5 个便士。然而，银条丁银(itzebus)却只等于约 1 先令 4 个便士。因此，日本人当时对其本国金币的估值，按照这种金属在世界其他地区的相对价值估算，仅为其应有价值的约三分之一。最早期的欧洲贸易商，享受到了一次罕见的发财机会。欧洲商人按照当地的汇率大量收购*小判*，从中赚取了 3 倍的钱，直至当地人对所做的事情有了领悟之后，他们决定把剩余的黄金从流通领域中回笼回来。85
目前，一场对日本钱币的彻底改革正在进行，设在香港的英格兰造币厂已经被日本政府收购了。

在日本以一种极端的程度发生的情况，也时常在英国以及其他欧洲国家发生，只是程度上没有那么严重罢了。倘若以铸币形式合法流通的黄金和白银的比率，与两者在商业中的比率相差只有 1%或者 2%，那么出口某一种金属而不出口另一种金属就可能是有利可图的。而且，正如我们将要看到的那样，正是通过这样的途径，法国钱币的主要部分在 1849 年至 1869 年之间由白银改换成了黄金。事实上，绝大多数国家的铸币特点都是以类似的方式

确定的。而且，英国和美国也因此受到引导，采用了一种以黄金为主要钱币的体制。人们有一切理由相信，在古罗马，无论是共和时代，还是帝国时代，在调控铜制钱币的同时调控银制钱币的行动遇到了巨大的困难，而当金币被引入之后，这种调控困难就变得更加糟糕了。

第九章 金属货币的多种体系 86

我们现在有条件对各种各样的金属货币体系的建设去作一番分析。这些金属货币体系或曾经存在过的,或依然还存在着的,或可能在人们的构思中存在过。实际被投入运营的金属货币体系要比人们通常设想的数目还多,而且我在任何地方都找不到有关金属货币体系的恰当分类。库塞尔－塞纳伊先生的确对一些主要的金属货币体系作出过堪称令人满意的描述,而且切瓦里埃先生、加尼尔先生,以及其他欧洲大陆的或者英国的著书撰文者也都提供过其他一些简要的分类。但是,我们现在必须全面地审视一下,利用两种、三种或者多种金属,建设一个或多或少有用的货币体系的可行途径。

政府可以采取的应对金属货币的独特方式似乎有下面五种。

1. 政府可让自己仅限于提供一种重量和度量衡的体系,然后可以让贵重金属也像其他商品一样,按照全国的重量和度量衡标准,并以个人感到最为方便的形式,从一个人的手上流转到另一个人的手上,到处流通。对这种体系我们可以称之为按重量计算的 87
钱币体系。

2. 为了避免频繁称重和因搞不清楚一块金属的成色为多少所带来的麻烦,政府可以将一种或者多种金属制成一枚枚重量和成色一定的铸币，并且可以于此后，允许公众便宜行事，以一种或者另一种铸币来签订合同和进行销售。这种体系可以被说成是*用数个数的方法流通的不受限制的钱币*体系。

3．为了避免误解，政府在发行用各种各样的金属制成的各式各样硬币的同时可以颁布命令，要求一切用王国的货币签订的合同，在没有明确相反意思的规定条文的情况下，都必须被理解为具有如下的含义，即王国的货币是指特别提及的某种金属制成的货币，而其他铸币则必须按照不断变化的市场价格参与流通，与这种主要类型的铸币进行对比。这种体系就是*单一法定货币体系*。

4．政府可以投放两种或者多种金属铸币，并且通过立法作出规定，货币合同可以按照法律所确定的某些价格，以这种或者那种货币来履行合同。这种体系是*多法币体系*。

5．在坚持把一种铸币作为主要的法币，让所有大额货币合同都须以这种铸币来完成的同时，用其他种类的金属制成的铸币也可以通过命令的方式要求人们按照限定的数量予以接受，这种铸币被等同于主要铸币。对这种体系，我们拟将之命名为*复合法币体系*。

88 以重量为单位的钱币

我对主要金属货币体系的排列次序，不仅仅是合乎逻辑的次序，而且也是这些金属货币体系在绝大多数情况下被先后启用的合乎历史的次序。具有压倒意义的证据表明，以重量为单位的简单钱币，是一种原始的金属货币体系。在天平被发明出来之前，金属块和沙粒状金属毫无疑问是根据它们体积的大小或是重量的高低，以一个粗略的估计数进行交换的。但是之后，天平便成了一切重要交易中的一件必需的工具。在《旧约》中，我们能够找到若干清楚地寓意着古代希伯来人曾以重量为依据进行货币交换的文字。在《创世记》(第 23 卷第 16 页)中，亚伯拉罕被表现为正在用秤给以弗仑称出当时通用的货币，“400 锡克尔[①]的白银，交给了那位商人”。但这里所说的白银应该包含了粗糙的银块或者银戒指，而不应当被认作是铸币。在《约伯记》(第 28 卷第 15 页)中，我们被告知：“黄金换不来智慧，白银因而也不可以用价格来称量”。

亚里士多德在其《政治学》一书(第一卷，第 9 章)中，就其关于货币起源的看法作了一番有趣的说明。他明确地告诉我们，多种金属最初只是简单地根据重量的多少或者体积的大小进行流通的。普林尼也作过一个类似的断言。倘若情况正是这样，那我们就可以从这个著名的事实中得出这样的推论：即使到了天平已不再被使用的时候，在罗马售卖奴隶的时候，作为一种法律的形式，搬出一架天平这样的习俗还是被流传了下来。

每一种铸币体系起初都是与一种重量体系一模一样的，某些筛选出来的金属，其重量单位就是其价值单位，这几乎是不会有什么疑问的。英国的英镑当然就是 1 磅重量的撒克逊标准白银。1 89
磅重的白银若是制作成单个一枚硬币，那体积就太大了，所以才被分割成为 240 枚白银便士，每枚硬币都相当于*1 个便士的重量*。

① 锡克尔(shekel)，古巴比伦或者希伯来的金币单位，含金量约为 1/2 盎司。

从英格兰和苏格兰的*英镑*中，以及从法国的*里弗尔*[①]中，我们能够看到一种货币与重量相统一的国际体系的痕迹。这样一种体系的建立，要归功于查里曼大帝[②]。但不幸的是，此种货币与重量相统一的体系，因铸币在这一国家或者那一国家所发生的各色各样的贬值而分道扬镳并遭到毁灭。另一些主要的价值单位中，绝大多数初始时也是重量的单位，譬如锡克尔、塔兰特[③]、阿斯[④]、斯塔特[⑤]、莱布勒[⑥]、马克、法郎、里拉等。

在《旧约》中，货币的概念被用希伯来文的 kesitah 一词表述过三遍，该词在某些老版本的《旧约》中被翻译成带有羔羊意思的词语。这似乎可以再次证明，牛羊先前曾被用作一种交换的媒介。但我学识渊博的朋友西奥多斯教授告诉我，这样的译文或许起源于一次偶然的疏忽，而 kesitah 一词的原始含义为“一定的重量”，或者“一个确切的数量”。这个词在阿拉伯语中的对应词为 kist，据说其含义是指一架天平。

在相当大的一部分人类社会中，以重量为单位的钱币依旧还存在着。譬如在缅甸帝国，通用的金属有三种，即铅、白银和黄金。

① 里弗尔(livre)，古时的法国货币单位及银币名称，类似英镑。——译者注

② 查理曼大帝(742—814 年)，768—814 年间为法兰克王，800—814 年间为西罗马帝国皇帝。——译者注

③ 塔兰特(talent)，古代的一种计量单位，可用来记重量或作为货币单位。——译者注

④ 阿斯，古罗马的重量单位，约合 373 克。——译者注

⑤ 斯塔特(the stater)，古希腊的金币。——译者注

⑥ 莱布勒(the libra)，古罗马的重量单位，相当于英国的磅和英镑。——译者注

所有的支付活动都是要通过秤来进行的，白银的重量单位为提卡[①]。在华夏帝国和交趾支那，的确存在着一种被叫作*通宝*（*cash*）或者*五铢钱*（*sapeks*）的法定钱币，但是黄金和白银通常也会按照重量进行买卖，重量的单位为两。关于中国货币，康姆特·罗切舒瓦特先生作过一个很有意思的描述，该描述可以在1869年的法文《经济学家杂志》（第15卷，第103页）中找到。据这位作者描述，黄金和白银简直是被当成了商品，黄金和白银的上面甚至连一枚得到过认可的印章，或者关于对该金属成色的政府保证都没有。旅行者必须随身携带这些金属，因为要带上足够数量的一串串通宝（cash），就需要赶着一辆大车去进行运输。然而在兑换白银或者黄金的时候，这个旅行者肯定要蒙受巨大的损失，这些损失既会来自秤上的藏奸耍滑和重量上的缺斤短两，也会来自无法确定金属的成色。要买一两黄金，这个旅行者可能不得不支付18两白银。但在卖出黄金时，旅行者所得到的白银时常不会超过14两。

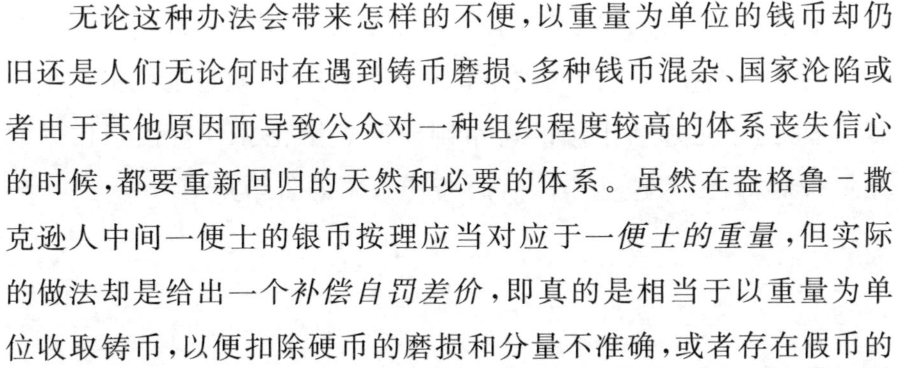

无论这种办法会带来怎样的不便，以重量为单位的钱币却仍旧还是人们无论何时在遇到铸币磨损、多种钱币混杂、国家沦陷或者由于其他原因而导致公众对一种组织程度较高的体系丧失信心的时候，都要重新回归的天然和必要的体系。虽然在盎格鲁－撒克逊人中间一便士的银币按理应当对应于*一便士的重量*，但实际的做法却是给出一个*补偿自罚差价*，即真的是相当于以重量为单位收取铸币，以便扣除硬币的磨损和分量不准确，或者存在假币的 91

① 提卡（tical），泰国的旧货币单位，也是泰国的旧重量单位，相当于$\frac{1}{2}$盎司。——译者注

问题。*阿斯*在重量上最初相当于罗马的一磅，但阿斯缩水很快，以致在第一次布匿战争[①]的时期，阿斯的重量就连两盎司都不到了。到了第二次布匿战争的时候，阿斯的重量已经下跌至一盎司。罗马人很自然地又回归到了对该金属进行称重的做法上去，aes grave 就是按重量而不是通过数个数来计算币值的。

在当今时期，以重量为单位的钱币，其实际应用范围要远比人们可能设想的情况大得多，因为在世界许多地方，钱币的构成五花八门，既有老的金币，也有老的银币，甚至还有老的铜币。这些钱币是从其他国家带过来的，磨损、缺边或者贬值的情况参差不齐。在这样的国家里，要避免损失和上当受骗，唯一的办法就是给每枚硬币称重，并用印章作为金属成色的一种指示器。在一切大宗国际交易中，以重量为单位的钱币又一次成了唯一的办法。一个国家有关其法定货币的法规，在其边境以外的地方是没有效力的，而且，因为所有的铸币都会或多或少发生磨损和重量上的不确定性，所以这些硬币只能按照其所含金属的实际估算重量被接受。品行端正的外国造币厂生产的硬币，不必回炉熔化，就是按照重量来进行买卖的，但是那些小国的铸币则要回炉熔化并且直接当作金属条块来对待，因为这些小国有时会让本国的货币贬值。

① 布匿战争(The Punic Wars)，罗马人称腓尼基人为“布匿”(Punici)。迦太基曾是腓尼基人在北非建立的殖民地。因此，罗马与迦太基之间的战争被称为布匿战争。布匿战争共进行了三次，以迦太基被消灭，迦太基城被夷为平地，罗马争得了地中海西部的霸权而告结束。——译者注

用数个数的方法流通的不受限制的钱币 92

一个国家要经管本国的货币，最简单的办法似乎就是回归到原始概念上的铸币上面去，并且发行业经证明的、与重量单位相等的金币、银币和铜币，让所有人都能无拘无束地从这些金属中任意选出一种，以此为条件去签订合同，或者去进行销售。这些业经证明的金属铸币，于是也像许许多多的商品一样，被投放到市场中去，并且可以被标上它们的自然相对价值。

这样一种钱币体系，看起来就是法国大革命的政府想要按照已经流产了的热月3日法律建立起来的那种体系。他们准备用黄金、白银和铜打制成每个10克重的小圆片，然后将这些小圆片投入流通。他们没有作任何要调节自己的这些钱币的打算。倘若我对加尼尔先生的意思并没有理解错的话，那么他最近所提出的就是一个多少有点类似的计划，他建议按照黄金价值单位的十分之九去制作1克重的金币，并用标准银来同时制作1克重、2克重、5克重、8克重或者10克重的银币。在法国，银币已经在按照克的倍数来制作了。切瓦里埃先生所提议的国际货币体系，至少是部分地涉及了同样的意思。因为他认为主要的钱币中应当包括10克重一枚的金币。但是，正如白芝浩先生精彩评论的那样，对于大多数的居民来说，让铸币简单地与重量体系挂起钩来，是不会有任何反对意见的，因为绝大多数人从来就不需要对重量问题有任何考虑。他们只需弄懂多少个铜币等于一个银币，以及多少个银币 93
等于一个金币就可以了。现在，倘若我们前后一致地并完全地按

切瓦里埃先生的计划方案去执行，把所有的铸币都按克的倍数来制作，我们就要强迫所有人都必须不停地进行复杂的算术求和运算。如若不能计算出按照白银的市场价格 10 克一枚的银币需要多少枚才等于一枚 10 克的金币，那就谁都不能准确无误地找回零钱。不得不精于计算的必要性，惹出了毫无必要的时间损失和麻烦，而且专家和无良无德的人一定会以牺牲穷人和无知人的利益为代价去增大自己的虚假收益。

我相信，正是由于这样一些显而易见的反对理由，所以才从来就没有任何一个政府把这里所描述的那种货币体系引入到实践中去。然而，本质上近似于这种货币体系的钱币体系却在世界上的许多地方，以不同状态的铸币体系混杂在一起的形式存在过。还有许多半文明的国家，它们并没有本国的铸币体系，而是利用了在进行贸易的过程中碰巧进入这些国家的铸币。在非洲西海岸，西班牙元是知名度最高的硬币，但丹麦、法国或者荷兰的硬币也在流通。在南美洲的若干国家中，钱币处于一种完全混乱的状态，50 美分的美洲鹰、达布隆金币[①]、银元、英国沙弗林、毕阿士特[②]等等，都混杂在一起，有时南美国家在不同时期发行的铸币发生了各种不同程度的贬值。甚至是在英国的领地上，我们也能看到同样状
94 况的事情。在英国的西印度群岛上，美元、墨西哥元、西班牙元以及其他钱币，都在与英国的货币同时流通。但应作补充的是，在绝大多数情况下，西班牙元都是被作为价值标准对待的，其他的硬币

① 达布隆金币(gold doubloon)是从前西班牙金币的名称。——译者注

② 毕阿士特(piastres)是阿拉伯国家中货币的辅币，相当于中国货币中的“分”。如 1 个埃及镑的百分之一，就是 1 个毕阿士特。——译者注

都以西班牙元来报价。

在东方国家也存在着类似的不同铸币混杂在一起的情况。在新加坡，印度的卢比与西班牙元和墨西哥元搅和在一起。波斯有其本国的原始铸币体系，但该体系中铸币的重量很不明确，以致处理这种铸币时不能不靠天平来确定。但俄国、土耳其以及奥地利的金币则是用数个数的办法来流通的。某些监管工作做得最好的国家，它们允许甚或促进有各式各样外国铸币参加的钱币体系。在德国，根据广为人们承认的关税，法国和英国的金币都曾在流通中被接受过。在美国，英国、法国、西班牙、墨西哥以及其他国家的金币都曾在那里流通过，这些铸币在美国流通之事于 1834 年 6 月 28 日被于当日生效的一项法律给合法化了，但 1857 年 2 月 21 日生效的另一项法律又将前者废除了。虽然如此，1857 年的法律还是允许政府机关接受某些外国铸币。

在英国，我们好多代人都一直享受着一种非常纯净的钱币体系，以至于我们意识不到不同价值的铸币所造成的混乱会产生怎样的不便。但是在本世纪初，西班牙元曾一度被投放进来，在英国流通。

在早前的几个世纪里，铸币混杂的现象要远比今天的情况普遍得多。没有一个国家的钱币体系免除过来自陌生铸币的影响。翻开一本有关商务的旧书，要想看不到长长的铸币兑换表，那是不
可能的。商人可能会期待着与这些表格相遇，而货币兑换生意则 95
是一个很有油水、很普遍的行当。

人们应当懂得，铸币只有在社会根据其表面簇新和清晰的印章得知该铸币是足量的，并且愿意按照关税表接受这些铸币时，用

数个数的方法流通的钱币体系才能够存在。银元是一种大个的铸币，它的磨损比较而言很小，所以人们知道可以按某种通行的汇率接受各种不同的银元。于是，银币便在数百年时间里实际上成了热带国家的国际货币。但是，一旦铸币有了确凿的磨损或遭破坏的痕迹，铸币就一定要按照重量进行流通，这样，我们就又回归到了一种原始的货币体系上面。

菲尔－赫佐格先生对一种被其称之为*平行本位制*的货币体系作了这样的描述，在这样的体系中，一个国家发行由两种或者多种金属制成的铸币，然后允许这些铸币用数个数的办法，按照依据这些金属的市场价值而不断变化的兑换率进行流通。他引证了一个近期发生的案例说，银币里克斯[①]曾被用作瑞典的国内货币，与被用作国际货币的金币杜卡特[②]混合使用。同样，印度政府也在若干场合试图引入一种黄金与当时在印度业已存在的单一法币——白银一起流通的平行本位制。金币莫赫[③]或多或少早就在印度流通了，而且按理说其目前应在印度的铸币中占约十分之一。这些莫赫金币也像卢比银币一样，在重量和成色上都是完全相同的，
96 通常其价值为 15 至 $15\frac{2}{3}$ 卢比。然而，被菲尔－赫佐格先生称之为平行本位制的体系，似乎有可能会依一定条件与被我描绘为用数个数的方法流通的不受限制的钱币体系相重合，或者与单一

① 里克斯(riksdaler)，原瑞典银币。——译者注

② 杜卡特(ducat)，第一次世界大战之前欧洲贸易的专用货币，主要为贸易所使用。随着金币本位制被金条块本位制和金汇兑本位制所取代，杜卡特也退出了历史舞台。——译者注

③ 莫赫(mohur)是印度旧金币的名称，当时值 15 个卢比。——译者注

法币的体系相重合，在这种情况下，单一法币的货币体系中增加了一种其价值不断发生变化的商业货币。印度的钱币当然必须划归到后面这个类别之内。事实上，在同一时刻利用两种平行的本位制的情况是不可能存在的，尽管一个国家用两种金属铸造硬币，并且让其臣民随便选择其中一种硬币用来进行支付的情况也并非不普遍，然而两种硬币当中的某一种还是会被一般地认作价值标准。

单一法币体系

最先铸造货币的人们自然而然采用的钱币体系是一种单一法币体系。用同一种金属制作的硬币，甚或是一种单一系列的、重量相同的硬币，最开始时被认为足够用了。在古斯巴达，而且很可能还在其他一些早期的国家里，小段的铁条曾是单一的法币。*阿斯*毫无疑问曾在相当长的时期内是罗马人的法定货币。在中国，直到目前还担当着唯一价值尺度和法定货币的东西是*通宝*（cash）或者*大钱儿*（sapeks），即几千枚铜钱被穿成一串的贯钱。在英国，白银是从埃格伯特[①]时代到爱德华三世时代被用于铸造钱币的唯一一种金属，当然也出现过极少量金币这样的例外，但对这些例外是否真的存在过人们还是有怀疑的。白银是唯一的法定货币和价值尺度，除了银制的便士外，几乎再没有发行过其他硬币。在俄国和瑞典，在上一个世纪的部分时间里，铜曾是唯一的法定货币。

① 埃格伯特（Egbert）为 8 世纪时不列颠岛韦塞克斯王国的国王。在位期间，他征服了不列颠岛上其余 6 个盎格鲁－撒克逊人王国，结束了 7 国时代，基本统一了英格兰，成为英格兰王国韦塞克斯王朝的第一任君主。——译者注

97 单一的金属钱币具有简单和确定的巨大优势。每个人都能确切地知晓他要花出去或者收回来多少钱，以及何时硬币的大小是一致的，或者何时硬币的大小会出现几种不同的尺寸的，只要简单地将这些硬币相互比较一下就知道了，就像早期的英国硬币一样，没有人会因为计算上的错误而蒙受损失。但单一的金属钱币也存在一个明显的劣势，即如果被选中的金属很便宜或者很昂贵，大规模或者小规模的交易要做成就将十分麻烦。用瑞典的小铜板或者中国的几串*通宝*(cash)来支付价值上百英镑的货物，那就需要用小车来运输这样的钱币，而且数钱就几乎是不切实际的了。银制的硬币同样也无法做得太小，因此不能适应小规模的交易。当便士银币重量为 $22\frac{1}{2}$ 格令，而贵重金属也远比今天更为贵重的时期，人们就很难理解当时的零售贸易是如何进行的了。的确，一个便士被分割成了两个 $\frac{1}{2}$ 便士一枚的硬币，以及四个 1 法辛一枚的硬币，即 1 法辛①是 1 个便士的 $\frac{1}{4}$（*four-things*），但即使是 1 法辛也必须要在购买力上等于我们今天的 3 个便士或者 4 个便士的硬币。钱币的质量似乎是由一枚枚便士银币所构成的。

因此，人们发现，如果政府发行的铸币只是由单一一种金属制作的，那么居民就会引入并且流通采用其他金属制成的硬币，以方便自己的使用。在盎格鲁－撒克逊时代，来自拜占庭的拜占金币曾在英格兰使用过，而佛罗伦萨的金币不仅在我国而且也在欧洲

---

① 法辛(farthing)是英国过去的货币，现已不再使用，其价值为四分之一便士。——译者注

其他地方极受喜爱，因此人们才称这种钱币为弗罗林[①]。在之后的数个世纪里，面对合法铜制铸币缺失的情况，商人们自制的代用货币也进入了一般流通。

多重法币体系 98

从单一的法币体系内部，自然而然地生长出了双重法币体系，甚至还有多重法币体系。譬如，英格兰的金雀花王朝[②]的诸位国王就发现，虽然他们仅用白银铸造过钱币，但人们还是把黄金利用了起来，于是他们最后也开始发行金制铸币，并且固定了金币与银币的兑换汇率。在没有颁行任何禁止这样做的专门规定的情况下，这种做法就构成了一种双重法币体系。一段时间之后，因为两种金属的价值比率会与两种铸币的相对重量不再对应，于是通过皇家公告将两种金属间的新汇率确定下来便成了必做之事。从1257年至1664年，英国的钱币金银就是通过这样的办法实行管控的，而那个时候，铜制铸币或者任何一种低档金属铸币都还未发行。从1664年至1717年，有关这一课题的公告再未颁行过，畿尼的价值被允许按先令的相对价值变动。一段时期内，畿尼的价值上升至接近30先令，出现这种情况一部分是因为白银的价值下降，但主要是因为银币上发生的残破和磨损状况。于是，这一期

① 弗罗林（florin）是佛罗伦萨铸造的金币，与热那维诺等重。弗罗林通过南欧日益重要的贸易线路进入西欧和北欧，成为后来大多数欧洲金币的原型。——译者注

② 金雀花王朝（Plantagenet）存在的时间段为1154年至1458年。亨利二世（Henry II）为该王朝的第一任国王。

间，英国所实行的是一种单一的银本位制。

在上个世纪的早期阶段，人们就有关钱币白银不能令人满意的状况进行过大量的讨论，造币厂厂长牛顿爵士被要求就应采取的最佳措施作出报告。1717 年，牛顿爵士作了一个非常著名的报
99 告，建议政府回归到固定畿尼价格的做法上去，他还提议最佳的兑换率应为 21 先令。他的建议被采纳了，自那时以来，畿尼的价值就一直被确定为 21 先令。于是，在英国双重本位制又再次出现，任何人都可以自行选择两种铸币中的任何一种来进行支付。但是在实践中，两种金属的商业价值要与两种法币的法定兑换率重合起来几乎是不可能的。按照牛顿爵士采纳的兑换汇率，黄金的价值被高估了百分之 $1\frac{1}{2}$ 还多。以这样的高估程度计算，黄金作为钱币要比其作为金属更值钱。于是，按照格雷欣法则以及我们在本书第八章中确定的原理，分量十足的银币被从流通中撤回，或者被出口到国外，而黄金则成了实际上的价值尺度。黄金自那时起就一直在不断地担当着实际上的价值尺度。

在世界的所有其他地方，只要有人试图把两种金属捏合在一起，让它们同时去充当价值标准，与上面相类似的结果就会接踵而至。1762 年，在马萨诸塞，黄金被宣布为法定货币，白银也同样被宣布为法定货币，它们的兑换率为每一格令等于 $2\frac{1}{2}$ 便士。但因为黄金的价值被高估了 5%，于是白银铸币很快便从流通中消失了。政府通过了各种各样的法律以矫正这种令人感到非常不便的状况，但只要黄金价值被高估的情况依然存在，法律矫正的办法就无法奏效。

在这些以及其他的许多可以被用来引证的案例中，政府已经尝试过要把黄金的流通与白银的流通捏合在一起，但政府却不清楚实验中所涉及的一切原理是怎么回事。或许一直到法国大革命的时代，我们才可以说人们有意识地将双重本位制当作最佳的办法挑选了出来。自著名的《法国大革命共和历 11 年播种月 7 日法 100
律》被法国大革命政府采用以来，双重本位制就与法国经济学家的政策联系在了一起。有关该法律起源的历史几乎一直无人知晓，直至沃洛斯基先生在 1869 年的《经济学家杂志》上发表了一系列很有价值的文章，才在其文章中对这一历史作了阐述。

早在 1790 年，米拉博就曾向法国国家议会提交了一份有关货币理论的著名备忘录。备忘录中尽管一些真理性的和谬误性的观点混淆杂陈在一起，但他还是作出了支持用白银作主要货币的决定，所依据的理由便是，与黄金相比白银的数量更为丰富。他建议把白银定作*宪法货币*，即法定货币，并且把黄金和铜用作*附加的价值符号*。这些思想只是到了目前才获得实行。1793 年 8 月 1 日的法令，最初将法郎定义为含有 10 克白银的钱币，之后又通过热月 28 日的法律最终规定 1 法郎含有 5 克白银。老的 24 和 48 里弗尔一枚的金币继续流通，而该法令下令制作的 10 克一枚的金币则并未真正地发行过。

在第 9 年，高丹建议下述意见应当被采纳，即把金币相对于银币的重量比率固定在 $15\frac{1}{2}$ 比 1 上面。因此，虽然法郎被定义为含有 5 克成色为百分之九十的白银，但 20 法郎一枚的金币却要含有 6.451 克同等成色的黄金。高丹似乎认为，这个比率已充分近似

于市场上的比率，因此可以容许两种金属硬币在一个很长的时间
101 内同时流通。万一发生了变化，他认为金币也还可以回炉熔掉，并以不同的重量重新发行。经过大量的讨论之后，高丹的建议被付诸实施，但并非一丝不苟地在他指示的基础上实施的。在前述大讨论中，发挥了最显著作用的人物有贝伦格、莱布列敦、达鲁以及鲍塞。无论是让黄金完全非货币化，还是让金币的价值处于不可知状态，这些做法似乎都被认为是不明智的。黄金完全非货币化将会严重削弱这一流通媒介，而让金币价值处于不可知状态将会引起争议。

被法国大革命的立法委员们所采纳的比率，碰巧使白银的价值被高估了一些，因此，法国就出现了其钱币主要由沉甸甸的5法郎一枚的硬币或者埃居(é cus)所构成的情况。直至加利福尼亚和澳大利亚的黄金大发现导致黄金成为可用于作支付手段的较便宜的货币之后，这种沉甸甸的银制货币才逐渐消失了。双重本位制的作用将在本书第十二章中作进一步的分析。

复合法币体系

我们已经看到，在单一金属钱币体制的情况下，如果被选作货币的金属太昂贵或者太低廉，进行小额的或者大额的支付会存在诸多的不便问题。倘若发行两套或者多套用不同金属制造的分量十足的硬币，并允许两套或者多套硬币相互间的比率关系发生变化，则计算上的困难就会出来找麻烦。倘若多套硬币都被定为法
102 币，相互间的兑换率又是固定的，这种钱币制度就会变成交替着由

这一种金属或者由那一种金属轮流构成的情况，而且货币兑换商将会从兑换中获取利润。

然而，世上依然还有可能存在着另外一种钱币制度，在这样的钱币制度下，用某种金属制成的铸币被确定为价值标准和主要法币，而由另一种金属制成的、居从属地位的代用硬币，则是被用来达到小额结算的目的的，因此这些居从属地位的代用硬币只是在少量使用的时候才被承认是法币。这些代用硬币的价值，现在取决于作价值标准的硬币的价值。从法律上讲，代用硬币与作价值标准的硬币是可以相互兑换的。但要注意，要让代用硬币的重量处于这样一种水平之上，即金属的价值要永远低于代用硬币的法定价值。把这样的硬币回炉熔化，或者将它们运往国外，是绝不可能获取利润的。这些辅币与主要铸币之间的兑换率永远都是依照法律固定下来的简单兑换率。

复合法币体制是从双重本位制中自然而然产生出来的。因为正如我们所看到的，倘若在双重本位制下，黄金的法定兑换率被高估了，那么所有足量的银币就都会被一点一点地撤出流通领域，出口到国外去，于是事实上依然保留下来的就是那些用轻质白银制成的代用钱币。利物浦勋爵在对金属货币这一课题进行了彻底的调查之后评论道，复合法币制度具有比双重法币制度更为方便的优越性，他因此以最不容置疑的口吻表示赞成在英国采用复合法币制度。他的论据可以在他的那本令人崇敬的《致国王的一封信：关于王国的铸币的专著》（牛津出版社 1805 年出版），以及他提出的多个建议中找到。他的那些建议于 1816 年获准生效。我国当今货币体系的基础就是他提出的那些建议。

103 复合钱币体系时常是在未经专门筹划或者未得到承认的情况下存在于这一国家或那一国家的。每当金制的和银制的两种铸币普遍在按照法律确定的或者约定俗成的兑换率进行兑换时，复合钱币体系便会存在，但银币却会因磨损或者人为造成的残缺而出现不足所对应的分量的情况。从1717年畿尼被确定为价值21先令起，直至1816年当今的钱币体系建立起来，英国的钱币从理论上讲是以双重本位制为基础的。然而在实践中，银币却是极其的匮乏，磨损严重，以至于银币所起的不过是代用铸币的作用。商人们自制的铜制代用铸币也因为总是不足分量，并且按照习俗可以与一定比例的银币相互兑换，所以便构成了第三套系列钱币。但利物浦勋爵似乎是最先领悟到这些原理并对之进行了解读的人。复合钱币体系就是在这些原理的基础之上运行的。正如利物浦勋爵在阐述这一体系时所说，毫无疑问，该体系最适合于为我们提供一种既便于使用又经济实惠的钱币。

绝大多数先进国家现在都或多或少以一种完备的形式采用了复合法币体系。法国、比利时、瑞士以及意大利，从理论上讲，依然还在恪守双重本位制，但却已经将一切价值低于5法郎的铸币降格至代用货币的地位，所采用的方法是将银币的成色由千分之九百降低至千分之835，或者说降低了百分之$7\frac{1}{4}$，并且对充当法币的银币数量实行了限制。法国的铜制货币在作为法币时先前曾受到过限制，即在任何一笔支付款中，充当法币的铜制货币总量不得
104 超过5法郎。在美国，当金属钱币已普遍得到利用时，双重本位制从理论上讲是存在的，但在货币黄金的价值被过度高估的情况下，

双重本位制被浓缩成了复合本位制。况且，根据 1853 年 2 月 21 日的一项法律，较小面额的银币已经减轻了分量，并且只有在总额不超过 5 美元的情况下才可以被当作法币。美国的几家造币厂发行的 3 美分一枚的银币，以及若干铜币、青铜币或者镍币，也都是在被当作法币方面设置了各种各样限制的代用货币。

新的德国货币体系是一种组织得十分完美的复合法币体系。

105 第十章　英国的金属钱币体系

我现在来比较详细地描绘一下在英格兰已经存续有五十多年的金属钱币体系。这种钱币体系，从原理上讲，似乎是所有体系中最好的。由三种不同金属制成的铸币就是根据这些原理结合而构成了一种复合法币。由于有了《议会法》（维多利亚版第33卷，第10章），我们可以毫不费力并十分肯定地搞清楚英国铸币所据以发行和流通的法律法规。洛先生为《议会法》获得通过作出了贡献，该法使有关这一课题的法规得以简化和充实。

英国的黄金铸币

英国的沙弗林是主要法币和价值标准。按照定义，1个沙弗林应含有123.27447格令（7.98805克）的英国标准黄金，每枚沙弗林中纯金占$\frac{11}{12}$份，合金（主要是铜）占$\frac{1}{12}$份。因此，从理论上讲，1个沙弗林应当含有113.00160格令，或者7.32238克的纯黄金。
106 但是，如果要把硬币打造得无论什么样的精准重量要求都能满足，或者在把这样的硬币投入流通之后仍可以维持这样的精准重量，那显然是做不到的。正式宣布的铸币重量只能是个标准重量，是造币厂的工匠们必须树立的目标，他们在生产每一枚硬币和评估平均生产水平时都须尽可能地接近那个标准重量。

从一枚沙弗林的重量中我们可以推算出造币厂的黄金价格。因为倘若我们把每枚沙弗林所含有的格令数用金衡制一盎司中所含有的格令数（即 480）去除，我们就能分毫不差地弄清造币厂每交付一盎司黄金应当返还多少沙弗林金币，以及一枚沙弗林金币的几分之几。我们发现这个数字是 3.89375，相当于 3 英镑 17 先令 10 $\frac{1}{2}$便士。这与老的铸币契约上所说的金衡制 20 磅重的黄金，可以铸造出 934 枚沙弗林硬币和 1 枚半个沙弗林硬币的情况是完全一样的。我曾听说有人对造币厂买入和卖出黄金的价格要由政府来确定的做法表示抗议，然而这些人却允许政府作出这样的规定即每枚沙弗林必须达到某个固定的重量。但是固定的价格与固定的重量是可以相互转换的，反之亦然。两者皆可相互转换。

在实践中，一枚铸币的重量永远都是一个限度的问题，而且无论是铸币的出厂重量还是铸币可以合法地留在流通领域内的重量，两者都是有限度的。*补救办法*是提供给造币厂厂长以弥补工匠水平不够完美之补贴的技术名称。根据《议会法》所下的定义，这一补贴为 1 个格令的十分之二（即 0.01296 克）。所以，造币厂从法律上讲不得发行每枚重量低于 123.074 格令，或者高于 123.74 格令的沙弗林。再者，因为黄金的成色永远也不可能分毫不差地 107
被调整到$\frac{11}{12}$，或者千分之 916.66 这一标准水平，所以在这一点上千分之二的补救办法是允许的。人们知道，英格兰造币厂在重量和成色两方面都成功地保持在大大低于补救办法的限度之内。

造币厂按照这些法令法规发行的、带有女王授权徽章的每一枚沙弗林，都是法定货币，每个债权人在核销相应金额的债务时都必须接受，只要这些沙弗林并未因磨损或者不善处置而使其重量减轻至 122.50 格令(7.93787 克)以下。倘若一枚不足前述*最低通行重量*的沙弗林落入某人之手，此人按理可以依据法律对沙弗林的重量缺失问题进行核查，并且势必会切割或者损伤这枚硬币的外表，并将之退还给硬币的原所有者，而硬币的原所有者必须得承担损失。倘若因此而使表面遭受磨损的硬币被证明并没有低于那个限度，则使硬币表面遭受磨损的那个人就不得不接受这枚硬币，并承担因其自身的失误而产生的损失。任何一位治安官员都可以立即就因有关沙弗林变轻问题而产生的争端作出裁决。

唯一实际发行过的另一种金币是半个沙弗林一枚的硬币。这种硬币的标准重量和补救办法完完全全正是一个沙弗林重量和补救办法的二分之一。对于半个沙弗林成色的补救办法与 1 个沙弗林相同，而且最低通行重量是 61.1250 格令(即 3.96083 克)。《铸币法》还使发行 2 个英镑一枚和 5 个英镑一枚的金币的做法合法化了，重量和重量的补救办法也都相应地是 1 个沙弗林重量和重
108 量补救办法的整倍数。从查理二世[①]的时代至乔治三世[②]的时代，绝大多数的英国君主都铸造过价值为 5 个畿尼一枚和 2 个畿尼一

① 查理二世(Charles II)是英国国王，统治年代从 1630 年始至 1685 年止。1685 年查理二世去世，由其弟詹姆斯二世继位。——译者注

② 乔治三世(George III)，生于 1738 年，卒于 1820 年。英国国王乔治三世的统治时间从 1760 年至 1820 年，长达 60 年之久。乔治三世是英国女王维多利亚的祖父。——译者注

枚的硬币。5 个英镑一枚和 2 个英镑一枚硬币的图案在维多利亚女王统治时期就已准备好了，但这种尺寸的金币一直到当今的王朝也没有发行过，而且也并未产生过发行此类铸币的要求，其原因本书的第十三章将作出说明。

英国的白银铸币

对英镑作更为细小的分割，是因银制代用硬币和铜制代用硬币的使用才发生的。铸造这两种硬币的金属重量，使人们完全没有必要担心它们的金属价值会上涨到金币的金属价值之上，因为从法律上讲，银币和铜币与金币的金属价值是等价的。1816 年之前，标准白银的金衡制 1 磅中，含有千分之 925 的高纯白银和千分之 75 的合金，1 磅白银要打制成 62 个先令，以便每个先令都会含有 92.90 格令的标准金属。依据这些法令法规，黄金的价格被定为是白银价值的 15.21 倍。然而，因为白银的价值有时相对于黄金可能会上涨，于是利物浦勋爵便非常聪明地在其致英国国王的信中提出建议道，先令的重量应当减轻。乔治三世第 56 号法令的第 68 章颁布命令，金衡制的 1 磅白银必须制作出 66 枚每枚 1 个先令的硬币，每枚先令硬币的重量缩水幅度约为 6%。新的《铸币法》保留了 1816 年《铸币法》中的主要条款，所以现在英国先令的重量为 87.27272 格令的标准白银(即 5.65518 克)，而且所有其他银币的重量都分毫不差地与这一标准重量成相对应的整倍数，或者因数的关系。造币厂的先令重量补救办法略比 1 个格令的三分 109
之一多点，与其他硬币成简单比例关系。成色的补救办法在所有

情况下一律都是千分之四。已获批准的铸币面值共有 9 种，也就是说，1 克朗、$\frac{1}{2}$克朗、1 弗罗林、1 先令、6 便士、1 格罗特或者 4 便士、3 便士、2 便士以及 1 便士。除了 1 个克朗一枚的硬币，其他所有硬币的铸造数量都或大一些或小一些，但是 4 个便士一枚、2 个便士一枚和 1 个便士一枚的硬币现在的铸造数量很少，只是用作英王在濯足节①向穷人施舍的小钱。这些硬币每年由女王以救济品形式分发下去之后，似乎又通过各种渠道进入了钱币收藏家们的陈列室中，或者被回炉熔化。

所有这类铸币都是可以合法流通的，无论其重量是否低于面值，只要这些铸币还没有通过官方文告被召回，或者其磨损和表面划痕情况还没有达到造币厂打上的徽章已不可辨认的程度。流通中的硬币其重量实际上已经因磨损而减轻了很多，时常是只有其最初发行时重量的四分之一或者三分之一。况且，白银相对黄金价值的下跌更减少了这些硬币的金属价值，以至于如果不准备赔上相当于这些硬币面额价值百分之十至三十的损耗，就没有人能够将它们出口到外国去，或者将它们熔化掉，作为白银条块来出售。

倘若某人不得不接受这样一笔没有数量限制的代用货币来结清债务，那么显然这将是一件令其非常苦恼的事情。商人们可能
110 时常会手中握有价值成千上万镑的这类硬币，这些硬币的十足价

① 濯足节（Maundy Thursday）是基督教纪念耶稣建立圣体圣血之圣餐礼的节日。因礼仪中有濯足礼而得名。濯足节的日期为每年复活节前的星期四。——译者注

值只有在逐步将它们再次投入流通之中才会实现。因此，1816 年和 1870 年的一系列法律规定，银币只有在任意单次支付行为中使用量最多不超过 40 先令的情况下才可作为法币。之所以选择这样一个限度，显然是因为 1816 年时 2 英镑一枚的硬币被认为是当时流通领域内，或者很可能也是未来所需发行的最大硬币。

英国的青铜铸币

对英镑进行的最小分割是由青铜制的便士、$\frac{1}{2}$便士以及法辛等硬币来完成的，这些硬币在发行时其重量应分别为 145.833 格令、87.500 格令和 43.750 格令。这些硬币从重量上看，是由百分之九十五的铜、百分之四的锡以及百分之一的锌构成的合金，与法国造币厂先前利用过的那种青铜完全相同。其重量上的补救办法为千分之二，而且因为这些硬币是代用货币，所以并没有规定最低通行重量。由于反对这些硬币成为大额结算中的一种法币的理由比在银币的情况下还要强烈，所以在法律上有这样的规定，青铜铸币只有在总额为 1 个先令以内的情况下才能被作为法币。

倘若一枚铜制便士现在在制作中所含的金属在价值上相当于 1 个沙弗林的 240 分之一，则其重量按照当前铜的市场价（75 英镑/吨）计算就应是 871 格令。于是，这微小的铸币就在重量上被减轻至标准铜制硬币应有重量的近六分之一。据赛德先生称，每一金衡制磅等于 10 个便士，制作便士用的青铜就价值 10 个便士，所以这些硬币的金属价值几乎分毫不差地正是它们面额价值的四

111 分之一。因此，青铜铸币会生出相当大的一部分利润，到1871年年末时，青铜铸币的利润累计达到了约270,000英镑。但是，减轻铸币的重量完全是一种优势，而且或许还没有减到理应达到的适当地步。

英国金币的斤两短缺问题

正如我们已经看到的（参见本书英文版第107页），关于当前的英国货币法，有这样一种理论认为，每个人在别人付给他一枚沙弗林的时候，并且在他准备接受这枚沙弗林之前，他一定要弄清楚，这枚沙弗林的重量不低于122.5格令。在早先的日子里，人们带着袖珍秤，用于给畿尼硬币称重的现象很常见。这样的袖珍秤偶尔可能还会在老的古玩店里看到。但是我们知道，给硬币称重这种做法已经被完全放弃了，甚至连收取硬币的最大部门，譬如银行和铁路公司、税务局、邮政局，等等，也一点都不在乎这项法律了。在英国只有英格兰银行、该行的分行，以及少数政府部门还仍在给金币称重。其结果便是，很大一部分金币已经磨损到了不足最低通行重量的程度，而且一切有经验的人都想避免把陈旧的沙弗林支付给英格兰银行。只有不明就里和不走运的人，或者那些没有其他办法可将不足重量的硬币处理掉的其他大型银行和公司，才会蒙受亏损。由英格兰银行回收的重量不足金币的数量，在许多年间每年都不超过50万英镑。在前几年里，回收金币的数量在70万英镑到95万英镑之间变动。因为每年用于铸币的黄金平

112 均为400万镑或者500万镑，而回炉熔化的或者出口国外的金币

其绝大部分都是崭新的和足量的硬币，所以情况一定是这样：钱币的重量变得愈来愈不足秤了。

通过严谨地和广泛地求证，我于1869年查明，当时有百分之31 $\frac{1}{2}$的沙弗林以及近半数的10先令一枚的硬币是不足法定最低重量限度的。那些关注过我有关格雷欣法则的评语（参见本书英文版第80页）的读者将会看到，崭新的金币无论多少，都不会将那些已经贬值的旧硬币逐出流通领域，因为那些出口硬币，或者熔炼硬币，再或者另辟蹊径把这些硬币当作金条块对待的人，将会很在意地拿崭新的良币来做文章。

在某些情况下，从黄金钱币的这种分量不足的状况中产生出了极大的不公。我听说过这样一个案例，一个经验不足的人，从伦敦城的金条块经销商那里收到了数百英镑的金币。之后，他把这些金币直接拿到英格兰银行存了起来。在那里，绝大多数的沙弗林被发现是不足秤的，这位不幸的储户被迫缴了一笔巨大的罚金。那个金条块经销商支付给这个储户的显然是一大堆残破的硬币，分量重的硬币已经被金条块经销商给挑走了。不久前，我还被告知了另外一件更为严重的案例，一个人在大圣马丁街[①]出示了一张邮政汇票，并带着收到的沙弗林来到萨默塞特宫的印花税务局。在印花税务局，这些硬币被过了秤，其中一些被发现是不足秤的。在这个案例里，可以说，那个人被两家政府机构给欺骗了。

---

① 大圣马丁街（St. Martin’s-le-Grand）是伦敦市的一条主要街道，英国邮政总局就坐落在这条街上，因此这条街名也指代英国邮政总局，如同唐宁街10号指代英国首相府一样。——译者注

113 应当指出，1870 年 7 月，英国政府略作了一些努力，要促进不足秤金币的回收。政府着手通过英格兰银行，根据重量，以每盎司 3 英镑 17 先令 9 便士的十足价格收购金币，而此前英格兰银行支付的价格却只有 3 英镑 17 先令 $6\frac{1}{2}$ 便士，因为老沙弗林的成色要比标准成色低一些。这一措施实行之后，回收的金币数量毫无疑问有了一定的增长。但是铸币分量不足所带来的损失还是转嫁给了公众，而且只要这种情况继续存在，回收不足秤金币的做法，对于让铸币的重量保持在标准水平上的目标来说就仍旧是不够的。

回收分量不足的金币

要弥补前面所叙述的愈益增大的金币重量不足秤的问题，就必须迅速采取一些措施。回收不足秤的铸币，毫无疑问可以有若干种方式。一种方法是，可以由女王发布一个公告，召回一切发行年限已达 20 年或者 25 年以上的金币，禁止这样的金币继续流通，因为不足秤的金币绝大多数是比较老旧的。另一种方法是，可以让所有管财政收入的官员、邮政官员以及其他官员，都必须在政府的监管之下，对提交给他们的所有沙弗林进行称重。如有必要，英王国的银行一般的也必须对硬币进行称重。但采取了这样的措施之后，显而易见会出现很大的麻烦和不便。倘若每个拥有 1 英镑存款的储户都必须为不足秤问题支付百分之二的费用，那么邮政
114 储蓄银行的发展就会变得岌岌可危。上一次于 1842 年 6 月发布的要求召回不足秤金币的公告，就在之后引起了相当大的骚动和

麻烦。让一枚硬币的最后一个持有者去支付该枚硬币在过去 30 年或者 40 年里的全部流通费用，这在许多情况下会导致总的不公正。当前的法律往往会把损失转嫁给穷人，这些穷人在通常情况下一次只能支付 1 个或者 2 个沙弗林，而富人由于手上的钱很多，可以避免在需要给金币称重的政府机构支付不足秤的金币。

我认为，唯一彻底的补救办法是由政府来承担因金币的磨损而引起的损失，正如政府已经承担了白银钱币所蒙受的同类损失那样。应当给英格兰银行以授权，责成其代表造币厂，按照硬币的足额面额价值，接受一切*不带故意损坏或者不公正对待痕迹的沙弗林*。造币厂应当用公共开支将那些不足秤的硬币回炉重造。这样，任何人就都不会有任何理由不让银行来处理不足秤的金币。非法的不足秤金币也会很快被清除出钱币的序列。钱币会因此而被严格地保持在标准重量的水平上，对于个人而言，所有时间上的损失和麻烦都将被免除。对于这些，我们是不应当视而不见的。最后一点，对不足秤的沙弗林硬币的最后一个持有者来说，不会像现在这样，再有任何不公正的待遇了。

那些反对这样一种建议的人们通常会坚持说，此举会使偷锉金币的勾当或者用其他办法让钱币不断减轻的犯罪性做法受到鼓励。我对此说的回答是，刚好相反，让那些非法的做法有了最佳机会的，正是目前这样一种状况，因为它让居民已完全地习惯了如何 115
去处理老旧的以及有磨损的硬币。现在，实际上没有人会在零售业务中拒绝接受任何一种金币，所以从钱币上偷窃金粉末的人（倘若这种人还存在的话）才有机会为所欲为。我遇到过沙弗林不足秤，严重程度达到 4 至 5 格令，或者 8 便士至 10 便士的情况，但是

这样的硬币照样流通。倘若是在一种较健全的体制之下，黄金钱币体系全部都是由足秤的、刚刚发行的硬币所构成，上面压制的徽章清晰、簇新、完美，那么任何一枚看上去有些磨损或者经受过某种程度的粗暴对待的硬币，都会很快引起人们的注意。同样，因为钱币也会一直不停地通过英格兰银行的自动称重机，而没有之前先经过金条块经纪人的筛选行动，所以，被故意弄轻了的金币（倘若这样的金币存在的话）会很快被发现。然而，按照目前的制度，银行当局没有机会去对所有的铸币进行检查。于是，事情目前的状况就是这样，它给篡改钱币的行为提供了绝佳的机会，虽然还没有证据表明这样的欺诈做法已经达到了相当可观的程度。在所建议的新制度下面，这样的做法几乎是不可能的。

金币的供给

英国的货币法有这样一种理论，即每个人都有权利将黄金送到造币厂，并且要求造币厂免费为其铸造硬币，一切费用都将从公
116 共收入中开销。这样做的目的是想让用等量黄金条块制作出来的硬币具有与黄金条块完全相等的价值，从而，简单地说，金条块的成色和重量都能得到证实，并可以无损耗地重新转化为金锭。这一理论虽然很简单，而且从某些方面看也有道理，但却没有完完全全地付诸实践过。造币厂从来就没有从事过用所生产的金币去与送进来用于制造铸币用的黄金进行直接交换的交易，所以在时间长短并不能确定的铸币制作期间会发生一定的利息损失。倘若不是把黄金直接送到造币厂，而是由黄金所有者遵循习俗方式，将黄

金卖给英格兰银行，那么根据1844年的《银行章程法》，这个黄金所有者每卖一盎司黄金给英格兰银行就只能收到3英镑17先令9便士，而不是造币厂所给的全价3英镑17先令$10\frac{1}{2}$便士。不仅如此，E.赛德先生还指出，因为英格兰银行曾进行过自己的条块业务，所以它们会收取一系列的小额费用或者利润，如称重费、回炉费、试金化验费、秤的误差费、试金检验报告误差费，等等。这些费用加上前述每盎司收取的$1\frac{1}{2}$便士的滞纳金，总计为黄金价值的百分之0.2828。自那时起，英格兰银行已经在经营这项业务的方式上作出了一些小的改进，但人们仍可以认为，将黄金条块转化为沙弗林硬币的成本约为千分之2.5。

虽然根据《铸币法》，无论什么人，人人都有权利将黄金送至造币厂，并要求造币厂免费为其制作硬币，加工的先后依顺序进行，不得享有任何不当优惠，但是却没有任何一个人利用过这一特权，只有英格兰银行是个例外。在质询1857年的《银行法》期间，特维尔斯先生声明，有一次他曾向造币厂运送了一万英镑，并于后来十 117
分惊诧地发现，一份议会文件提到过他的斯普纳公司（Spooner and Co.），称其为有史以来做过这种事情的唯一一家私人商社。英格兰银行的董事们自然而然地取得了与造币厂进行交易的垄断地位，因为这些董事们必须既要持有大量的硬币，又要保留大量的金属条块，以满足英格兰银行货币发行部以及自己的客户们，包括联合王国所有银行直接的或者间接的需求。每当他们发现库存的硬币出现了不足时，他们都可以不损失任何利息或者没有任何成本支出地将手中的部分金属条块转化为硬币。他们掌握着整个社

会的货币脉搏，而且他们拥有金属条块的保管、成色检验或者精准称重的一切必要手段。甚至连那些需要拥有大量黄金的人，也时常要利用英格兰银行来给黄金称重、包装以及进行仓储。而且，英格兰银行也总是愿意以固定的较低收费去做这些事情。于是，英格兰银行便极其自然地和非常方便地充当起造币厂的代理来了。虽然英格兰银行从这项生意中谋取到一定的利润，但很难说所谋取的利润是以牺牲公众的利益为代价的，而应当说这利润产生自该项工作的管理所带来的经济效益。倘若每个拥有几盎司黄金的人都自行将黄金送往造币厂，把微不足道的几锭金的熔炼和成色检验成本转嫁到国家头上，并把造币厂的账目和交易弄得错综复杂，那是绝不可能使一国的钱币体系有所改善的。

118

银币的供给

考虑到近来出现的一些荒谬误解，譬如认为银制货币是稀缺的，并且认为私人个体有权利要求铸造银币，因此对银币的供给在法律上究竟是怎样规定的，以及在实践上究竟是怎样实施的，进行确切地描述可能是很有必要的。没有任何法律、法规或者习惯法给予过任何私人、公司或者机构以将白银拿到造币厂并要求换取银币的权利。因此，发行多少银币以及银币的面额应为多大，这些都是应由财政部和造币厂掌握的事情，由它们根据自己所认定的公共服务需要来决定。这样状态下的法律是完全正确的，因为银币是代用货币，通过回炉熔炼或者按其面额价值出口国外，并不能将银币从流通领域中清除出去。倘若个人可以无拘无束地按自己的喜好提出银币发行量的要求，则经过几年活跃的贸易之后，投入到流通领域中的银币就可能发生过剩，在随后当贸易出现低迷的年代里，过剩的银币就会砸在人民群众的手中。

从实践上讲，造币厂的银币供给要受英格兰银行的指导，这并不是因为该银行拥有法律所赋予的、在这一问题上的任何特殊权力、特权或者职责，而是因为该银行作为银行的银行，以及政府各部门的银行，它拥有就硬币的需求量何时已经增大作出判断的最佳时机。每当有需求时，从英格兰银行提取银币的不仅仅是所有伦敦的银行，而且联合王国内所有其他的银行都会直接地或者间接地做同样的事情。在英国的任何一个郡域内，发生银币短缺的 119
情况都会以当地银行的银币库存量减少的形式显示出来。这些当地银行要么从英格兰银行距离它们最近的分行调取资源补充库存，要么从它们在伦敦的代理那里补充库存，而这些代理也要从英格兰银行提取银币。在另外一些时间或者地点，银行会将多余的银币积累起来。设在大城市的一些银行，可能碰巧会有许多店铺经营者、肉店老板、酿酒厂主、牲口贩子或者存有大量银币的各式各样的经纪人在银行里开设的账户。另外一些银行可能在很大程度上是被生产商利用来给工人们发放工资的，这样的银行可能会出现银币短缺的情况。因此，任何一个地方的银行都有一种相互援助的通行做法，即只要有需要，它们就会将多余的银币买入或者卖出。然而，倘若多余的银币无法通过这一途径得以清除，则多余的银币可以返回到英格兰银行或者英格兰银行的某一分行。英格兰银行的确绝无义务提供或者接受数额巨大的白银，所以，它通常要收取一点费用，每经手 100 英镑的铸币约收取 5 个先令来弥补

所付出的辛劳和承担的风险。考虑到英格兰银行收取了这样的费用，所以英格兰银行要承担铁路运送、银币检验（查验硬币的基件是否有假）以及回收磨损残币的费用。对回收来的残币，英格兰银行稍后会送到造币厂回炉，重新铸币。因此，一般地讲，英格兰银行在充当造币厂的代理。

在将该项业务如此大量地掌握在了自己的手中之后，于是很
120 显然，经管银币接收和发行的英格兰银行部门可以准确地判断出何时需要注入新的银币供给。在银币库存量减少至太低的水平之前，造币厂会接到通知，并且通常资金也会被送到造币厂厂长那里，厂长可以用这些资金来采购白银条块，制作硬币。在这样的体制下，钱币短缺的问题发生了，而造币厂却还并不知晓的情况几乎是不可能存在的。而且，倘若在两年或三年以前，银币的供给还无法一下子满足突然增大的需求，那是因为政府还没有给造币厂配备能够满足我国不断增长的铸币需求的机器设备。简而言之，假如造币厂能够按照可以使之有能力满足任何情况下的铸币需求的方式进行重建和组织，那么现行的体制似乎就是我们所能渴望得到的近乎完美的体制。贸易的波动可以引起对铸币需求的增大或者减少。

皇家造币厂

在研究英国的金属货币体系的同时，避而不谈下述这样一种愿望是不可能的，这愿望便是英国议会下院和政府再不要拖延皇家造币厂的重建工作了。这些现在矗立在那里的造币厂厂房，对

于将它们建设起来的那一代人来说是非常值得称道的。但是不消说，在过去的50年或70年里，我们无论在建筑机械的工艺上，还是在工厂安排和工厂经济的理念上，都已经取得了巨大的进步。如果一家棉纱公司提出建议，要采用当初由阿克赖特[①]建造的纺纱厂和机器，或者采用博尔顿和瓦特时代的家庭小作坊生产出来 121
的发动机来为纺织厂提供动力，我们应当作何感想呢？然而，这个国家却依然还在让我们的铸币业倚赖实际上由博尔顿和瓦特所建造的冲压机去制作铸币，虽然自他们那时起已经发明出来了更方便易用得多的造币冲压机，并且这样的造币冲压机已在外国的和英国殖民地的造币厂里使用上了。

当前的造币厂车间距离满足联合王国不断增大的工业和财富可能对造币厂提出的需求相距甚远，更不要说去满足大英帝国的需求了。几年以前，当贸易蓬勃发展的时候，要英格兰造币厂根据需要快速地生产出银币来，那是做不到的，而且在用一种金属制作硬币时，就没有任何余力去满足用其他金属制作硬币的需求了。至于说青铜铸币，一般来讲，这种铸币不能不用伯明翰的冲压机来生产，而某种已经发行了的青铜铸币其制作水平是非常低劣的。从伯明翰那里甚至拿到了光板的银币坯子。大不列颠的造币厂应能代表大不列颠民族的技艺和财富，不应允许任何小家子气的想法去拖延一场如此必要的改革。

对英格兰造币厂的生产车间来一次不亚于彻底重建的建设，

① 理查德·阿克赖特（Richard Arkwright），生于1732年，卒于1792年，英国纺织机发明人。——译者注

才会满足本案所提出的要求。倘若此事准备去做，那么抛弃伦敦塔丘上面巨大的和宝贵的场地，并在一个更易于到达的地方建立起一座全新的造币厂，将会给我们带来很大的便利，并能节省很多经费。赛德先生关于这一课题的意见，是值得给予很大关注的。

第十一章　小额钱币 122

一个迄今还很难说是已令人满意地得以解决的货币问题，就是为在英文里被称作“便士”，在法文里被称作“*补充货币*”的小额硬币尽可能地选择出最佳的制作材料。零用硬币应与银制硬币的大约十分之一的部分一一对应地相等值。但是很不走运，事情碰巧就没有一种合适的金属，其价值目前正好是白银价值的十分之一。在罗马时代，黄金的价值约为白银价值的十倍，而白银约为铜价值的十倍，所以在那个时候建立一种完美的十进制的货币体系并不存在任何困难。

为了给这个课题提供一些启迪，我画了下面这张表格，表格中显示出主要商用金属的重量，这些金属的价值目前与其重量是相等的。这样一个表格当中的数字当然必须随着永不停息的波动而变动，按照这些金属市场价格的变化而改变。在某些情况下，要找到十分准确的报价也很困难，物价时常在很大程度上依赖于金属 123
的加工状况。黄金和白银都被当作了标准成色，而黄金又构成了标准单位。

主要金属之间的重量等式

主要金属的等值重量

黄金	1	锡	942
白金	$3\frac{1}{2}$	铜	1,696
铝	7	铅	6,360
白银	16	铁条	15,900
镍	71	生铁	50,880

可能值得一提的是，当我们划出那些可以被称为金属的商业等值数时，我们发现这些数字构成了一组十分勉强地近似于公比为 3 的等比数列。然而，白银是个例外。同样，在镍和锡之间少了一个项，而且锡并非一种适合于制作铸币的金属，在镍和铜之间存在着一个很大的空当，而在白银和铜之间存在的空档更大。当下，白银的价值几乎是铜的整整 100 倍，因此铜制便士就必须要么只能含有其面额价值若干分之一的金属价值，要么就必须造得非常重和非常大。1797 年当博尔顿和瓦特造币厂在英国发行了一种新的铜制铸币时，这些铸币都造得与标准重量很接近，是按照每个便士的常衡盎司比率来制作的。这里面就存在着一种双重不便。
124 16 枚便士硬币的实际重量应是常衡 1 磅，按照这样的比率，人们现在要在自己的衣服口袋里装上 3 倍这样沉的铜币。不仅如此，由于铜价格的上涨，博尔顿造出的便士作为金属的价值要比其作为硬币的价值更大，于是便被用作材料使用了，尽管这些铜币制作

得都很精美。

首先，最明显不过的方针就是去削减每个便士的重量，让便士成为一种纯粹的代用硬币。维多利亚时代的旧便士，每枚重约290格令，而不是如博尔顿和瓦特制造出来的硬币那样每枚重约433格令，前者与后者相比，重量约减少了三分之一。青铜制的便士在重量上又作了更进一步的削减，其重量应为145.8格令。

代用钱币的重量如果减轻得太多太突然，可能会引发两种不便。会有居民们把变轻了的新硬币当作假币而拒绝接受的风险。这种情况就发生在1794年法国大革命的政府所制作的5生丁和10生丁一枚的新铜币身上，两种硬币的用材率为每一生丁一克，比先前硬币的用材率减少了一半。法国政府不得不将变轻了的硬币召回，并且又按老的重量重新发行。只是到了拿破仑三世时期，一生丁一克重的硬币才能够被投入流通。然后，必须对人民进行接受非常轻的代用钱币的教育，而且减轻硬币重量的事情一定要缓步慢行。

其次，倘若某种金属能够像铜一样地易于被铸成硬币或者被操控，倘若该金属无法将压制在其表面的徽章非常清晰地保存下来，倘若该金属存在着相当大的牟利空间的话，那么它对假币制造 125
者的诱惑力就会变得很强烈。就英国的铜币铸造而言，我不知道前述情况是否曾发生过，但伪造的法国假币苏[①]曾在巴黎的圣安托万近郊，几乎就在法国政府的眼皮底下进行过大规模的制造。

① 苏(sous)是昔日法国的一种铜币，兑换比率为1金路易=4埃居=24里弗尔，1里弗尔=1法郎=20苏。——译者注

再者，纯铜顶多可以用来制作无关紧要的硬币。因为纯铜的硬度不够，所以铜币很快就会变得面目不清。纯铜有一股令人讨厌的气味，会传到持币人的手指上。而且当纯铜被置于潮湿的空气中时，表面会被一层铜绿所覆盖，铜绿既不好看又有毒。我要着手考虑人们为用某种更为方便的钱币来取代铜制铸币所曾试用过的各种各样的办法。

银与铜的合金铸币

1 个便士一枚和 2 个便士一枚的硬币，倘若现在是用标准的白银来制作，就像濯足节作施舍用的小钱那样，那么这种钱对于使用者来说就会太小、太轻，这两种硬币的重量分别为 $7\frac{1}{4}$ 和 $14\frac{1}{2}$ 格令。即使是现在在英国大量存在的、其重量为每枚 21.8 格令的 3 个便士一枚的硬币，也还是很小而不便于使用。在英国，在一段非常漫长的时间里，任何成色低于千分之 925 这一老标准的白银都没有被拿出来做过硬币。在许多欧洲大陆的国家里，较小的钱币是用含量很低的白银与铜的合金制成的，这种合金被称之为 Billon（银合金）。这种硬币曾经一度在法国的一定范围内流通过，合金金属中白银的含量只占合金的五分之一，但这种硬币早已
126 被召回了。在挪威，小额钱币现在一部分是由 $\frac{1}{2}$ 斯吉林一枚和 1 个斯吉林一枚的铜制硬币所构成，1 个斯吉林的价值几乎等于英国的半个便士，但挪威的小额钱币主要是由 2 个斯吉林一枚、3 个斯吉林一枚和 4 个斯吉林一枚的硬币所构成。这些硬币用银合金

制作，据欧文学院化学实验室为我所作的一个分析表明，银合金中白银与铜的比例为1∶3。用这些合金材料制成的硬币，在尺寸上非常便于携带，而且因为其绝大部分都是新发行的，所以它们都很整洁。银合金在奥地利依然在被制作成硬币。

在那些目前已经成为德意志帝国的几个州里面，银合金铸币，尤其是3个克鲁采[①]、4个克鲁采和6个克鲁采一枚的硬币，已经在极其广阔的范围内使用，而所谓的“沙德蒙兹”(scheidemunze)则现在已经被召回了。这里包括白银与三倍、四倍或者更高倍数于其自身重量的铜制成的合金。在这样的白银基底通过铸币冲压机之前，通常的做法是把光板的金属坯子表面的铜溶解掉，以便在光板金属坯子的表面做上一层薄薄的纯银薄膜。这道工序被称之为“上色”，它使铸币在崭新的时候具有一副优美光亮的外表，而且这样的硬币很容易被投入流通。但是在过了一小段时间之后，薄薄的银膜会被磨掉，硬币又会恢复一种被打过补丁的面目。银合金铸币似乎也具有一种极其强大的、在其表面沾满泥土的力量，这是一种令人很不舒服的特征。对于这一特征，所有在过去的几年里曾在德国作过旅行的人们一定都非常熟悉。不仅如此，这种银合金还给伪造假币的人提供了巨大的便利。因为我们有若干充分的理由，所以不能推荐采用这种银合金去制作硬币。

① 克鲁采(kreutzer)，旧时德国和奥地利使用过的上面铸有十字的硬币。——译者注

127 复合铸币

据说伟大的法兰西国王圣路易，在发现小额货币更为需要，以便向他的士兵发放军饷之后，便由此导致了一种用银丝制成的小硬币的出现。这种银丝分别重 9 格令和 18 格令，它们被固定在盖有印章的皮革上面，以 10 分一枚和 20 分一枚的两种硬币形式流通。白银赋予了硬币的价值，而皮革则起着包装盒或者把手的作用，以防这一小块金属丢失。在近代，复合铸币，即铸币的中央有一小块白银，白银的外圈是用铜打制而成的边缘，就是根据类似的原理制造出来的。这种类型的模板便士，具有一种讨人喜爱的外貌，以及便于随身携带的尺寸，但却似乎招致了若干条反对意见。这种铸币的制造成本会相当可观，硬币也很难制作得那么尽善尽美，硬币中央的复合部分不知什么时候可能会掉落出来。不同类型金属间的接触，会引起电化学反应，而铜会被腐蚀。最后一点，要查出假币伪造者镶嵌在硬币中央的假银币来会很困难。具有类似特征的复合铸币，曾在拿破仑一世统治下的法国即大约 1810 年前后打制过，但却从来没有流通过。在英国，中央用铜，周边采用黄铜制作的一个便士一枚的硬币曾被使用过，而在接近硬币中央的地方镶嵌一个铜制小帽的锡制便士、半个便士或者法辛等也曾长期使用过。这样的硬币在钱币收藏家的陈列室里可以找到许多。

青铜铸币 128

甚至还在史前时期，人们就知道了少量的锡可以让铜变得坚硬起来，而且，古代国家对于青铜的使用，并因此也对青铜的制作都很熟悉。法国大革命的政府把从被自己强占的教堂中拆卸下来的大钟熔化掉，并用制作大钟的金属制成他们所谓的“钟苏”(sous de cloche)。这种钟苏要比用纯铜制成的硬币更好。然而，令人感到非常好奇的是，竟没有一个当代国家的政府考虑过要利用精挑细选出来的青铜去制作小额货币，直至已故法国皇帝[①]的政府在 1852 年对旧苏进行了回炉重铸之后，这种情况才有所改变。法国的这次回炉重铸取得了巨大的成功。

在 1853 年至 1867 年之间，面额价值总计达到大约 200 万英镑，硬币数量总计达到 8 亿枚，总重量达到 1,100 万公斤(10,826 吨)的铸币被制作出来。在此基础之上，随后又发行了约 2 亿枚硬币。这项实验几乎在所有方面都是成功的。现在在法国流通的 10 个生丁一枚和 5 个生丁一枚的硬币，乃是优质铸币工艺的典范，硬币上的徽章镌刻得较浅，但条纹锐利清晰。这些硬币尽管只有曾在法国大革命时期被拒绝接受的苏同样的重量，即每一生丁一克重，但立刻便为人民所接受，而且这些硬币很耐磨损。

硬币使用的青铜中，铜的成分为 95%，锡的成分为 4%，锌为

---

① 法国皇帝(Emperor of the French)是指拿破仑一世。1804 年，拿破仑·波拿巴由法国的参议院宣布为法兰西皇帝(Emperor of France)。拿破仑自称他是法国人的皇帝(Emperor of the French)。——译者注

1%。这种合金材料比铜硬得多，然而还很有韧性和可压制徽章
129 性，模具上的徽章能够清晰地留在材料上，并且留存很长时间。这种材料除非被施加某种力量进行冲压，否则是不能制作成硬币的，因此也就使伪造硬币变得几乎不可能。将之暴露于空气或者潮湿的环境之中，这种材料很难说会被腐蚀，它的表面仅仅会被蒙上一层自然的铜绿，或者说薄薄的一层二氧化铜深色薄膜，这会让硬币图案中的磨损部分清晰可见，并且提升硬币的美感。

青铜自那时起便被英国、美国、意大利以及瑞典的政府用来铸成硬币，而且青铜似乎有可能完全取代铜的地位。德国政府目前正在使用青铜来制作 1 芬尼一枚的硬币。

英国的青铜铸币

联合王国的旧铜制铸币在 10 年至 15 年前就被一套方便得多和优雅得多的 1 便士一枚、$\frac{1}{2}$便士一枚以及 1 法辛一枚的硬币所取代。这套新币用的是与法国制作生丁所使用的材料完全一样的同类青铜打制的。英国的青铜铸币虽然远不像法国的铸币造得那么精致，但很干净，而且也有可能很耐磨损。唯一可以诟病这些硬币的大问题，就是这些硬币的尺寸和重量仍然还相当大和相当重，虽然要比旧铜币小和轻。因为所有的旧铜币现在都已经收回了，而新的硬币中尚无多少被遗失的或遭损毁的，所以我们能够非常准确地得知英国小额钱币的数额。在 1861 年至 1873 年期间，英
130 国发行的铸币总量如下：

	重量(吨)	数量(枚)	面额价值(英镑)
1 便士	1,585	170,419,000	710,082
$\frac{1}{2}$便士	918	164,505,000	342,719
1 法辛	149	53,594,000	55,826
	2,652	388,518,000	1,108,627

包括在 1861 年之前发行的少量青铜硬币，截至 1873 年年末，投入流通的青铜硬币的总值为 1,143,633 英镑。值得注意的是，在英国使用的小额铸币数量要比在法国使用的数量少很多。在法国，至少有 10 亿枚硬币，主要是每枚 10 生丁和 5 生丁的硬币，还在使用中。因此，虽然英格兰、苏格兰以及爱尔兰似乎可以得到充足的硬币供给，平均每人能够得到 8 $\frac{1}{2}$便士，但法国人平均使用的硬币数量达到了 1 法郎 60 生丁(相当于 15 个便士)，比利时人平均使用 2 法郎 26 生丁(相当于 21 $\frac{1}{2}$便士)，而意大利人则平均使用 3 法郎 10 生丁(相当于 29 $\frac{1}{2}$便士)。

钱币的重量

令人好奇的是，若干种钱币的重量与它们的面额价值呈反比例变化。因此，设在联合王国流通的纸币金额为 4,000 万英镑，流通的黄金大致为 1 亿英镑，流通的白银为 1,500 万英镑，流通的青铜铸币金额如上节所述，我发现它们各自的重量与下列数字近似：

纸质钱币	16 吨
黄金钱币	786 吨
白银钱币	1,670 吨
青铜钱币	2,652 吨
	5,124 吨

131 为什么钱币体系中价值量最少的一部分却会占去最大部分的重量？对这个问题要给出一个令人满意的答案，那是不可能的。于是便出现了这样一种倾向，便士会在零售商，尤其是酒馆老板、公共汽车业主以及报纸出版商的手上累积起来。在一个时期里，伦敦的啤酒酿制者手上持有大量的青铜硬币，这些硬币来自他们所拥有的酒馆。他们手上青铜硬币的数量之大，竟使造币厂最后不得不作出安排，将硬币从他们的手上买回来，而不是去制作更多的硬币。在大型城市里，有关部门不得不作出安排，以最少的麻烦和最小的损失，去消除愈积愈多的便士。每周都有这样的硬币被送往纺织厂和工厂，在那里硬币被用于发工资。银行拒绝与数量在 1 个先令以上的青铜铸币发生任何关系，而 1 个先令以及以下的青铜铸币是法币。人们通常不会接受 2 个或 3 个便士以上的便士硬币作为找零。

值得提出质疑的是，这种让小额钱币的使用走向停滞的趋势难道不可以通过使用一种轻便而且也更优雅的镍制钱币，或者某种尚待发明出来的合金去替代的办法进行补救吗？在法国，人们发现，青铜铸币的流通要比旧的铜制苏和钟苏的流通情况自由顺畅得多，后者在一定的区域内有潴留。我国的青铜便士要比旧的铜制便士好得多，但这并不能说我们已经在某种程度上接近于完美了。重量约为那些流通中硬币重量一半的硬币将会更为方便得多。

镍、锰、铝以及其他金属与合金 132

利用镍来制作小额货币一事本书已经提及过了(参见本书英文版第49页)。倘若这种金属的供给和需求条件能够更为平稳一些,那么我们或许不应当再有更高的奢望。一般情况下使用的镍铜合金,质地会很硬,难以制作硬币,但这种合金被打上徽章烙印之后,图案会非常地清晰、持久,或许将需要很长时间的磨损才会使之黯然失色。因此,镍制硬币被伪造的可能性很小,而其奇异的、难以描述的色泽又使之很容易与白银货币或者黄金货币区别开来。然而,冶金工业的进步正在使我们对若干新的金属以及许多新的合金变得熟悉起来,很有可能一些适合制作小额钱币的新材料最终会被发现。珀西博士在谈到了不断上涨的镍的价格之后建议道,应当用锰来代替镍,因为锰合金也会具有类似的特点,而且可以较大量地采购。

克莱门斯·温克勒博士强烈地建议说,铝适合于制作货币的目的。标有“$\frac{1}{4}$雷亚尔,1872”字样的试用铸币已经制作出来,其中一枚可以在巴黎造币厂的货币博物馆内看到。这种金属具有一种很具特色的白中泛蓝的颜色,但其巨大的优势还在于它的比重很小。这里所说的试用铸币,是一枚直径2厘米或者0.79英寸的小圆片,比6个便士一枚的硬币略大一点,但厚许多,然而其重量却 133

只有1克，或者15 $\frac{1}{2}$格令。英格兰造币厂的化学家罗伯茨先生送给我一枚这种硬币的样品。倘若我国的1便士一枚和$\frac{1}{2}$便士一枚的硬币也能像这枚硬币一样地轻巧和方便，我们用自己的衣袋去携带许多这样的硬币就不会感到不舒服了。采用这样一种新金属去制作硬币的主要困难将来自其不确定的生产价格。我们对它的耐磨损情况也并不清楚。即使人们发现纯铝并不适合于制作硬币，但它的某些本质出色的合金或许可以被用来作替代。已故英格兰造币厂厂长格雷厄姆先生拥有一系列1至10分的试用铸币，这些试用铸币是用所谓的“铝青铜”制作的。

我可以提出这样的建议，假如能够让钢不生锈，那么制作小额货币的最佳材料之一应该是钢。钢质硬币会很难制作，但一旦制作出来就会变得很坚硬，从而几乎是坚不可摧的。这种材料物美价廉，可以很低的成本进行大规模生产，同时伪造硬币的人仿制这种硬币不可能赚到任何利润。因此，人们毫无必要去关注这种铸币的金属价值，硬币可以按最为方便的尺寸去制作，或许就是6个便士一枚和1个先令一枚那样大小的硬币。现在，约翰·赫谢尔爵士（见《自然地理》，复印自《大英百科全书》第289页第320条）已经指出，钢与少量的镍形成的合金似乎可以防止生锈，这至少是陨石铁所表现出来的效果。人们翘首以待，期望这样的合金能够得到公正的试验。罗伯茨先生告诉我，白银与铁或者钢也能构成
134 很好的合金，而且已经有人建议把这种混合物用作铸币的目的。的确，白银、铜以及锌的合金已经在瑞士做过充分的试验，在那里，这种合金被用于制作20、10以及5生丁一枚的硬币。这些硬币的

大小很便于携带，但是却有一种惨淡的、白里泛黄的外观。据我所知，这样的硬币还没有被任何其他国家所采纳，而且在这样的合金中放入白银似乎也没有什么用处，因为即使不掺加白银，或许也会很容易生产出具有类似色泽的合金。

对于可以被称之为货币技术的科学来说，有关这一科学研究的必要性还几乎仅限于政府造币厂中所雇用的少数官员，这是一种不幸。因为我们几乎无法预期，货币的生产也能像制造业的其他分支一样，取得同样大的进展。在制造业的其他分支领域内，存在着广泛自由的竞争。不仅如此，要取得一次对一种新型铸币进行实验的机会也是困难重重。在一个庞大的如联合王国那样大的钱币体系中进行实验，这几乎是不可能的。但我们可以提出这样的建议，由英格兰造币厂为一些较小的英国殖民地和领地提供硬币，这样该造币厂便能享受到一次对一些新建议进行测试的绝好机会。这种做法不需要让那些殖民地付出任何费用，因为英国政府已为殖民地制作了价值上百或者上千英镑的小额硬币，倘若在一定的年限之后人们发现这些硬币并不适用，英国政府可以随时自掏腰包，将它们收回。

135 第十二章　货币本位制之间的战斗

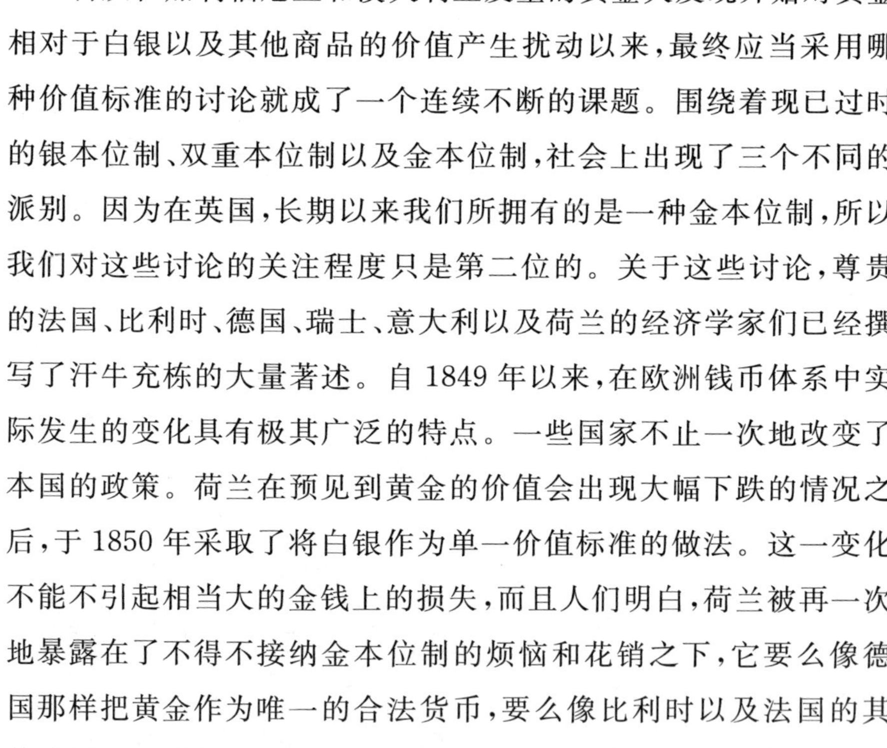

自从在加利福尼亚和澳大利亚发生的黄金大发现开始对黄金相对于白银以及其他商品的价值产生扰动以来，最终应当采用哪种价值标准的讨论就成了一个连续不断的课题。围绕着现已过时的银本位制、双重本位制以及金本位制，社会上出现了三个不同的派别。因为在英国，长期以来我们所拥有的是一种金本位制，所以我们对这些讨论的关注程度只是第二位的。关于这些讨论，尊贵的法国、比利时、德国、瑞士、意大利以及荷兰的经济学家们已经撰写了汗牛充栋的大量著述。自 1849 年以来，在欧洲钱币体系中实际发生的变化具有极其广泛的特点。一些国家不止一次地改变了本国的政策。荷兰在预见到黄金的价值会出现大幅下跌的情况之后，于 1850 年采取了将白银作为单一价值标准的做法。这一变化不能不引起相当大的金钱上的损失，而且人们明白，荷兰被再一次地暴露在了不得不接纳金本位制的烦恼和花销之下，它要么像德
136 国那样把黄金作为唯一的合法货币，要么像比利时以及法国的其他货币盟友那样，让黄金与受到限制的银币同时作为法币。

从洛克时代至利物浦勋爵时代，黄金和白银作为主要价值尺度的比较优势是英国政治作家之间频繁讨论的一个课题。洛克以及绝大多数较早时期的英国经济学家坚持采用白银。利物浦勋爵

态度明确地作出决定，英国应采取支持黄金的政策，而且舆论的趋势现在正向同一方向强有力地发展。若干国家已于最近从支持采用白银转变为支持采用黄金，而且自荷兰这样一个唯一的案例出现以来，再也没有哪个国家从采用黄金转变为采用白银。甚至连按理说仍在代表着银本位制的奥地利，也已经通过制作 10 法郎和 20 法郎一枚的金币的做法向作出转变迈出了一步。在奥匈帝国新发行的金币上面，人们可以看到 10 法郎和 20 法郎的铭文以及 4 盾和 8 盾的铭文。

双重本位制

就欧洲的钱币体系而言，单一的银本位制实际上已经被抛弃，近期内所发生的战斗是在主张双重本位制的党人与坚持金本位制的党人之间展开的。法国和西欧货币公约的钱币体制代表着双重本位制。与辅助性铸币银币和小额货币相结合的金本位制与英国的体系多少有些相似。关于双重本位制的优势，沃洛斯基、库塞尔－塞纳伊、赛德、列昂、普林斯－史密斯，以及其他先生们已经 137
为之作出了极其出色的辩护，而切瓦里埃、德·帕留、亨德里克斯、弗列里·奥班、勒瓦塞、菲尔－赫佐格以及居格拉，则都是一些金本位制的主要坚持者。有关这一课题的文献资料非常广泛，而对绝大多数的读者们来说，那些文献资料又是极其的枯燥，但是我将试图对主要的论点及论据作一个人们可以容忍的精练说明。

首先，沃洛斯基关于双重本位制的补偿作用所说的话，在理论上是十分正确的，对此我没有任何疑问。英国的作者们断言，双重本位制会把我们暴露在两种金属的极端波动之下，这样讲他们似乎是完全误解了这个问题。毫无疑问，当黄金和白银双双都无数量限制地成为法币时，下面这样一种趋势就将出现，即在法定的 15 $\frac{1}{2}$ 比 1 的兑换比率中被估值过高的那种金属会被用来进行支付。只有当标准银的价格分毫不差地为每盎司 5 先令 $\frac{13}{16}$ 便士的时候，在法国，一笔债务是用黄金还是用白银来清偿才是一件无所谓的事情。而在过去的 30 年里，这个分毫不差的价格仅在伦敦市场的报价中出现过几次。所以，人们一定要弄清楚，双重本位制并不真的是双重的，而只是*金本位制和银本位制在轮流“坐庄”*。当白银的价格低于每盎司 5 先令 $\frac{13}{16}$ 便士时，白银便会成为本位制。当白银的价格上涨至这个数值以上时，黄金就会取而代之成为真正的价值尺度。

截至目前，英国的经济学家们毫无疑问是正确的。但首先，这并不能断定商品的价格会像许多英国作者们很轻率地宣称的那
138 样，将随着金银两种金属价值的极端波动而动。物价只取决于其价值刚好下跌至 15 $\frac{1}{2}$ 比 1 这一法定比率之下的那种金属的价值变化轨迹。现在，倘若在下图中我们用实线 A 来代表根据某个第三种商品，譬如说铜，估算出来的黄金价值的变化，用虚线 B 来代表相对应的白银价值的变化，然后，将这两条曲线叠加起来，那么线段 C 就是表达两种金属的价值发生极端波动的曲线。既然价值标准总是跟随价值下跌了的那种金属走，于是，曲线 D 才真正

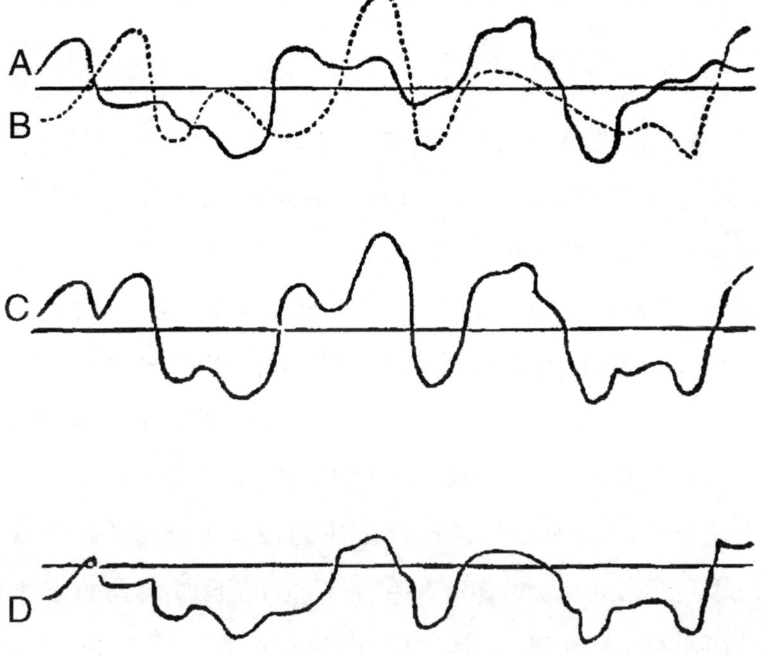

展示出价值标准的变化轨迹。这条线段的波动频率既高于黄金的曲线，也高于白银的曲线，但是这种波动还没有达到那么高的一种程度，即其重要性要远比目前情况大得多的那个点。

补偿作用 139

这还并不是英国作者们所犯错谬的全部。只要稍作一点思考，就一定会发现沃洛斯基和库塞尔－塞纳伊两位先生的下述做法是十分正确的。他们二人极力主张，让*补偿作用*（或者如我更愿意将之称作*均衡性作用*）在法国的钱币法律制度下继续发挥作用，并且认为，这种补偿作用往往比没有这种作用的情况下更能使黄金和白银的价值保持稳定。倘若与黄金相比较，白银的价值涨到了1比$15\frac{1}{2}$这个比率之上，那么下面这样一种趋势就会立即显露出来，将黄金进口到任何一个拥有双重本位制的国家，这样人们便可以在那里把黄金制作成金币，并且按照法律规定将金币换成等值重量的银币，然后再将这些银币出口国外。这并不只是理论上的问题，这种做法也一直在法国继续着，直至法国的主要钱币（1849年时，法国的主要钱币大部分是由白银构成的）于1860年时几乎全部都是由黄金所构成时为止。法国吸收了数量庞大的廉价金属，而把较为昂贵的金属出口到了国外。这种做法一定产生了阻止黄金价值出现比没有这种做法的情况下那么大的下跌并且抑制白银价值出现比没有这种做法的情况下那么大的上涨的效果。显而易见，倘若黄金的价值与白银相比发生了上涨，补偿的作用就会反转过来，黄金会被吸收进来，而白银则会获得释放。无论在任何时刻，充当价值标准的毫无疑问都只能是一种金属，或是这种金属，或是那种金属，但不可能由两种金属来共同充当。然而，由两种金属交替着充当价值标准的事实，往往会使每一种金属的价值变化幅度比没有交替机制的情况下小得多。轮流“坐庄”的交替机制不可能阻止两种金属的价值在与其他商品作比较时发生下
140 跌或者上涨的情形，但这种交替机制可以将供给和需求中所发生的变化抛向一个较大的区域，而不是让每一种金属仅仅受到其自身机遇的影响。

假定这里有两池子水，每个池子里的水都要独立地受到供给和需求变化的影响。如果两个水池之间没有任何连通的管道，则

每个池子里的水位都将只受其自身波动的影响。但如果我们把两个水池用管道连接起来，两个池子里的水就会保持在一定的中间水位上，而任何过大的供给或者过大的需求所产生的影响，都将被分配到两个水池的整个区域。近年来在西欧流通的黄金和白银两种金属的数量，与这两个水池中的水所展示的情况一模一样，两种金属之间的连接管道就是法国大革命共和历 11 年播种月 7 日的法律，这项法律使其中的一种金属能够取代另一种金属，成为没有限额的法币。

白银的去货币化

沃洛斯基先生真挚地警告欧洲，要当心废除双重本位制的法律和对白银实行非货币化可能导致的危险。已经采用金本位制的德国正在造成对于黄金的相当大的需求，而且与此同时，德国将数百万和上千万枚银币抛向了市场。奥地利、丹麦、瑞典以及挪威很有可能会效仿德国的榜样。倘若其他国家也突然坚持要使用黄金作货币，那么很清楚，黄金与白银相比较的价值往往就会趋向于上升，而白银的价值则有可能大幅度地贬值。倘若法国、意大利、比
利时以及其他目前在理论上拥有双重本位制的国家，准备允许本 141
国的货币法去自由地行动，则贬值了的白银就会流入国内，并且取代业已升值的黄金以便两种金属的价值变化会温和一些。沃洛斯基先生断言，倘若这种补偿作用被中止，并且白银的非货币化行动被延长，那随后就一定会发生黄金价值的灾难性上涨，于是，黄金便会被赋予唯一的价值标准职能。所有债务，无论是私人债务还

是公共债务，从法律上讲都将以这种金属来偿还，并且所有的负担都将大大增加。

在过去的一两年里，沃洛斯基先生的预言似乎已在某种程度上得到了证明。曾经一度为每盎司 $62\frac{1}{2}$便士的标准银价格，已经下跌至 $57\frac{3}{4}$便士，而在德国施行的白银非货币化，只部分地达到了目的。黄金大发现的全部影响不过是将白银的价格由大约 $59\frac{3}{4}$便士推升到最高为 $62\frac{1}{2}$便士，而双重本位制自由地发挥了作用。但是，正如我们将要看到的，由于双重本位制的补偿作用已经被中止，单独一国政府的造币行动就能在较大的程度上影响白银和黄金的价格。

虽然我同意，从一种抽象的观点上看，沃洛斯基是完全正确的，而且事情的进展也在某种程度上证明他是站得住脚的，但我必须恪守我在 1868 年应他之要求所表示的那个意见，这个意见部分地发表在他的著作《黄金与白银》里面（见该书第 62 页）。

这个问题似乎完全是一个程度的问题，而且在没有精确信息
142 的情况下这又是个十分模糊的问题。倘若全球所有国家都突然在同一时刻对白银施行非货币化，并且要求用黄金作货币，则黄金价值上的一场革命就会不可避免。但是沃洛斯基似乎忘记了欧洲的国家只占世界人口的一小部分。居住在印度和中国以及东方和热带地区的数亿人口，采用的是一种白银钱币体系，我们丝毫不用害怕这数亿人口会突然间改变自己的习惯。英国政府曾一再尝试把一种黄金钱币体系引进英国的领地印度，但始终未能成功。现在

在那里流通的金币按理不会超过金属钱币的十分之一。尽管从德国倾泻出来的 4,000 万或者 5,000 万英镑的白银可能会将这种金属的价格压低几年，但这些白银可以并无困难地被东方国家给渐渐吸收。这些东方国家已经连续不断地从欧洲接收贵重金属长达两三千年了。如果其他国家是一个接着一个地对白银实行非货币化，那么人们可能会发现东方完全有能力将甩给他们的所有白银全部吸收，只要此事进行得不是太快。

至于说取代白银所需的黄金，世界将出现任何黄金稀缺问题的可能性似乎并不明显。采用金本位制，并不一定要制作很多的金币，因为一些国家，如挪威，或者意大利，再或者英格兰，可以拥有几乎全部都是由纸币构成的主要钱币体系。在另一些国家，譬如法国和德国，它们可以逐渐地引入支票和票据交换体系，并且可以在很大程度上节省金属钱币的使用。关于支票和票据交换体系，我们一会儿将作分析。目前矿山供应的黄金数量依然非常大，而且我们还不能确知黄金的供应量是否会因在新几内亚、南非、南北美洲以及其他地方的发现而增加。

所以，简而言之，两种贵重金属的供应量和需求量是多少，要取决于许多的偶然因素、变化或者立法决定，而这些情况无论如何都是不可预知的。白银的价格因德国的钱币改革而下跌，但这绝不能确定银价将会比其已经下跌的程度跌得更低。黄金的购买力真的将会大幅上涨，这种说法完全是一个投机的问题。我们除了就这一课题进行随意的猜测外做不了其他事情，而且，仅仅是作为一种猜测，我应当说黄金购买力上涨的可能性不大。黄金的价值，自 1851 年以来一直在下跌，而且已经增长了的黄金需求除了会使

黄金贬值的速度放慢，或者顶多使黄金不再贬值外，不大可能会有更多的作为。

双重本位制的劣势

虽然是否有必要维持双重本位制只是个投机性的问题，但是这种体制的不便却是没有疑问的。的确，双重本位制运行的时间太久了，其结果是，漂亮的金制红三叶草硬币[①]、半个红三叶草硬
144 币以及5法郎一枚的金币代替了陈旧沉重的银制埃居。人们没有任何抱怨，法国人民爱戴本国补偿体制所发挥的作用。但在一两年以前，当事情已变得明朗起来，沉甸甸的银制货币正在卷土重来，而金币则很有可能成为其他国家的流通媒介的时候，这个问题有了一个不同的方面。简而言之，法国人已经受到了教育，懂得该如何去使用黄金，而且他们不大可能希望一种比黄金重 $15\frac{1}{2}$ 倍并让人感到会成为累赘的钱币再回来。不仅如此，这一变化还会给社会总体带来损失，因为他们要接受一种价值已经减少了的金属作为偿还所欠他们债务的法定货币，而且由之产生的利润的一部分正在被金属条块的掮客们、货币兑换商以及银行给搜刮走。法国大革命共和历11年播种月7日的法律，为上述那些人创造出了虚假的金银币贸易。那些依旧在维持双重本位制的若干国家的政治家们，一定已经考虑过这样的问题，即其他的国家并没有显示出

① 红三叶草硬币(napoleon)是旧时的法国金币，价值20法郎。——译者注

要采用同样的双重本位制体制的任何趋向。因此，倘若法国准备继续充当一只巨大的补偿钱币体系的钟摆，那这个国家就要承担费用和不便，而其他国家则会平等地与法国同享贵重金属价值更加稳定所带来的好处。货币公约的创始人以及国际钱币体系的鼓吹者们从来就不曾有过为了世界的利益让自己作出这么大牺牲的打算。因此，他们实际上已经抛弃了双重本位制。

当死灰复燃的、大量制作 5 法郎一枚的银币的趋势首次明显
表现出来的时候，法国政府立即中止了铸币。随后，法国、瑞士、比 145
利时以及意大利之间每年都要签订一个双边协定，各方同意每个国家只铸造与其人口成比例的、固定数量的银制埃居。在此之前，曾经出现过一项与制作 2 法郎一枚的银制代用钱币以及较小面额硬币相关的具有同样作用的协定，但是铸造埃居却是不受限制的。硬币埃居，从理论上讲，是标准铸币和不受数量限制的法定货币。现在施行的限制铸币数量的结果便是，这种做法摧毁了双重本位制的作用。按照数量限制制作出来的银币，无法取代黄金并将之驱逐出流通领域，而 5 个法郎一枚的硬币尽管在价值上比 5 枚单个 1 法郎一枚的硬币更值钱，但却比一枚红三叶草金币或者 20 法郎一枚的金币的四分之一价值要低。据我理解，尽管这些硬币依旧还是不受限量的法币，但它们却不可以不受限量地被制造出来，于是在实践中，这些法币已被贬低到了代用铸币的层次。于是，法国政府以及参加货币公约的其他国家政府，以尽可能小的立法变更，便在实践中放弃了双重本位制，而采用了一种很难与在英国和德国所实行的复合法币区别开来的法币体制。自 1810 年以来，铜币或者青铜币在法国就一直只在数额不超过 4 法郎 99 生丁范围

内充当法币。而且,因为较小面额银制钱币的成色已经被降低,所以这种货币作为法币也受到了数量上的限制,个人之间任意一笔支付款的数额只有在 50 法郎之内者,公共金库之间任意一笔支付款的数额只有在 100 法郎之内者,这种银币才是法币。银制埃居
146 成了法国据以抓住双重本位制不放的唯一一条纽带,然而这样一条纽带也已被切断一半了。

非同寻常的是,那些因此而在西欧的货币中所引起的变化,与美国先前因之而放弃双重本位制的变化几乎是相同的。直至 1853 年,美国造币厂制作的美元银币都一直与带有鹰徽的美元金币及其零用币一道是不受限量的法币和标准铸币。的确,美国法律规定的白银与黄金的重量比率为 16 比 1,而不是像在法国那样为 $15\frac{1}{2}$ 比 1。因为在美国,人们需要拿出比在其他地方更多的白银才算是合法支付,所以在这种情况下,黄金自然而然便受到了人们的喜爱。为了对这种情况作出补救,华盛顿政府于 1853 年将半个美元一枚和更小面额一枚的银币降格为代用铸币。而且,虽然单个 1 美元一枚的银币依然还是标准重量,但这种银币的制造数量却是非常之少,而且实际上这种银币是受到了抑制的。一种不可兑换的纸质钱币在美国占据了主导地位,这在一段时间内使金属货币不再成为问题。美国国会的《铸币法》于 1873 年 4 月 1 日开始生效。该法规定,1 个美元一枚的金币为唯一的价值单位,与此同时,该法限定,新发行的银制贸易美元和半个美元一枚的银币,及其更小面额的硬币,只有在任意单笔支付款额不超过 5 美元时为法定货币。于是,先前存在于理论之中的双重本位制最终还

是被废除了。美国被添加到了已采用单一金本位制国家的名单中。

多种世界货币体系 147

在对主要国家的钱币体系近来所发生的变化进行审评时，我们注意到一种不可能误判的趋势，即采用黄金作为价值尺度和唯一主要交换媒介的趋势。这种体制现在已被整个大不列颠和爱尔兰、澳大利亚殖民地、新西兰、非洲殖民地以及大英帝国的许多小块领地所采用。金本位制已在葡萄牙、土耳其、埃及以及若干南美洲国家譬如智利和巴西存在有一段时间了。在德意志帝国，这种体制通过近期的立法，已经建立起来。已经建立这种体制的国家还有，丹麦、挪威和瑞典三个斯堪的纳维亚的王国，在这三个王国里现在发行了一种 20 克朗一枚的金制钱币，这是那些国家的主要法币。就连日本也在效仿欧洲国家，引入了面额分别为 20 日元、10 日元、5 日元、2 日元以及 1 日元一枚的金币，1 个日元在币值上只比美国 1 个金美元的币值低千分之三。日本新发行的零用货币包括 50 钱、20 钱、10 钱以及 5 钱一枚的银制硬币，1 钱对应于 1 美分，是一种成色为百分之八十的代用货币。

双重本位制从理论上讲还依然保存在法国、意大利、比利时和瑞士。西班牙、希腊以及罗马尼亚也于近年来效仿法国的体制对其钱币体制进行了改革。而且据我猜想，这些国家的钱币体制一
定会被认为是一种双重本位制。在新世界里，秘鲁、厄瓜多尔和新 148
格林纳达都宣称采用了同样的体制。

几年以前,欧洲的一个相当大的部分,按照分类,都还可以被算作是保留了单一银本位制这一古老体制的国家。在这种体制下,金币(如果确有流通的话)作为商用货币,以不断变化的兑换率进行流通。整个德国从南到北,再加上奥地利、斯堪的纳维亚各王国以及俄国都属于这一集团。由于前面已经提到过的那些变化,欧洲目前只有奥地利和俄国还明显地是银本位制的代表,而自1870年以来,甚至连奥地利也已开始制作8个弗罗林或者4个弗罗林一枚的金币,这些金币的重量和成色与法国的20法郎和10法郎一枚的金币相等。一项帝国法令于1873年7月12日在维也纳获得签署,该法令命令,法国、比利时、意大利以及瑞士的各为20、10以及5法郎一枚的金币,将在奥匈帝国内作为国际货币被接受,兑换的比率为8个金弗罗林兑换其他国家的20个金法郎。尽管如此,银本位制实际上还是在世界的很大部分区域内占据着上风。印度和中国、交趾支那、东印度群岛、非洲的若干部分和西印度群岛、中美洲和墨西哥的广大人口,都拥有一种主要由银币构成的钱币体系,它们要么像印度的卢比那样,要么像中国的元宝那样,要么像其他许多地方的银元那样。

因此,金本位制已经取得了巨大的进步,这种体制或许还会继续取得进步。当美国回归到用硬币铸币进行支付的时候,他们肯定会采用黄金,而在目前还几乎无法界定究竟属于哪一类钱币体
149 制的加拿大钱币体制,也一定会采用同样的体制。曾经一度在实践中抛弃了双重本位制的拉丁国家,不大可能再回归到双重本位制上面去,而奥地利则一定会跟着走。在俄国,一场范围广泛的货币变革几乎是期盼不来的,尽管极其非同寻常的是,在芬兰省,俄

罗斯帝国的一个以智慧和良好教育而名声在外的地方，俄国已经积极地接受了法郎体制及其十进制的小额钱币体制，1个芬兰马克或者四分之一卢布中所含有的白银与法郎、里拉以及比塞塔中所含有的白银重量和价值完全相同。朝向未来国际铸币体系的伟大一步就这样迈了出去。类似的变化在贫穷、愚昧、保守的民族如印度、中国以及一般来讲的热带地区内是不可能的。于是，在我看来，我们似乎已经发现了一种宽大而深刻的区别。高度文明并向前发展的西欧和北美国家，也包括正在崛起的澳大拉西亚[①]，以及某些较好的二流国家，譬如埃及、巴西和日本，它们都将采用金本位制。而另一方面，银本位制或许将在整个俄罗斯帝国以及广袤亚洲大陆的绝大部分地区，还有非洲的某些部分，并有可能在墨西哥，被长期地保存下来。然而，如果把这些细小和值得怀疑的案例刨除在外，亚洲和俄国似乎很有可能坚持银本位制，而与采用金本位制的世界其他地方相对峙。对于这样一种结果，似乎也并没有任何可以遗憾的。

① 澳大拉西亚(Australasia)，是一个不明确的地理名词，一般指澳大利亚、新西兰以及附近的南太平洋岛国，有时也泛指大洋洲和太平洋岛屿。——译者注

150 第十三章　与铸币相关的技术性问题

在这一章里，我拟对若干与金属钱币体系的建设和调控相关的次要问题进行分析。虽然有关货币的第一批原理都很简单，但令人惊讶的是，在我们能够取得最大限度的便利之前，竟还有那么多的细枝末节要我们不得不去作出分析。我们已经讨论过如何选择可资利用的金属，将这些金属组合为一个体系的方式，监管货币发行的法律法规，等等。在本章以及随后的几章里，我们仍旧不得不对如下这样一些问题进行分析，即最适合于制作铸币的合金的特点是什么？作为硬币最为方便的尺寸是多大？计数大量硬币的方法有哪些？维持钱币体系的费用是多少？货币作为国际钱币体系的优势与劣势在哪里？选择一种单一的标准单位会有什么样的困难？标准单位的最佳倍数和约数数列是什么？在此项工作中，我最多也只能是试图对一些错综复杂的、在对钱币体系作出任何
151 改变之前不能不考虑的细节问题勾勒出一份十分粗略的草图。

铸币中的合金

虽然我们通常会说，货币是由黄金或者白银所构成的，但实际使用的硬币却要么是含有白银和铜的合金，要么是含有黄金与铜

的合金，要么是含有黄金、白银以及铜的合金。用近乎纯粹的黄金打造的货币，无论在早期还是在近代的确都曾发行过，在这样一些金币中间，人们可能会想到古代的拜占币（ancient bezant），近代的奥地利达克特[①]，达克特的含金量为千分之 986，而 6 个达克特一枚的那不勒斯金币，含金量为千分之 996，或者托斯卡纳的金色亮片，据说这种金色亮片几乎是用纯金制作的，也就是说其含金量为千分之 999。然而，纯金和纯银却都是柔软的金属，因此即使能够在自然界中找到纯粹状态的黄金和白银，那也需要掺加一些铜。掺加铜可以增大合金的硬度并能很有效地减少硬币的磨损。应当掺加多大比例的铜是个时常会讨论到的问题，而关于这个问题的答案要部分地依据历史、部分地依据科学来给出。

在英国利用有确切比例的合金，似乎是由所使用的重量制度决定的。白银的重量是按 1 金衡制磅包含 12 盎司来确定的，其中 11 盎司 2 便士重量[②]为纯银，18 便士重量为铜。这一比例甚至是在 1357 年时就被称之为“老的英国正确标准”。尽管曾经发生过几次暂时的银币贬值情况，但这一比例被一直保持到今天，而且它对应于千分之 925 这样一个比例。黄金的重量是按古老并很神奇的*克拉*重量体系来确定的。克拉这种重量体系据说是发源于一种阿比西尼亚植物的种籽，黄金的单位重量为 24 克拉，其中的 22 152

① 达克特（ducat）是一种第一次世界大战之前欧洲使用的贸易专用金币，主要出于贸易活动的目的而使用。随着金本位制被金条块本位制和金汇兑本位制所取代，达克特金币也退出了流通。——译者注

② 英美的金衡制重量单位有如下换算关系：24 格令 = 1 便士重量 = 1.555 克，20 便士重量 = 1 盎司 = 31.1 克，12 盎司 = 1 磅（5,760 格令）= 0.373 千克。金衡制重量制度，是英国用于衡量黄金、白银以及宝石的重量单位。——译者注

克拉为纯金，2 克拉为合金。这个已经存在了许多个世纪的比率，用十进制的方法来表达就是千分之 916.66。

这一国家或者那一国家在不同时期所采用的成色精度是千差万别的。被制成硬币的白银，成色仅有千分之 200，甚或只有千分之 150，而被制成硬币的黄金，成色为千分之 750 或者千分之 700。从这些成色极低的铸币向上一直到近乎纯金和纯银的铸币，几乎每一种成色的铸币都存在过。在当今，唯一的成色标准是千分之 900 和千分之 835，对于这样两个成色标准我们亟需予以讨论，而且已经有人提议在国际货币中普遍采用这两个成色标准。的确，几年以前，柏林政府就曾考虑采纳一种标准的德国克朗。这种标准克朗是由 10 克纯金和 1 克合金所构成，这样的构成可以使成色达到$\frac{10}{11}$，或者千分之 909.09。该方案并没有什么明显的优势，并且幸好被放弃了，以便支持当今的德国铸币体系。现今的德国铸币体系，无论黄金还是白银，成色都是千分之 900。这一简单的十进制比例，是法国人在法国大革命的年代采用的，该比例的应用已经被扩展到了 1865 年货币公约所属的国家，并且还包括了西班牙、希腊以及其他或多或少在效仿法国制度的国家。该比例在很早以前就被美国所采纳，并于最近被引入到斯堪的纳维亚各王国的金币体制之中。因德国政府现已决定接受这一比例，所以简单的十进制成色精度已在所有比较发达的国家内建立起来，只有英
153 国及其一些殖民地以及那些效仿英国钱币制度的少数国家，譬如俄国、葡萄牙以及土耳其除外，这些模仿英国钱币制度的国家和地区是按照千分之 916.66 的比例来制作金币的。

用化学和机械学的观点看问题，成色的确切精度为多少并非一个意义重大的问题。$\frac{11}{12}$与$\frac{9}{10}$的差异只有$\frac{1}{60}$，而且虽然时常为人们所引用的哈切特实验据说能够显示，英国的标准要比法国人的标准略胜一筹，但两者之间的差异是那么的细微，那么的让人质疑，以致我们没有任何理由去决定我们的偏好。已故的英格兰造币厂厂长格雷厄姆教授就非常愿意让无论是黄金还是白银都接受千分之900的标准，而且除了因为偏见和传统用法，我们真的毫无理由去说明为什么我们不应当接受千分之900的标准，除非我们不要进行任何变革。在这一点和其他许多问题上，各个国家在实践上的步调一致是必要的，而且法国的经济学家们对成色这个问题给予了极大的重视。然而在我看来，成色的精确度完全是一个次等重要的问题。倘若我们现在要按十分之九的成色去制作我国的沙弗林，我们就一定得把1个沙弗林的重量由123.274格令提高到125.557格令，而且把旧币与新币混合在一起，会使所有银行所采用的通过天平称重来计数金币的办法完全无计可施。因此，我们一定要把改变黄金成色的事情推迟到我们已经进行了比较可观的货币改革之后。另一方面，我认为，我们没有理由不让英格兰造币厂立即取得按照十进制的成色标准，即$\frac{9}{10}$的成色标准去制作银币的授权。实行这样的标准，仅仅会使硬币的厚度发生一点难以察觉的增加，而这种情况若发生在较小面额的硬币上面则会成 154
为一种优势。

正如前面已经说过的(参见本书英文版第76页)，法国采用了千分之835的成色标准，为的是在不对其重量和外观作任何改变

的情况下，将2个法郎一枚的硬币和较小面额的硬币降格为代用钱币。用这样的合金制作硬币非常完美，颜色也漂亮，人们对这种合金并没有什么特别的反对意见。但是英国政府却不大可能放弃本国银币目前的千分之925的成色标准而去采用这种合金，对此已无须再作进一步的讨论。可以再作一点补充，在早先几年里，金币中所含的合金里还包括一部分白银。在原生的黄金中，无论这黄金是在什么地方发现的，都或多或少地总有一些白银存在。畿尼的黄色外观，以及许多也有同样外观的澳大利亚沙弗林，就是因为含有这种银合金的缘故。但是所有这类含银的金币，现在都已迅速地被炼金厂回收了，这些炼金厂可以将白银从中分离出来，并且获得不菲的利润。新墨尔本造币厂的F.B.米勒先生有一项非常了不起的发明，这项发明能使白银的分离易如反掌，而且付出的代价很小，几乎在淘金地里就可以实现。所需要的只是将含银的黄金熔化，并将一股氯气注入熔融了的金水之中，以便从氯化物态中得到白银，氯化物态中的银随时可与黄金分离开来并浓缩成金属态。所有经过这样处理的黄金都不会发生偶尔不纯的问题，而且还被赋予了完美的延展性，适合于制造硬币。这是这项简单工艺流程的更进一步的优势。黄金的脆性曾是造币厂厂长们遇到的
155 一个极大困难，这个困难就这样地被完全克服了。这套工艺流程已被用于英国、澳大利亚、美国、挪威以及其他一些国家的造币厂。有关这套工艺流程的完整说明，可在英格兰造币厂副厂长的《首次年度报告》(见该报告的第93页)和《第二次年度报告》(见该报告的第33页)或者专利局印制的项目规格中找到。

铸币的大小

我们在制作硬币的时候，铸币的大小尺寸应当被限定在什么样的范围之内，关于这个问题似乎已经有了相当明确的界限。铸币一定不要小到很容易丢失，或者难以拾起来的程度。这项规则似乎在要求，一枚硬币应能将拇指指尖和食指指尖围成的整个区域覆盖起来。虽然这一区域的大小当然会因男人、女人以及儿童而有所不同，但我们应当宁可有过之而无不及。基于这一理由，我要责怪英国的 3 便士一枚的银币太小，而且基于同样的理由，我必须宣告，瑞典 10 欧尔[①]一枚的硬币、美国 1 美元一枚的金币、原教皇的 1 斯库多[②]一枚的硬币都太小了，令人感到不便于使用。较后来样式的法国 5 法郎一枚的金币、英国 4 便士一枚的硬币、加拿大 5 加分一枚的硬币或者现在已被引入德意志帝国的新发行的 20 芬尼一枚的银币，都必须被看作是人们所能够容忍的最小铸币。然而，铸币的厚薄也必须像铸币的直径那样予以考虑。美国造币厂发行的货币要比人们通常看到的铸币厚一些。虽然这样的情况往往会使某些铸币带有一种笨拙的外观，然而在我看来，这样 156
的硬币却更便于使用。法国人已经走向了另一个极端，5 法郎一枚的金币做得很薄，并且直径有近 17 毫米，而价值更高的 1 美国

① 欧尔（öre），一译“欧耳”。瑞典、挪威、丹麦的辅币名称。100 欧尔等于 1 克朗。瑞典的主币称“瑞典克朗”（Swedish krona），辅币为“欧尔”（ore），进位是 1 克朗等于 100 欧尔。——译者注

② 斯库多（scudo），19 世纪以前的意大利银币单位。——译者注

美元，其直径却略大于 13 毫米。铸币的最大尺寸可能主要由制作铸币的实际困难所决定。流通范围非常之广的最大硬币或许是玛丽娅·特蕾西亚元[①]，该硬币直径达 1.6 英寸，或者 41 毫米。另一些最常见的钱币，尺寸都或多或少要小一些，譬如 1858 年的西班牙元，其直径为 37 毫米；1846 年的美国美元，1870 年的西班牙元，1872 年的墨西哥元，它们的直径分别为 37 毫米至 38 毫米。我审查过的各种硬币的平均直径为 $38\frac{1}{2}$毫米，几乎正好是 $1\frac{1}{2}$英寸。在美国人的面额较大的金币中，他们让这些金币保持了非同寻常的厚度。因此，一枚双鹰硬币虽然在价值上等同于 4 个多英镑，但其直径却只有 34 毫米或者 $1\frac{1}{3}$英寸。漂亮的 4 个达克特一枚的奥地利硬币，其直径大于双鹰硬币，虽然一枚达克特硬币内所含有的高成色黄金还不及 1 美元中含量的一半。

铸币的磨损

必须对硬币在使用中所遭受的磨损给予一些关注。以金币为
157 例，因此而引起的金属丢失，其意义是重大的，而且正如我们所看到的(参见本书英文版第 111 页)，磨损会导致钱币逐渐贬值。随着硬币频繁地倒手，同一类型的每一枚硬币，以及硬币流通的每一年，磨损掉的金属量将几乎是相同的。磨损所造成损失的大小将

---

① 玛丽娅·特蕾西亚(Maria Theresa)生于 1717 年，卒于 1780 年，是奥地利女大公，匈牙利和波希米亚女王(1740—1780 年在位)。以她的名义发行的铸币为玛丽娅·特蕾西亚元。——译者注

与磨损的时间长度成比例。现在，英国的法律允许，只要一枚沙弗林的重量达到122.5格令或者以上，就可以继续充当法定货币，而122.5格令这个重量与完全的标准重量之间的差额，或者0.774格令，就是磨损的许可范围。根据一篇在1868年11月伦敦统计学会上宣读的论文（见《统计学会杂志》1868年12月，第31卷，第426页）所描述的几次实验，我估算一枚沙弗林每流通一年所发生的平均磨损为0.043格令（即0.00276克）。由此可以推断，一枚沙弗林一般地讲流通时间不可能超过大约18年以上，因为到那时，这枚沙弗林的重量就会因磨损而减轻到合法水平以下。于是，这个时间长度就会构成可以被我们称之为一枚沙弗林的*法定寿命*的东西。法尔博士自那时起一直想要表明，我的计算中忽略了某些考虑，如果把那些因素考虑进来，我所估算的沙弗林的法定寿命将会缩短至15年。另一方面，赛德先生认为，可以把沙弗林的法定寿命定为20年。

当我们把不同国家的钱币作过比较之后，情况就变得清晰起来，磨损率的高低将部分地取决于流通的速度和流通持续的时间，部分地取决于硬币的大小和硬币特点。据瑞士菲尔－赫佐格先生所作的调查，20个法郎一枚的金币，其每年的平均金属损失量可达完全重量的百万分之200，而10个法郎一枚和5个法郎一枚的 158
金币，其相应的金属损失量分别为百万分之430和百万分之620。我本人对英国金币所做的称重显示，1个沙弗林一枚的金币在每一年的磨损中大约会丢失百万分之350，而半个沙弗林一枚的硬币每年的金属损失量不少于百万分之一，120，或者千分之一多。因为英国的铸币要比1个红三叶草一枚的硬币和半个红三叶草一

枚的硬币更重，所以英国铸币按比例应少蒙受一些损失。菲尔－赫佐格先生将英国货币所表现出的金属损失过大的问题，归咎于英国$\frac{11}{12}$的合金质地较软这一特点。这个原因有可能对加重前面已作过分析的那种效果产生某些影响，但情况更有可能是这样，英国较快的货币流通速度才是可以解释为什么差异会如此之大的主要原因。

我们将会看到，一枚硬币的磨损速度在很大程度上取决于它的大小。一枚大的硬币，就像英国的克朗、法国的埃居银币或者美国的双鹰币美元，磨损情况会比较小一些，因为硬币表面积的扩大速度，按照比例，要比其内瓤增大的速度慢许多。各式各样银币的轻度磨损，可能是这些银币在东方大受欢迎的一个原因。较小面额的银币金属损失要大许多。于是，根据 1833 年在英格兰造币厂所进行的几次实验，半个克朗一枚的硬币每年的金属损失率，按百分比算，大约为 2 先令 6 便士；1 先令一枚的硬币，年金属损失率按百分比算，为 4 先令；而 6 便士一枚的硬币，年金属损失率按百分比算，为 7 先令 6 便士。或者说，我们用十进制的方式来表述，它们的金属损失率分别为百分之 0.125、百分之 0.200 以及百分之 0.375。经年累月，这样的金属损失就会变得相当之大，正如我们在 6 便士一枚的硬币的金属损失案例中随时可以看到的情况那样。拿到造币厂熔化的老旧银币，其平均的重量损失似乎在百分
159 之 16 $\frac{1}{2}$左右，但是这些损失可以通过发行新银币所获取的利润而绰绰有余地得到弥补。1798 年人们在造币厂进行了几次实验，对当时正在流通的英国银币的重量进行了测量。实验发现，1 克朗

一枚的硬币重量亏缺情况达到百分之3.31，而半个克朗一枚、1个先令一枚以及6个便士一枚的硬币，其重量亏缺情况分别为百分之9.90、24.60和38.28。在德国南部最近回收老旧银币的过程中，人们发现老旧银币的平均重量损失已达到其自身重量的约五分之一。

为了减少因金币磨损而产生的损失，似乎需要发行大个儿的金币。美国人曾非常广泛地流通过鹰币美元和双鹰币美元，尤其是后者，设计非常好看，就像奖章一样。在早前的日子里，许多大个儿金币，譬如卡利诺、多布腊[1]、达布隆[2]、四倍的皮斯托尔[3]以及两倍的莱德，都曾经通用过。然而，对于诸如双鹰币美元、100法郎一枚或者5英镑一枚那样的大个儿硬币，还是有人严肃地提出了反对意见，认为这些硬币随时都可以被篡改。有人可以在这些硬币的上面钻些小孔，然后再用锤子敲击，将小孔封死。在大个儿的硬币上面用锉刀锉，用砂纸磨，切个小圆柱，或者使用化学试剂，比在小个儿硬币上面运用这些手段或许更安全。还有这样一些案例，一枚双鹰币美元被彻底地锯成了两个扁平的小圆片，之后，将一块铂金片镶嵌在两个小圆片之间，再将它们平整地焊接在一起，以便达到所需的重量。人们可能会想，进行这种伪造所需要的劳动和技能如果能用在某种诚实的行当中，可能会取得更高的报酬。
但是，据美国造币厂经理提供的报告，有证据表明伪造货币的做法 160
是有利可图的。有人建议，为避免这种造假，应将双鹰币美元的厚

① 多布腊（dobra），葡萄牙几种古金币之一。——译者注

② 达布隆（doubloon），从前西班牙金币的名称。——译者注

③ 皮斯托尔（pistole），从前西班牙金币的名称。——译者注

度削薄，并且还要将之做成多少带有一点盘子形状的模样；但最好还是像英国和法国在很早以前就做过的那样，放弃发行这种大个儿的金币。经验表明，沙弗林、红三叶草、$\frac{1}{2}$鹰币以及同样大小的金币，都不曾被用欺诈的手段处理过，银币也从来不曾被人用前面描述过的方式弄贬值过。

为了尽可能地减少硬币磨损，在实现设计图案和铭文时应当尽可能地少用凸版浮雕，让硬币具有完美的清晰度。君主或者其他名人的头像都不应向外凸起。在这一方面，以及在其他绝大多数方面，英国弗罗林硬币上面线条极其清晰的扁平图案，要比老的 1 克朗一枚、$\frac{1}{2}$克朗一枚以及 1 先令一枚硬币上面的高高的圆形装饰物好得多。法国造币厂在使用模具方面似乎非常成功，他们制作的硬币，无论金币，还是银币，还是青铜币，都有扁平的然而却制作精美的设备。我所见过的、近期发行的硬币中，最漂亮的或许当数 1874 年间为匈牙利制作的 20 法郎一枚的新版金币，模具的镌刻非常出色。五款 1 元的新版斯堪的纳维亚金币，或者 20 克朗一枚的金币，也都制作得非常精美。

161

清点铸币的方法

用数个数的办法，一枚一枚地清点大批量的硬币，不仅是一项单调乏味的工作，而且也很难保证准确无误。为了便利这项工作，人们发明了若干种办法。在英格兰造币厂、英格兰银行以及其他要处理海量硬币的机构，人们使用的是*计数板*。的确，类似的板子早在我们的记忆所不及的远古时代，就已在印度的一些地区为货币兑换者和商人们所使用。这些计数板中有一种是用简单、扁平的盘子做的，盘子上很有规则地分布着数百个浅槽，浅槽的大小刚好可以容纳一枚硬币。大小一致的硬币被一把一把地扔到计数板上，并且晃动板子，直至绝大多数的浅槽都被硬币填上，然后用手工将剩余的浅槽一个一个地填上。计数板上所容纳的硬币数目于是便分毫不差、非常精确地得知了。与此同时，人们可以易如反掌地对硬币进行检查，搜寻任何假币、有残缺的或者外国的硬币。通过使用这样的计数板，人们就可以把任何一种铸币按相同的数目分别装入一个个袋子，这样就能非常确定地随时把总数算出来。

在英国的银行里，有必要快速数出相当大数额的金币，以便在柜台完成支票的兑现，或者核实存入银行的沙弗林的数目。为达到这一目的，秤被利用起来，已备好的称重砝码有相当于 5、10、20、30、50、100、200 以及 300 沙弗林的。因此，任何一个为 5 枚沙弗林倍数的铸币总数都可以快速地，并且几乎不会出错地，于几秒 162
钟内就被称出来，只要这些硬币不是太旧和磨损得太厉害。在铸币总数很大的情况下，用秤给 1 沙弗林一枚的硬币称重有时可能会出现重量短秤的错误。对于半个沙弗林一枚的硬币，因为其质量太轻，所以人们就很少依靠这种办法。称重办法的这种不确定性，乃是因我国的金币有残缺而引起的若干严重不便问题之一。

然而，半个沙弗林一枚的硬币，以及事实上所有平均来看各自近乎于相等的硬币，都可以通过非常巧妙的*复制法*在天平上进行快速地计数。先确定任意一个方便的数字，譬如 50 枚硬币，然后数出 50 枚硬币，将之放在一台天平的一端；之后不必再数，另拿出一堆数量相同的硬币放在天平的另一端，使天平两端平衡。把数目相等的天平两端的硬币混合在一起，就形成了 100 枚一堆的硬币，把它们放在天平的一端，然后再另拿出 100 枚一堆的硬币放在天平的另一端，使天平两端相平衡。在第二次合堆之后，我们就得到了 200 枚一堆的硬币。我们可以反复地应用这种复制法，只要天平能够承受住更大的重量，每次将混合起来的一堆硬币当作一个固定的重量，这样就可以把与之重量和数量相同的一堆堆硬币数出来了。

在既找不到天平，也没有计数板的情况下，硬币的数目可以通过把每 10 枚、15 枚或者 20 枚的硬币码成一小摞的办法来计数。将这些码好的硬币一摞挨一摞地摆放在一个扁平的板子上，这样就算是凭肉眼，或者用一根直边的棍子压在一摞摞硬币的顶上，也能很容易就发现各摞硬币之间在高度上是否存在不等。于是，一般地讲，数数时出现的疏忽便可以被显现出来。

163

金属钱币的成本

由于使用金属货币，一些费用会以这样或者那样的方式分摊到公众的头上，对于这些费用，我们可以采用计算某种利息的方式去进行计算。先来谈一谈银币和青铜币这样一些辅助硬币。辅币是作为代用铸币发行的，它们在发行时被减轻了重量，政府因此可以从制作辅币的生意中赚得利润。造币厂通常能够以每标准盎司 5 个先令的价格购入标准白银。在向公众发行这些硬币的时候，其发行价为每盎司 5 先令 6 便士，于是，政府按照所发行铸币的面额价值可以拿到至少9%的货币铸币税。在过去的10年期间，英格兰造币厂制作的银币年平均为546,580英镑，对此每年可以收入货币铸币税49,200英镑。另一方面，造币厂还必须按面额价值回购已经磨损了的银币，并且在将这样的货币翻新重铸时蒙受一些损失。在过去的10年里（1864—1873年），货币翻新重铸所蒙受的损失平均每年为16,700英镑。这样，不算英格兰造币厂机构本身的费用，它每年可得净利润32,500英镑。目前，白银的价格每盎司不超过4先令10便士，所以货币铸币税为12%左右，而制作银币的利润也会成比例地增大。

我们还可以从另外一个角度来看待这个问题，即把货币铸币税当作为带来利息而投下的一笔资金，以弥补铸币在随后的几十年（譬如说30年）里被磨损后回收那些硬币的费用。现在，按照百 164
分之$3\frac{1}{4}$的复利计算，1个英镑在30年之后就可以变成2.61英镑，因此百分之9的货币铸币税将可以增大到百分之23.5。但是回收来的银币实际上的重量缺失，平均只有百分之$16\frac{1}{2}$，因此，如果不考虑已经确定丢失了的，出口国外的，被人回炉熔化的，被人囤积起来的，沉没海底的，或者以其他方式最终退出流通领域的这样一些情况所涉及的相当大数量的硬币，那么在目前的法律法规下，发行银币是会带来利润的。

在青铜货币的发行中，正如之前所说，产生了一笔270,000英镑的利润，用这些钱一定可以冲销在未来的某个时期因要将不足秤的代用钱币翻新重铸而可能产生的不知具体数目的费用。

钱币的费用由下列4个主要项目所构成：投资在货币上面的

资本所损失的利息、因金币磨损而产生的损失、造币厂的开销以及最后一项，铸币的偶然损失。这最后一项是个完全不可知的数额，而其他几项费用则可以估算如下。粗略地讲，我们可以假定英王国的黄金钱币是由 8,400 万枚 1 个沙弗林一枚的硬币和 3,200 万枚半个沙弗林一枚的硬币所构成的，总价值为 1 亿英镑。1 个沙弗林一枚的硬币每年重量损失平均为每枚 0.043 格令，这样，一年的重量损失就是约 30,000 英镑；半个沙弗林一枚的硬币每年的重量损失为每枚 0.069 格令，从而一年损失 18,000 英镑。然而，利息的损失却是一个严重得多的问题。粗略地讲，用在钱币上面的
165 金属的全部价值如下：

流通中的金币		1 亿英镑
英格兰银行中储存的条块		1,500 万英镑
银币		1,500 万英镑
青铜铸币		112.5 万英镑
	合计	1.31125 亿英镑

以百分之 $3\frac{1}{4}$ 的利率计算，这个合计金额所产生的利息应不少于 4,262,000 英镑。

造币当局自身的费用约为每年 42,000 英镑。于是，下面的报表显示出所能估算出来的金属钱币的总成本。

利息损失	4,262,000 英镑
铸币的磨损	48,000 英镑
造币当局自身的费用	42,000 英镑
	4,352,000 英镑

从这个数额中，应当减去造币厂从制作银币和青铜币的货币铸币税中所获得的利润。但是我们可以用全然无法得知的、公众因偶然丢失硬币而蒙受损失的数额来冲销这部分利润。

166 # 第十四章　国际货币

在时下著述的有关货币的任何一本书中，参考文献当然一定得提及为建立世界范围的国际货币体系所提出的方案，甚至是向这一目标前进所完成的步骤。毫无疑问，距离把这样一种理念变成现实还有很长的路要走，而且德国政府近来的倒行逆施行动，很有可能会阻止正在前进的文明去取得如此伟大的成就。然而，在我们的一切变化中和我们有关货币问题的讨论中，我们都应牢牢记住，一种统一的货币体制终将被引入进来。我们一定要寻找一种可以逐渐改善各国关系的办法，虽然战争目前尚无法避免。我们有国际版权保护，有罪犯的引渡，有海事信号大典，有邮政公约，有减少战争恐怖的条约。各个国家早就已经不再是对所有自己的邻国都幸灾乐祸的闭关锁国之邦了。而且，随着自由贸易成为无所不在的主导现象，交通借助于铁路、汽轮、电报、邮政和报纸等手段在不断地扩大，我们可以找到这样一个时刻，到那时，所有的人
167 都想尽最大可能去打破那些横在人类这一家族与那一家族之间的壁垒。

我要首先指出，从一种国际性的金属货币体系那里期待人们可以得到一些什么样的好处。然后，我将接下去阐述与之相对应的、可能会出现的坏处，在简化货币体系方面已经取得的进展，人

们已经提出来的主要方案，以及这些主要方案的比较优势和比较劣势。

国际货币的优势

短视的人们反对一切有关建立国际货币的方案，他们认为所讨论的目标倘若真的实现了，那也只会省却那些在国家之间旅行的为数不多的人们的麻烦。这是货币统一所能带来的所有好处中最不起眼的一个。当所有的账目、价格以及统计报表都采用一种统一的价值尺度来表达时，弄懂这些报表会变得非常方便。我倾向于把从这种方便中产生出来的巨大好处放在第一位。对于统计学家来说，与用法郎、英镑、美元、泰勒[①]、米、码、厄尔[②]、英担[③]、公斤等五花八门的单位表示出来的信息报表打交道，几乎是无法容忍的。即使没有把浩如烟海的数字换算成一种共同的单位这样的初步工作，统计调查的工作量也是足够大的。对于商人或者做生意的人来说，种类繁多的货币和价值尺度也同样会使他们感到眼花缭乱。在许多地方，钱币的价值并不一定是已知的，而只有那些 168
刚好对当地的情况，以及那里使用的货币和价值尺度具有专门知识的人，才能冒险用当地的货币和价值尺度去进行贸易。货币体

① 泰勒(thaler)是德国15世纪至19世纪的银币。——译者注

② 厄尔(ell)是古斯堪的纳维亚的长度单位，为公制的12米。在英国，则为45英寸。——译者注

③ 英担(hundredweight)为英美重量单位，等于1夸特的4倍，在英国为28磅，在美国为25磅。——译者注

系的差异，也使与外汇相关的计算变得异常复杂，所以利润就落进了那些已经掌握这种计算技巧之人的腰包。

其次，当一国的铸币能够从本国直接转入另一国家的流通领域时，外汇的实际调整会变得更加及时和完美。国际钱币体系所带来的一个成果便是，贵重金属会更多地以铸币的形式为人们所持有。在当今时代，被一国制作成铸币的东西时常要被另一国家回炉熔化并重新铸成硬币，尽管在某种程度上，几种主要硬币，如英国的沙弗林、美国的鹰徽美元、法国的红三叶草币、墨西哥元，都是在由银行持有并且买卖。有了单一的铸币体制，作为一项一般规则，所有的黄金和白银库存都会以铸币的形态被保存起来，时时刻刻准备进入流通领域。所需制作的铸币数量减少，会使少量的铸币被储存起来，虽然这一点只是一个非常次要的问题。一个意义比较重大的事情是，金属条块经纪人以及那些利用金属条块在现今条件下运输上的困难来进行金属条块买卖的其他人获取利润的机会变小了。给国际旅行者们省去的麻烦和减少的损失也并非是一件无关紧要的事情。随着国际交通的扩大，国际旅行者的人数将会增长，而且我们应当尽可能地将一切人为的困难打破。

169 国际货币所带来的一项人们还注意不到的好处，是那些弱小和半开化国家的钱币体系会因采用了国际货币而可能得到的改善。在世界的许多地方，依然还存在着各种不同价值和币值不确定的铸币混杂在一起使用的情况，而且只要主要国家是按照完全不同的体制来铸造货币的，它们制作出来的这些硬币就会在其他国家流通并造成混淆。墨西哥元成为实际上的国际货币已经很久了，之所以如此，是因为墨西哥元为那些地方提供了极大的方便，

在以墨西哥元作价值单位的地方，商人们都会知道自己是在以什么为基础签订的合同。现在，倘若一切主要国家都联起手来，发行一套重量和大小都统一的硬币，这些硬币就会逐渐地形成非铸币国家的钱币，并且会在世界最偏远的地方引起一场改革。

国际货币的弊端

毫无疑问，当货币在国与国之间流通时，某些邪恶的东西可能会因之而出现。譬如，一国政府可能会制作略低于正常标准的货币，而这样的货币一旦被引入流通领域，由于格雷欣法则的作用，要把它们逐出流通领域就会很困难。法国的造币厂曾在这一方面出过问题。法国的金币在接受认真细致的成色检查时，被发现其成色为千分之898或899，而不是千分之900。的确，造币厂是可以有千分之二的误差补偿的，于是这种铸币便被合法地发行了。

然而，造币厂当局以一种不当的方式利用了误差补偿。平均来看， 170
任何造币厂所发行的铸币都应具有与标准几乎毫无二致的成色，而以误差补偿的名义所允许的误差，只是意在弥补个别硬币中偶尔出现的工匠失误问题，并不是允许故意偏离标准的平均水平的误差。

很难设想一个按照国际义务发行货币的国家，会希冀通过这样的方式去赚取千分之一或者千分之二的利润。为了确保各国货币的一致性，铸币检验人员和不同国家造币厂的官员们需要聚集在一起开会，并就一种共同的标准工序，以及统一的试金板达成协议。经验并未表明，在钱币制作的问题上，一个国家是否需要对另一国家的诚信度表示不信任。我们并没有把西班牙和墨西哥当作金融诚信的样板,然而这两个国家如此诚实地利用本国造币厂来保持其所发行银币的重量标准和成色标准,以致这些硬币在过去的一百年里,在世界上的绝大多数地区,都可以几乎不受质疑地数一数便被接受。这些硬币还曾一度在英格兰流通过。国际货币的可能性已被下列事实所证实:在没有签订任何国际条约的情况下,若干国家的铸币得到其他国家的承认,被认定为法定货币。英国的沙弗林就是这样一种情况,它不仅被大不列颠的殖民地和领地所承认,还被葡萄牙、埃及、巴西以及或许还有其他一些国家所承认。红三叶草币曾自由地在欧洲绝大多数地区流通过。荷兰的达克特币也是受人高度喜爱的铸币。还有我频繁提及过的、流通范围广泛的若干种美元硬币。

171 ## 货币体系之间的冲突

建立一种国际货币体系的主要困难产生于如下这个事实:即世界上有若干个伟大的民族,法国人、英国人、美国人以及德国人。他们当中每个民族都有自己的货币体系,无论出于什么样的动机,高尚的还是不高尚的,他们都不愿意放弃本民族的货币体系。这些货币体系中没有任何一个具有压倒性的优势,从而可以凭借自身的优点脱颖而出,鲜明地显示自己是最好的。因此这里存在着一种使情况陷入僵局的力量平衡。最先提及的三个民族中的每一个,都有许多赞美本民族货币体系的话要说。以法郎为基础建立起来的法国货币体系,是一种极其完美的十进制铸币体系,并且具有在比利时、瑞士以及意大利被认定为国际货币的殊荣。此外，法国法郎还在奥地利被当作像黄金一样的国际钱币，而在没有国际货币的西班牙、希腊和某些小国，法国法郎被当作白银对待。

虽然英镑的细分单位并不值得推荐，但英国人却应该积极鼓动说，英镑本身是个出色的价值单位。英镑是现有最大的货币单位，而且它的基础是黄金，因此英镑对于日益增长的各国财富似乎尤为合适。虽然英镑仅仅是在欧洲的一个小角落里，也就是说在葡萄牙得到了承认，但我们必须记住，欧洲将很快就不再是贸易和文明的唯一中心了。在澳大利亚的殖民地上、在玻利尼西亚的殖民地上以及在非洲的殖民地上，一些在不久之后就会让世界感觉到它们的伟力的国家正在发展壮大，而这些国家都是依附于英镑
的。英国的商业和英国的海运已经扩展到了全世界，这使世界上 172
的所有港口都知道了沙弗林。

然而，从美国人的角度看，他们可能会对美元有许多赞美的话要说。美元是按十进制方法进行分割的，而且正如我们将要看到的那样，美元分割得极其方便。美元属于这样一种铸币，它已经在极其广泛的范围内流通了二三个世纪，并且被当作记账单位，所以在赞成美元作国际货币的考量中，经验也占有很大的权重。但最重要的是，美元已被坚定不移地接受为这样一个国家的货币，这个国家，对人类智慧所能够预见得到的未来来说，注定要成为世界上人口最众多、最富裕和最强大的国家。这个在最优秀的英国积淀基础上崛起的国家，吸收了欧洲其他国家的许多最优秀的血液，并且继承了世界上最富饶的一块大陆。这个国家在即将来临的几个时代里一定会发挥重要的作用，对于这样的重要作用甚至连美国

人自己也还几乎没有意识到。

国际货币谈判

在这样一部简明扼要的著作里，要我对一长串、最终导致在西欧大陆的国家之间实际上建立起了一个国际货币体系的讨论、会议、代表大会、协会、谈判和公约作十分详细的描述，那是完全做不到的。我必须请渴望得到更多信息的读者们去参考弗雷德里克·亨德里克斯先生的那本关于著名精算师的杰出小册子。这本小册子第一次让这个课题在英国变得家喻户晓。小册子的名字叫作《十进制的铸币体系：与法国以及其他国家的国际铸币体系挂起钩
173 来，立即将之在英国推广的计划》。该小册子于1866年私下里印刷过。赛德先生的著作《论金属条块及外汇的专著》也可以去查看一下。还有法文版的《经济学家杂志》也尽是有关这一课题的信息。

“为取得统一的度量衡、重量以及铸币的十进制体系国际协会”于1855年在巴黎建立。该协会的英国分会举行了积极的活动。1858年美国提出建议，要使各种钱币趋于同化。1860年和1863年，在伦敦和柏林举行了几次重要的国际代表大会，尤其是在柏林举行的那次代表大会上，一些重要的决议获得通过。对于这些决议我将不能不去进行分析。然而，迫使这一问题被提出来，并于1865年12月导致一项《国际钱币公约》实际产生的，却是比利时、法国、瑞士和意大利这样一些紧密相邻的国家，以及无法阻止法国的金币，甚至银币穿越国境这样一个事实。

1863年国际代表大会关于钱币问题的报告，是一份极其重要的文件。该文件指出了以白银和青铜为辅币的金本位制优越于其他钱币体制的便利之处。该文件主张，一切标准铸币都应实行十分之九的统一成色标准。该文件建议，应按照公制来确定铸币的重量，并且在最后提出了一个方案，按照这个方案，可以在现有的货币单位之间建立简单的关系。

1870年，在对德宣战之前不久，法国由商务部长和国务委员 174
会部长主席（德·帕里欧先生）主持，召开了新一次的帝国委员会，就与货币本位制及其对国际铸币体制的影响相联系的形形色色问题向各个方面搜集证明。至少有37位证人接受了审查，调查的结果刊登在法国政府1872年出版的厚厚的两大本书中。调查结果显示，大多数证人以及大多数委员会委员都毫不含糊地支持单一金本位制。

由于一种纯粹的偶然巧合，主要货币单位已经非常接近地约等于法郎的简单倍数。下列图表显示，这些货币单位的当前相对价值以及提案中建议的调整倍数完全吻合。

	以法郎计的当前价值	以法郎计的拟调整价值
法郎	1	1
弗罗林（奥地利，银币）	2.47	$2\frac{1}{2}$
美元（美国，金币）	5.18	5
英镑	25.22	25

所需作的调整，只是将弗罗林升值百分之1.21，并将美元和英镑分别贬值百分之3.5和百分之0.88，以便在这些币种之间建

立非常简单的比率关系。于是，在无须对多个货币体系作任何可以察觉的变革的情况下，就有可能将各种财务报表由一种表达方式转化为另一种表达方式。不仅如此，硬币本身就可以具有国际
175 钱币的职能，在法国把1英镑一枚的硬币当作一枚25法郎的硬币使用，在美国把1英镑一枚的硬币当作一枚5美元的硬币使用。反过来，美国的1美元金币可在法国当作1个埃居的硬币使用，在英国当作一枚4个先令的硬币使用。

国际代表大会避免就要求各国普遍采用任何一种价值单位提出建议，而是敦促并不使用前面所提到的四种当中任何一种价值单位的国家应从中选择一种它们最感满意的价值单位。倘若所有的国家都能本着一种智慧和自由的精神接受这一方案，那么我们在此之前或许就应当能够清晰地看出我们如何才能选出最佳的价值单位。不幸的是，自1865年以来，无论是德意志帝国，还是斯堪的纳维亚各王国，它们都没有按照上述那些原则去进行改变。多种货币极大地趋同的情形已经发生，但是趋同化的发展方向却是在走向国家集团的钱币体系，而非国际钱币体系，虽然正如亨德里克斯先生在其发表于《经济学人》杂志上的若干篇文章中所展示的那样，新的铸币有许多新鲜和重要的切点，并且与公制和十进制体系是吻合的，所以，一些真正的进展实际上已经完成了。

英国货币的十进制化

自从罗茨利勋爵1824年在议会中递交提案，建议对英镑采用十进制单位进行细化分割以来，对有关英国货币新安排的各种各

样方案都进行过大量的讨论。所提出的若干种计划各有千秋，难
分伯仲，并且从中选出任何一种方案付诸实施都极其困难，所以长 176
达半个世纪的辩论也还依然未能取得任何实际结果。或许现在有必要单独地关注一下其中的两种主要方案，它们是：*英镑和密耳*方案，以及*一便士和 10 法郎*方案。

两者中的第一个方案是基于这样一个事实，1 个法辛近乎 1 个英镑的千分之一。鉴于 960 个法辛等于 1 个英镑，那么只需要对法辛作百分之 4 的变更，就可以得到最小的十进制约数，这个约数被称作*密耳*。1 个便士将等于 5 个密耳，就像法国的半个便士或者 5 个生丁那样。正如某些人所假定的那样，这里必须引入一种新的、价值 2.4 便士的硬币，作为 1 个英镑的百分之一。但这样做是没有必要的，而且 1 个弗罗林将等于 100 个密耳，半个沙弗林将等于 500 个密耳。这一方法的巨大优势在于，它可以把作为主要价值单位的英镑以及人们所熟悉的若干其他硬币都统统保留下来。反对这一方案的人坚定地认为：(1)这个假定的事实将人们最熟悉的 1 个先令一枚和 6 个便士一枚的硬币都排除在外了。(2)密耳这个约数有点太小，不宜作价值单位的起点。然而，情况并不一定是这样。1 个先令一枚的硬币，作为流通铸币，可以依旧保持与目前相同的重量、成色和价值，但在作为记账铸币时，1 个先令要被转换成 50 个密耳而不是 48 个法辛，而 6 个便士一枚的硬币要转换成 25 个密耳而不是 24 个法辛。这样的细化分割，并不比
已在德国、斯堪的纳维亚或者法国的货币盟友中间所实行的新铸 177
币体制中成功实施的细化分割，以及那些几乎是平行的 50 和 20 芬尼、生丁、里拉、欧尔等等形式的硬币更为复杂。至于说密耳作

为约数太小的问题，人们似乎忽略了密耳为法国货币体制下的起始约数的 $2\frac{1}{2}$ 倍，是德国新货币体制下起始约数的 $2\frac{1}{25}$ 倍。

两者之中的第二个方案是由已故教授格雷厄姆和里弗斯·威尔逊先生在他们收录于《1867 年国际货币大会会议文献》的报告中提出的建议。第二个方案建筑于这样一个事实上面，即 10 法郎一枚的硬币约等于 8 个先令，两者相差不超过 $\frac{3}{4}$ 便士，即 100 个便士仅差百分之 4。因此，英国的货币体系要与法国的货币体系建立联系，只需要引入一枚 10 法郎的金币，由这枚金币临时充当 8 先令的代用货币就可以了。随后，让 1 个便士贬值百分之 4，并用 1 个法郎或者 10 枚 1 个便士一枚的硬币来取代 1 个先令，我们就会得到一个真正的十进制的货币体制。这一建议的巨大优势在于，它几乎不作改动地将人们如此熟悉的硬币如 1 个便士保留了下来，并且正如其在目前的绝大部分时间里所担任的角色一样，使之成为最小的记账货币。不仅如此，英国的货币体系还与法国的货币体系变得高度一致起来。该方案的主要困难在于，这里面涉及要放弃英镑，1 个英镑是新的价值单位的两倍半，而且还在于，在所有我国当前使用的硬币中，只有 1 个弗罗林一枚、1 个便士一枚以及半个便士一枚的硬币才会方便地入选这一方案。要把一笔
178 笔钱由英镑换算成新钱币，就需要乘以系数 $2\frac{1}{2}$，绝大多数人都会把这样的做法看作是一个非常烦人的过程。

当对英国货币施行十进制化的建议首次提出来时，国际货币体系的观念还从来未被认真地考虑过，而且的确也很难说是已经

构想出来了。现在在这方面已经取得了如此大的进展，以至于在考虑进行这一方面的改革时不去参考那一方面的改革是行不通的。无论进行什么样的变革，困难都很大，以至于部分地取得改革的成功都将是不值当的。

未来的美国美元

向一种国际货币体系迈进，目前所能采取的最易行和最重要
的步骤，就在于让1个美国美元变得像5个法郎一枚的硬币一样。
美国的钱币目前是一种可变的纸质钱币。从这里面出现了一个绝
好的机会。考虑到在过去的10年里人们所经历的巨大价值波动，
我们就应当毫无顾虑地将货币体系拉回到旧的货币本位制上去，
回归到上一个精准的程度上去。钱币价值的每一次变动，无论是
降还是升，迄今为止都是具有伤害性的。现在，1个美国美元含有
25.8格令的黄金，用英国货币为美元标价，1美元等于49.316便
士。当黄金价值达到百分之111时，纸质美元将会出现百分之10
的贴水，因此1个纸质美元将值44.384便士，然而法国的1美元，
或者5法郎一枚的金币，其重量是24.89格令，价值47.58便士。
因此，人们显然需要制作一种新的金属美元，其重量要与法国美元 179
完全一样，而且当绿背钱币[①]升值到与这种金属美元币值相等的
时候，开始使用硬币进行支付。至于说一切以纸质美元签订的合

① 绿背钱币(greenback currency)是指美国联邦储备银行发行的纸币。——译者注

同、一切现行价格和收费，这一变化将不会与任何破坏诚信的事情有任何牵涉。事实上，倘若纸质钱币贬值得足够多，达到了与老的美元等值的水平，那就意味着变更和破坏合同的案例会比前一种情况下更少。

把美元的重量减轻的确会导致所有以黄金为条件签订的合同，包括所有须用铸币偿还的美国债券、铁路公司债券以及其他机构的债券都被拒绝，除非有条款规定可以更改此类合同的条件。然而，简单地作个规定，令人们所接收和支出的新美元以每个美元的百分之 $103\frac{1}{2}$ 等于旧美元的百分之 100 执行，这一困难就可以被克服了。

倘若美国政府能够恪守 1863 年国际代表大会所提出的建议，那将会使重量、度量衡以及货币的公制体系取得话语权，这一点几乎是用不着怀疑的。很有可能这会使美元成为未来的全球价值单位。美元已经成为世界上许多地方的货币单位，这一事实给了美元很大的机会。在美国金币变得与法国埃居相似之后，美国金币就能够在欧洲，或者一切迄今为止接受法国红三叶草币的地方流通。一个英国人却倡导一项有可能导致英镑被击败的变革，这似
180 乎是不爱国的，但我对任何一项主张货币统一方案的看法都是有聊胜于无。无论最后的结果可能会是怎样，我都渴望看到人们能够尽快地接受让法国的货币体制与美国的货币体制走向同化的结局。由于随后要说到的一些原因，我认为美元如果有个很好的机会被世界所普遍接受，它会是一种很好的价值单位，只有那些带有民族偏见的人才会反对美元。即使美元并没有被世界所普遍接

受，那么倘若大不列颠、美国以及法国能够达成协议，去制作重量和成色都完全相同的，可以像沙弗林、5 美元一枚的金币以及 25 法郎一枚的金币一样毫不在意地自由流通的金币，那也将是向前迈出了伟大一步。

德国的货币改革

德意志帝国的新货币体系正在那些先前一片混乱的地方引入一种良币。要不了几年，德国人就将很难再会理解为什么他们曾在一个如此漫长的时期里束手无策地忍受着两套甚或三四套相互矛盾的硬币混杂在一起的钱币制度。从许多方面看，新的货币体制正是人们求之而不得的。在已经陈旧过时了的银本位制的位置上，黄金被选作了价值尺度、唯一的主要货币，以及不受限制的法币。记账单位为马克，1 马克的含金量是成色为$\frac{9}{10}$的 6.1465 格令黄金。因此，其价值约为 $11\frac{3}{4}$便士。德国的主要硬币将是 20 马克一枚的金币，重量为 122.92 格令，或者 7.964954 克，并且含有 7.168459 克纯金。还有一种 10 马克一枚的硬币，其重量正好为前者的一半。

银币和镍铜币这样的辅币是在复合法币，或者按照英国的货 181
币体制类比，代用货币的基础上发行的。对德国银币所征收的货币铸币税将为百分之 11.111，超过了英国和法国对银币所征收的税额，英法的货币铸币税率分别为百分之 9 和百分之 7.784。

如果德国政府在决定新马克的重量时认真细致地避免了与法

国货币体制趋同的问题，那就不会让所有的进步之友都有太多的遗憾了。1 个沙弗林一枚的金币含有 7.3224 克纯金，25 个法郎一枚的金币在造币厂时含金量为 7.2581 克，而 20 个马克一枚的金币是按 7.1685 克的含金量制作的。能够解释为什么要按照这样一个精确重量去制作马克的唯一理由是 3 个马克近似地等于 1 个泰勒。但是德国各州的铸币制度是如此的五花八门，以至于铸币制作场所不拒绝接受任何一种货币体制。因此，不难想象，在一场如此伟大的改革中，百分之 $1\frac{1}{4}$ 的差额就会成为接受国际铸币体制的一道不可逾越的障碍。

小额货币体系

一种价值单位被选出来之后，会有三种相互竞争的办法，可以据以对价值单位进行细化分割，这三种办法是*二进制*、*十二进制*以及*十进制*。第一种体制在我国的常衡制重量体系中得到了最
182 完美贯彻，在这样的体系中，16 盎司等于一磅。但在我国的货币体系中，这种体制也得到了自由的利用，1 个沙弗林一枚的硬币被分割成两枚半个沙弗林的硬币，1 个克朗一枚的硬币被分割成两枚半个克朗的硬币，1 个先令一枚的硬币被分割成 6 个便士一枚和 3 个便士一枚的硬币，1 个便士一枚的硬币被分割成半个便士一枚的硬币和 1 个法辛一枚的硬币。与此同时，十二进制的方法在我国的货币中被用在了先令的分割上面，1 个先令被分割成了 12 个便士，1 个先令的 $\frac{1}{3}$，或者说 4 个便士，现在仍以名称叫作格

罗特的硬币形式流通，这种硬币现在正被收回。

每一种细化分割的体制都有其自身的优点，它们之间一定永远存在着一种天然的竞争。于是，这些细化分割体制之间从最初的时候起就发生了竞争。在远古时代的意大利，十二进制体制在亚平宁山脉的南麓居主导地位，而十进制的细化分割体制则在山脉的北麓使用。在西西里岛，这两种方法被混淆在了一起。中国从远古的、一个无法考证的年代起就采用了纯粹的十进制体制。在英国，十二进制和二进制的细化分割体制，从很早很早以前就存在了。人们随时都准备承认，二进制体制极为简单又非常自然，它涉及最小整数之上的最小可能因数。十二进制体制也有突出的优点，因为该体制允许把事物分割成若干可以整除的部分，它涉及因数 2 两次，以及下一个高阶相邻的因数 3 一次。于是，1 个先令可以完全地分割为两个 6 便士，3 个 4 便士，4 个 3 便士，以及 6 个 2 便士。

十进制体制远没有那么简单，而且从某种意义上讲，也不方
便。10 仅允许有两个高于最小整数的因数，即 2 和 5，而 5 在前述 183
两种分割方法中的任何一种中看上去都是一个更为复杂的质因数。但是这种分割体制却具有一种无与伦比的优点，它与我们十进制体制的记数和计算严丝合缝地吻合在一起。如果让我们来作选择的话，十进制方法或许并不能算是最佳选择，尽管如此，发源于人类早期用手指头数数的十进制记数方式却像一种遗传的习惯一样，被牢牢地固定在人类的制度中间。我们别无选择，只能接受不可避免的结果，而且由于我们所有的算术演算过程都是按十进制的方法进行的，所以随着教育和写作应用的进步，这种方法便有

了一种压倒性的优势，它让我们的重量、度量衡以及铸币都妥妥帖帖地顺应了同一体制。

的确，一种完美的、纯粹的十进制体制将只能容纳十进制的倍数和约数，即：1,000、100、10、1、0.1、0.01、0.001。但不得不数出10枚之多的硬币才能进入下一个更高的单位，这是很烦人的，所以人们总是在对苛刻的十进制分割办法放宽要求。在法国的货币体制内，每一倍数的一半和两倍都可以用中间的硬币来代表，这个数列就是1、2、5、10、20、50、100、200、500，等等。美国的铸币体系要复杂一些，并且也不那么对称，因为它允许有半个鹰币和四分之一个鹰币、半个美元和四分之一个美元、25美分硬币以及3美分的硬币。我倾向于偏爱法国的方法，而且我认为美国造币厂发行的不同面值的硬币种类太多。

184

国际货币单位的最终选择

在结束本章的时候我要讲几点理由，这些理由应当引导我们去选出最终将被确立为一种未来全球货币的基础的货币单位。

有这样一些论点，它们认为相互竞争的不同货币单位的绝对量大小至关重要。我对这样的论点不屑一顾。有人说，随着国民财富的增长，以及与此同时黄金价值的下降，我们需要使用一种较大的货币单位。以此为根据，有人推荐用英镑作货币单位，认为英镑显然优越于法郎。倘若我们数的钱是法郎，那我们数的数字就会是我们数英镑时的25倍。人们似乎忘记了，相同的货币单位永远不可能适合我们不得不表达的极其不同的金额，所以我们必须使用实际货币单位的倍数或者约数。正如我们要根据所测量物体的规模大小来决定是使用英寸、英尺、码、弗隆①、英里，还是使用地球轨道的直径一样，我们在处理货币问题时也要这样变换货币单位。倘若我们是在讨论一个工人的每周工资，那么我们就用先令来计数。倘若我们所谈论的是一个职员的年薪，那我们就要用英镑来计数。倘若所谈论的事情是一个商人或者一家银行的财富，那么我们关注的就只是千镑和万镑这样的大数。在与大不列颠王国的财政收入或者国债相关的问题上，我们会将自己的注意力完全倾注在百万英镑的大数上。葡萄牙人的记账单位被称作*里斯*②(*rei*)，价值只相当于一个英国便士的约十九分之一，并且可能是世界上最小的货币单位。然而，在实践中，价值 $53\frac{1}{3}$ 便士的 milreis 或者叫作千里斯，变成了货币单位。印度商人以同样的 185
方式谈论千万卢比③。法国人是以 10 亿法郎(milliards of francs)为单位来估算本国的国债。毫无疑问，让英国人确切地翻译 10 亿法郎是个什么概念，那会让他们感到发懵。但对于那些已习惯于用法郎数数的人来说，数 10 亿法郎并不比数 100 万英镑更困难。完全相同的考虑还可以用于重量单位。因此，虽然法国人使用了 1 克(或者 15.43 格令)这样小的终极重量单位，然而根据被称重物体的规模大小，法国人会使用或大或小的重量单位：一方

① 弗隆(furlong)为英国的长度单位，相当于八分之一英里，或者 220 码。——译者注

② 里斯(rei)是葡萄牙及巴西的旧货币单位。——译者注

③ 千万卢比(lacs and crores of rupees)，crore 是印地语一千万的意思。——译者注

面使用厘克或者毫克，另一方面使用十克和公斤（千克）。因此，就这一观点来看，终极单位的绝对量大小在我看来完全是个无关紧要的问题。

至于说货币单位的细化分割问题，有些考虑是比较重要的。细化分割的办法当然应该是十进制的，而且还应设法使最低的约数对应于商业交易中被认为值得记录下来的最小金额。现在，1个法郎被分割成了100生丁，因此1个生丁的价值连1个便士的十分之一还不到。虽然制作的1个生丁一枚和2个生丁一枚的青铜硬币数量达到了青铜钱币总量的约百分之五，但人们发现这些铸币几乎并不流通。即使这些硬币被用于在面包房进行最小金额的零售交易，它们还是不会被记入账本的。因此，法国会计记入账本的最低数额是5生丁，其次的最低数额是10生丁，与我国的1便士相对应。于是，小额账目便遇到了一种毫无必要的复杂情况。的确，把通用的最小面额硬币叫作*5生丁*实在是太不方便了，所以人们通常还是称之为一个苏，尽管十进制体系已经在法国存在了90年。葡萄牙的里斯是一种很小的货币单位，它小到没有任何一种硬币可以代表它。尽管如此，里斯在葡萄牙的商务账目中还是有一席之地的，并因此在一切财务报告上都毫无必要地添加了一个数字。

186

在英国，实际使用中的最小硬币是法辛。但在账目中，人们几乎并不留意法辛或者半便士，所以1个便士才是最低的记账货币。邮局在监管储蓄银行的业务时，拒绝承认任何小于1个便士的硬币。但是1个便士与1个英镑的关系很不方便，1个英镑的百分之一等于2.4便士，1个英镑的千分之一约为1个法辛。因此，若把十进制用在英国的英镑上面，我们就必须把一种很不方便的小硬币，即*密耳*作为最小的记账货币。的确，在这方面，英镑和密耳方案要比法郎和生丁体系优越。于是，12 先令 6 便士可以表达为 625 密耳，但若以法国货币（按照 25 法郎等于 1 英镑）表达，那将会是 15.625 个货币单位。把 10 法郎一枚的硬币作为主要货币单位，那就变成了 1.56 个货币单位，或者 156 个公制的便士。在许多情况下，用便士来表达一个金额的大小，要比用密耳或者生丁来表达可以少用数字。

美国的货币体制在这方面并无例外。1 美元被分割为 100 美 187
分，每一美分的价值约等于半个便士。虽然半个美分的硬币已经制作了，并可能被用于某些微不足道的采购中，但是半个美分永远也不需要被记入普通的账目之中。因此，在我看来，1 美分似乎对应着需要在账目中处理的最小金额，这样货币报告单就可以尽最大可能地被简化。人们很可能会问，被实际记入账目中的最小硬币是否并不真的是一切其他硬币都为其倍数的货币单位？或许最佳答案应当这样说，美分、美元或者鹰徽币都是货币单位，这无关紧要。在英国的货币中，我们是否把 1 个英镑，或者 1 个英镑的 $\frac{1}{20}$，或者 1 个英镑的 $\frac{1}{24}$ 看作货币单位，这并不重要。我再重复一遍，货币单位的绝对量大小完全是一个无关紧要的问题，而我们不得不考虑的唯一问题是 1 个货币单位或者 1 个货币单位的任意十进制部分是否对应于我们需要记账的最小金额。从这个方面讲，1 美元是现有的最佳货币单位，但是也可以允许讨论双鹰币美元，或者相当于 8 先令的 10 法郎一枚的金币，或者 100 便士，是否是更

好的货币单位。倘若各国的财富继续增长，而黄金的价值下跌，则甚至1美分都将成为一种面额太小的硬币，而不便于出现在账目上，那样，1个便士将成为一种更好的最小货币单位。在这种情况下，100便士，或者10法郎一枚的硬币，就会成为最佳货币单位。于是，在我看来，最终的国际货币单位要从5法郎一枚和10法郎
188 一枚的两种金币中间选出。可以补充一点有利于10法郎一枚硬币的意见，这种金币是便于使用，大小很有利于发行的最小尺寸的金币。1美元一枚的金币和5法郎一枚的金币都太小，磨损率太高。

第十五章　交换机制 189

现在已经对金属货币这一课题作了充分的讨论，我们要转而去分析那些在组织程度很高的商业国家里，为了节省贵重金属的使用，甚或为了完全避免硬币的使用，而自然而然自行发展起来的机制。一个民族刚刚充分体验到了一种良好货币体系的有用之处，就立刻开始发现他们没有这种交换媒介也行，他们可以回归到与以物易物交易非常近似的一种交易方法上去。他们从以物易物开始，又以以物易物而告结束。但是正如我们将要看到的那样，第二种形式的以物易物与第一种相比迥然不同。买和卖仍旧在根据金币和银币设定的条件进行，但是因此估算出来的等量商品却被用于进行相互间的支付了。倘若黄金或者白银的所有权真的实际介入到交易中来，那么这种干预也是以*保管单*或者*代表性文书*的外形实现的，倘若需要，可以用保管单或者代表性文书去购买黄金，但是保管单或者代表性文书却很少被用于购买黄金。

在开始时，我们发现，货币承担着至少两种，但可能有四种独特的职能(参见本书第三章)。而且，在一种简单的工业状态下，由 190
同一种金属物质同时完成所有那些职能，这会带来很多的便利。但这并不能推断说，这种集各种职能于一身的安排在一切条件下都是最好的安排。我们将会发现，黄金或者白银总是在不断地充

当着价值的公分母，但是这些金属却在很大程度上已经不再担任在买家和卖家之间被不断易手的实际交换媒介了。在本书的靠后部分(参见本书第二十五章)，我将进一步阐示，货币的价值标准职能可能会在一个漫长的时期里被一种*法定指数本位制*以巨大的优势所取代。

交换方法的逐步发展

以以物易物的原始方法开始，社会迈出了一连串的步子，走向一种完美的、世界范围的商品交换体系，尽最大可能地少用贵重金属。我们可以用五个不同的标题，把被用于避免金属货币使用的手段作如下分类：

1. 用代表性货币来取代标准货币。
2. 账面信贷干预。
3. 支票及票据交换体系。
4. 外国汇票的使用。
5. 国际票据交换体系。

191 代表性货币

正如我们已经看到的，金属货币极大地便利了，也可谓润滑了交换活动。但是，那些利用黄金和白银货币的国家，通常都已经随着时间的推移，发现了金属价值小的代用货币，甚或发现了只有名义价值的一张张皮子和纸张也可以作为拥有铸币的标志，不断地倒手流通。那个取代了黄金、白银或者铜制货币的东西，最初只具有一种纯粹的代表性特性。但是，当一个社会已经彻底地习惯于一种具有这一特性的钱币的流通时，人们时常会发现把被代表性钱币当作基础的贵重金属挪走，然而却让毫无价值的皮革片或者纸片还像从前一样地留在流通领域中是可行的。代表性钱币按理应代表着作为其基础的贵重金属。于是便产生了以*不可兑换纸币*的名字为人们所知的这样一种异常现象。然而，这样一种钱币从来就不曾在承认它的那个国家的疆界之外被接受过。

从事大量国际交易的商人们很快就发现，倘若他们使用实际的硬币去进行贸易，他们就会蒙受巨大的利息损失并有丧失全部货币的风险。于是，许多世纪以来，他们学会了使用*汇票*。汇票是一种债务符号或者债务证明，它们几乎可以像代表性货币那样从一个人的手上转到另一个人的手上，不断地流通，而且通过单一一次的硬币转让就时常可以完成许多次的交换行为。

支票和票据交换体系 192

还有一种更为有效的避免实际使用交换媒介，不必遭遇任何以物易物所常碰到的不便的途径。那些彼此之间频繁发生贸易往来，既买且卖的人们发现，为自己所购买的东西花掉一笔钱，然后又通过出售自己的东西将这笔钱收回，这是一件很荒谬的事情。以货币为尺度，人们足以对拿来进行交换的商品的价值作出估价，然后两个进行交换的商品之间倘若有任何差价，商品所有者会用实际的现金去支付差价。把并不马上需要使用的金属货币先存入金银首饰匠的保险柜中或者银行,以便妥善保管。这种做法得到了发展。人们渐渐发现,一张付款凭单也可以代替货币发挥作用。而且,倘若两个人都与同一家银行进行贸易,那他们就完全不需要在两人之间的相互交易中处理货币的问题了。在他们两人的共同银行里进行一次银行账目的转账,就能完成任何清偿债务的支付行动。银行也可以通过类似的方式为两个人安排他们各自的银行账户。以这样的方式,一个庞大的体系在我们这个国家以及在美国逐步地发展起来。对于这个庞大的体系,我建议将之称作*支票和票据交换体系*,通过这一体系,人们之间的一切较大规模的体系内交易都只需作账户上的结算就可以了。

在这一体系内,伦敦自然而然就变成了联合王国的货币中心。但是还有一种更进一步的趋势,那就是要把伦敦打造成世界的银行业中心,把所有大额的和国际的交易都吸引到这里来进行。人
193 们发现,将钱存放在伦敦,或者在那里而不是其他地方获取信贷和开具见票即付的汇票,具有很大的优越性。通过集中程度如此高的银行业务,伦敦将成为一个*世界范围的票据交换中心*所在地。这些都是交换机制发展过程中的主要步骤。我们将着手对这些主要步骤作详细的分析。

第十六章　代表性货币 194

虽然我们现在根据货币是金属制作的还是纸质的对之作了一个区分，因为纸在最近的时期里已被各国普遍地接受为制作代表性货币的材料，然而人们却还很清楚地记得，被用于制作货币的材料还有其他各式各样的物质。事实上，我们可以一步一步地由完美的标准铸币（这些铸币的面额价值刚好与它们的金属价值相等），过渡到毫无价值的小纸片（然而这些小纸片却被允许代表成千上万的，甚或是数百万的英镑）。

我们在本书的第八章中对代用货币作过分析（参见本书英文版第 67 页）。代用货币在某种程度上就是代表性货币，因为代用货币的价值并非像标准铸币那样全部源自其所含的金属，金属和货币可以等值交换。没有必要总是用墨水和纸来表示一种承诺。使用印模将图案印在一块金属上面，可以将记录保存得更为长久。因此，虽然英国的历代君主，最晚一直到伊丽莎白统治的末期，都拒绝像人们的观念似乎暗示的那样，以发行铜币那样的劣质金属 195
铸币的办法降低他们钱币的质量，但是做贸易的商人却通过发行代用货币弥补了便士的不足。在很早时期的几个世纪里，那些代用货币是由铅或者黄铜薄片，或者如人们所认为的那样，有时由皮革所构成的。同样，在上个世纪，代用货币被大量发行，代用货币

主要是用铜做的,币面上时常会载有这样一条简捷的声明,称它们是作承诺性票据用的。于是,就有了 1791 年在南安普敦发行的一种制作工艺精良的硬币,上面刻有这样一行题字:“半便士承诺凭据,可在 R.V.穆迪公司的 W.泰勒办公室兑付。”1813 年由弗林特铅业公司制作的一种代用货币上载有一则以不同的用词作出的承诺,即“一便士代用货币,一英镑汇票兑换 240 枚代用货币”。此一时或彼一时发行的这类承诺性硬币,五花八门,种类繁多,而且对于它们的研究还形成了钱币科学中的一个重要分支。看一看类似于阿克曼所写的《伦敦贸易商人的代用货币》这样一类的著作,人们就会对之有所了解。在不久前的几年里,人们发现小额货币在新南威尔士很稀缺,于是一些贸易商人便发行了铜制的或者青铜制的代用货币。这些代用货币一直流通到 1870 年,直至它们被禁止继续使用。

古时候的人对于一枚标准钱币和一枚代用钱币之间有什么样的差异了如指掌。古代斯巴达人(拉凯戴孟人)的铁币可能是标准的法定货币,因为人们形容它是既笨重又粗大,然而价值却很低。相反,拜占庭人的铁币则是代表性的代用货币。我们将在随后的一节里发现与银行票据性质相同的一张张货币也曾被若干古代国家使用过。

196 代表性货币的早期历史

古代国家并不熟悉纸币的使用,原因很简单,就是因为他们没有纸。但是因此而猜想他们不曾根据与我们使用银行票据完全一样的原理使用过代表性货币那就错了。有关这一课题的寥寥一些具体细节早已为人所知，但是伯纳达基斯先生前不久在法文版《经济学家杂志》上发表的一篇文章（见该杂志第33卷第353—370页），给我们已知的东西作了很多的补充，而且十分清晰地表明古时候的人在钱币问题上比我们所能想象的程度还要敏锐。

正如我们已经读到过的（参见本书英文版第20页），最早的一种交换媒介是由动物的皮革构成的。最早形式的代表性货币由小块的皮子构成，通常皮子上面会盖有官印作为标记。斯托奇、伯纳达基斯以及其他作者所给出的猜想是非常合理的。他们推测说，当人们开始发现皮革和毛皮是一种很笨重、不便于使用的货币时，他们就将皮革和毛皮剪成了一个个小块，把它们作为自己所拥有财产的象征交出去。把这一小块皮子嵌入将之剪下来时留下的那个空缺处，就能证明对整张皮子的所有权。这种做法与在许多个世纪里，人们用带有豁口的小木棍或者计数器来记录借给英国财政大臣的货币贷款是一样的。我们通过在使用纸币情况下所取得的经验得知，倘若一个民族已经变得完全习惯于这些小块皮子计数器的流通，那么他们迟早会忘记这些小块皮子的代表性特征，并 197
且在政府或者其他本身也是皮子持有者的人们已经卖掉了实际的财产时，这个民族还是会让那些小块皮子继续流通。这毫无疑问就是皮革货币的历史。皮革货币曾长时期地在俄国充当钱币。

要搞清皮革货币具有什么样的特性是不可能的。根据一种已经模糊不清的传说，皮革货币曾在努玛时期以前的罗马使用过。毫无疑问，迦太基人曾经拥有过代表性皮革钱币，因为苏格拉底的信徒埃斯基涅斯告诉我们，迦太基人使用过小块的皮革，皮革包裹

着用不知名材料制成的圆核，然后开口被封了起来。相邻的国家拒绝接受这种稀奇古怪的钱币，据此，我们可以很有把握地推断，这些钱币的价值是名义价值。

然而在中国，纸币的使用早在很久以前就已经十分发达了。还在公元前一个多世纪的时候，一位中国皇帝就开始使用皮革代用货币为其所进行的战争筹措钱款了。他的筹款方式显示，老百姓对于皮革代用货币的使用是很熟悉的。这些代用货币是用白鹿皮制作的，中国皇帝将所有找得到的此类颜色的鹿都圈养到一个林苑之中，并严禁自己的臣民拥有任何同类的动物。于是，这位皇帝便取得了对该材料的垄断地位，这使人不禁想起英格兰银行对带有水印纸张的垄断地位。拥有垄断地位的皇帝，以很高的价格发行了一块块用白色鹿皮制成的货币。

13 世纪中叶，马可・波罗在中国发现，流通中有一种纸质的
198 货币，该货币用捣碎的树皮内瓤制成的纸张来制作，正方形的纸片上规格非常严谨地署有签名并盖有印章。这些钞票的面值五花八门，是法定货币，对那些拒绝接受这些纸币的人们施行的惩罚是死刑。另一位在 14 世纪到访过中国的游客，对当时流通的纸质货币作了非常相似的描述，他补充道，当纸币出现磨损或者破碎时，可以免费用旧钞去换新钞。把后来时期有关这一课题的漫长并充满疑问的历史一一道来是毫无必要的，有关这一课题的许多具体细节可以在伯纳达基斯先生的文章中，或者库塞尔－塞纳伊先生发表在《政治经济学辞典》中关于纸币的文章中找到。这足以说明，代表性货币的历史与绝大多数不可兑换货币的历史是相似的。在元朝统治时期，流通的纸币数量增长得太多，以致造成了极大的祸

患。到了明代，朝廷不但继续发行纸币，甚至走得更远，竟下令禁止使用黄金或者白银货币。据说纸币的价值跌到了极低的水平，一块钱的金属现金，价值 1,000 块钱的纸币现金。这使我们不禁想起了纸币在圣多明各的现状。明代通货膨胀的结果便是发生在 15 世纪的崩溃和反抗。

在其他亚细亚民族中间，鞑靼人和波斯人也懂得如何使用纸币。曾经于 14 世纪到鞑靼地区游历过的约翰・曼德维尔爵士[1]对蒙古大汗因此而得以享受的好处作了如下说明：“这位皇帝可以不惜代价，随心所欲地挥霍。因为他并没有花掉什么，并没有制作 199
过货币，所使用的只不过是盖有印章的皮革或者纸片而已。而且，这样的货币中，有些价格高一点，有些价格低一点，高低大小都取决于大汗的法令。当这些货币流通得太久而开始出现磨损时，人们于是将这样的钱拿到皇帝的金库去。然后，他们用旧钱去换取新钱。而且，这种货币在大汗的整个国家以及他控制的一切省份内通行无阻。因为在那里，无论是黄金还是白银都不能被做成货币。所以，皇帝有足够的钱可花，可以疯狂地花”。有不少大帝和大王，甚至是共和国，都效仿过蒙古大汗，他们“不知足地、疯狂地”花销着自己的纸币。

① 约翰・曼德维尔爵士(Sir John Maundeville)是英国 14 世纪的作家，著有《约翰・曼德维尔爵士航海及旅行记》，书中内容多取材于百科全书及他人的游记。关于曼德维尔爵士的种种传说，后人无从确证。——译者注

使用代表性货币的缘由

对于为什么要引入一张张代表性货币的缘由，有必要进行认真的分析并确切地指出。我们可以查探出若干种动机，这些动机在不同的情况下权重是不同的。欧洲银行票据体系的起源可以追溯至四百至七百年前意大利建立的存款银行。在那个时候，流通的媒介是混杂在一起的各种各样的铸币，这些铸币面额多样，残缺和贬值程度参差不齐。商人们在接受货币时不得不给每枚铸币称重，评估它们的成色，而且更为麻烦的是浪费了时间，并且还要冒
200 因此而产生的上当受骗的风险。所以，在意大利的商业共和国里，这已经变成了一种习俗，即先把一笔钱存入一家银行，在这家银行里对存入的钱进行一次性精确评估，并且将之记作存款人的信用。

随后，阿姆斯特丹和汉堡的银行也按照一个类似的体系建立起来。有关这些银行的完整介绍，人们可以从亚当·斯密所著的《国富论》第四卷第 3 章中，以及休伊特所写的《货币专著》(参见该书第 121 页)中找到。在这些银行里，被记作某个个人贷方的钱款被称作*银行货币*，并且对应于铸币的平均贬值幅度收取一个*扣头*或者贴水。商人们在一个约定的时间到银行来进行支付，通过银行户头完成转账。因此，所支付的钱款总是足值的，一切因数钱和给钱估值而产生的烦恼全都被避免了。然而，对这些银行所施行的监管，从许多方面来看，却是非常复杂的，要理解这些监管措施的目的是什么并不容易。

金属货币的不便之处

与前面所说的为什么要使用代表性货币的动机密切相关的是另一个动机，即避免处理大量贵重金属所产生的麻烦和风险的动机。为要保证数额巨大的金属货币处于安全境地，人们必须要有堡垒和看守。对英国银行业是如何起源的，人们还从来没有作过充分的调查，但就我们所知，英国银行业起源于安全保管的目的。虽然公立的和受到妥善监管的存款银行已在意大利存在了数百 201
年，但在英国，此类机构存在的唯一痕迹却只能在伦敦塔中的造币厂内找到，商人们已习惯了将自己的铸币送到那里去安全保管。不幸的是，1640 年英国国王查理一世将为了安全保管而存放在那里的 200,000 英镑以贷款为名给挪用了。商人们不再信任政府，并且发现在随后而来的混乱时期将数额巨大的货币保存在自己的家中是很危险的。于是，他们采用了将自己的钱存放在金银首饰匠那里的做法，而金银首饰匠或许有适合于妥善保管财物的地窖和警卫。

作为对拥有如此数额的货币的认可，金银首饰匠会出具收据，而且起初，这些票据都是一些像码头收货单一样的专项承诺。以交割这些收据，或者被人称之为“金银首饰匠票据”的方式将拥有权转让他人的做法于是便出现了。此类金银首饰匠票据时常会被《议会法》所提及，甚至一直到很晚的 1746 年时，绝大多数伦敦银行仍然还是金银首饰公司的成员。从一些法令在提及这些票据时所用的口气上看，情况很清楚，这些票据已变成了通用承诺而不是专项承诺，即只约定随时交付一笔钱款，而不附加诸如为达此目的须留有一笔准备金的条件。

202 钱币的重量

甚至连金属货币的重量都可以成为在大宗交易中使用代表性文书的一个充足理由。正如同法币越笨重越不便于携带一样，笨重和不便携带的法币也会成比例地让使用代表性文书的动机变得更为强烈。于是，当弗吉尼亚州于 18 世纪利用烟叶作交换的媒介时，人们便把烟叶放在店铺里，而写在纸上的收据则被用来四处流通。1768 年，处于叶卡捷琳娜二世统治下的俄国发行了纸币，其发行的理由，是当时俄国的法币铜制货币很不方便。这些*阿西格涅币*①或者纸币非常受欢迎，以至于它们在最初时竟要以百分之$\frac{1}{4}$的溢价流通。

在目前的商务活动状态下，就连使用金币作大额支付行为的便利媒介也嫌太重了。切瓦里埃先生指出，与摄政王钻石的价值相当的黄金，需要有 40 个壮汉来扛。伦敦银行票据交换交易所每天的平均交易量约为两千万英镑，倘若用金币来支付如此巨大的交易额，其重量就会有 157 吨左右，就需要近 80 匹马来运输。倘

① 阿西格涅币(assignats)是俄语中纸币的意思，俄国第一种纸卢布于 1768 年至 1849 年发行并流通。法国大革命时期即 1789 年至 1796 年也曾发行过阿西格涅币。美国在南北战争时期即 1861 年至 1865 年发行过绿背纸币。纸币最初是为了适应战争或者财政的需要而发行的不可兑换的纸质钱币。——译者注

若用白银来付账，其重量就会增大至 2,500 多吨。为要运输和保管数额不算很大的铸币或者金属条块，个人甚或大型银行都会向英格兰银行求助，该行的官员们在这个问题上都经验丰富，并拥有全套的设施。

我发现，一张英格兰银行的纸钞的重量约为 $20\frac{1}{2}$ 格令，相反，203
单单一枚 1 个沙弗林的硬币重量就达到了 123 格令，而一张纸币可以代表 5、10、50、1,000，或者 10,000 枚这样的沙弗林，其印刷中存在的差异是微乎其微的。倘若我们不得不经手一种实际上体现着价值的交换媒介，那么要在以前，就一定得使用宝石，或者比黄金还要稀缺和贵重得多的某种金属。但是，代表性文件的使用在最发达的商业国家中已经变得如此普及，以至于金属货币的便携性问题已经不再具有很大的意义了。黄金在英国所具有的作用已经仅限于被用来交换纸币，而且人们会发问，即便是这一仅存的作用又是否还会长期地为人们所需要呢？

节省利息

使用代表性代用货币或者代表性票据的更进一步并且很有说服力的动机，是要节省利息和资本。这一目标是通过使用比较而言毫无价值的材料去替换成本高昂的黄金和白银来实现的。每当一个国家陷入财政收入极度匮乏的境地时，就会有一股巨大的诱惑力冒出来，吸引该国要把金属钱币当作一座可以临时借用的金库，用于购买国家的必需品。古希腊人也像当代的英国人、意大利人或者美国人一样对此是深谙其道的。狄奥尼修斯[1]就是基于这样的悟性才去强迫叙拉古人[2]必须接受用锡制代用货币来取代银币，白银的金属价值是锡价的四倍。在亚里士多德所著的关于经
204 济学的书中，我们被告知，雅典人提谟修斯[3]曾劝说士兵和商人接受用铜钱来代替白银的做法。提谟修斯许下诺言，当战争结束时铜钱一定能够被兑换成银币。克莱佐美尼亚人也同样发行过代用货币，他们公然声称，这样做是为了如此做能够节省利息的目的。因为他们如果无法向某些雇佣士兵支付欠发的 20 塔兰特军饷，那就必须要保证每年支付 4 个塔兰特作为利息。他们借助于制作面额价值为 20 个塔兰特的铁制代用货币的办法，强迫市民必须像接受银币那样接受这种铁制代用货币。通过这种办法获得的白银被立即用来清偿债务，而且每年的财政收入中还有 4 个塔兰特的结余，这 4 个塔兰特原来是要用于支付利息的，而现在则可以使克莱佐美尼亚人在几年之后将代用货币赎回。与这个案例非常相似的是根恩西[4]市场的例子，该市场几乎没有花费什么明显的开销就建了起来。这座岛屿的总督丹尼·拉·布罗克下定决心，要在圣

① 狄奥尼修斯(Dionysius)是叙拉古的暴君。——译者注

② 叙拉古人(Syracusans)又译锡拉库萨人。叙拉古是意大利西西里岛上的一座城市，位于岛的东部。公元前 427 年至公元前 424 年，以及公元前 415 年至公元前 413 年，在伯罗奔尼撒战争中，叙拉古与雅典争强，尤其是在公元前 415 年至公元前 413 年的雅典西西里争夺战争中，雅典军队惨败于叙拉古。狄奥尼修斯利用与迦太基人作战的紧张局势，于公元前 405 年在叙拉古重建了僭主统治，当政近 40 年，大量招募雇佣军，发展军事力量。——译者注

③ 提谟修斯(Timotheus)是古希腊的政治家和将军，生活在大约公元前 354 年之前。——译者注

④ 根恩西(Guernsey)是英吉利海峡诸岛屿中的一座岛屿。——译者注

彼得斯建设一个市场，但却拿不出必要的基金，于是以该岛为定约，发行了 4,000 张每张面额为 1 个英镑的市场票据。他用这些票据给施工的工匠们发工资。当市场落成，市场的摊位租金滚滚流进来时，那些市场票据便因此而被注销了，而且在这件事上，丹尼尔·拉·布罗克没有动用过一盎司的黄金。然而，在纸币的这种优势当中却并不存在任何神秘的东西。

丹尼尔·拉·布罗克通过发行他的市场票据，把同等数额的黄金从流通领域赶了出去，并且因此还利用该岛的金属钱币实现了一种强制性公债的发行，但却不必为公债支付任何利息。所有 205
的纸币只要它们的发行数额超出了为随时准备将这些纸币赎回而留存的黄金的价值，就都会生出类似的利息增益。在英国，私营的和合股的发行银行通过这种方式能够享受到总数约为 650 万英镑的利息，苏格兰的银行能够享受到总数为 275 万英镑的利息，而爱尔兰的银行能够享受到 600 多万英镑的利息。发行纸质代表性货币对于所有各方都是有利的，只要这种发行是按照一种健康的监管办法进行的。有关监管办法这一课题，还存在着观点上的极大分歧。

206 # 第十七章　承诺性票据的性质及种类

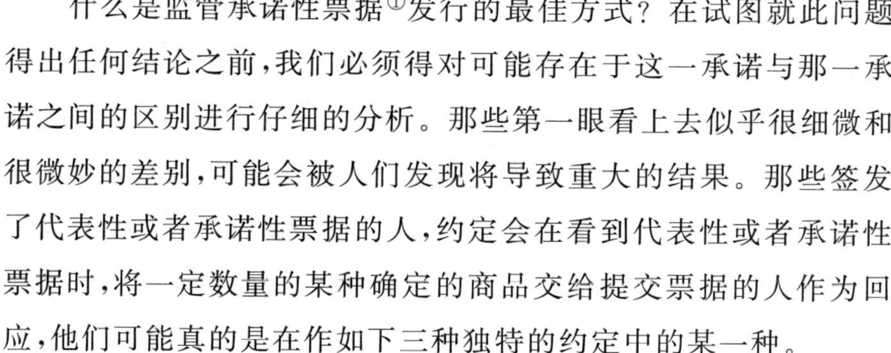

什么是监管承诺性票据[①]发行的最佳方式？在试图就此问题得出任何结论之前，我们必须得对可能存在于这一承诺与那一承诺之间的区别进行仔细的分析。那些第一眼看上去似乎很细微和很微妙的差别，可能会被人们发现将导致重大的结果。那些签发了代表性或者承诺性票据的人，约定会在看到代表性或者承诺性票据时，将一定数量的某种确定的商品交给提交票据的人作为回应，他们可能真的是在作如下三种独特的约定中的某一种。

1. 此人可能承诺，要在自己的手中保管某种一模一样的商品，直至这种商品被要回去时为止。

2. 此人可能约定，要在自己的手中握有一定数量的商品，随时准备拿这些商品去兑现他的承诺性票据，而不去区分类似物质的这一部分与那一部分之间是否有差异。

3. 该约定可能仅仅在大意上作出规定，当承诺性票据被提交上来时，所要求的商品一定已经备好，至于说为保证这一目的应持
207 有多大量的库存，双方并未作出规定。

---

① 承诺性票据（promissory note），也被称为期票或者本票，是票据发行方对所有持票人作出的一种承诺。这种承诺要在持票人出具票据时兑现，违约或者爽约可被视为欺诈。——译者注

具体物品寄存的保管单

承诺性票据中最令人满意的类型，首先当属提货单、当票、码头栈单或者能够与某一确定对象建立起所有权关系的证书。一份提货单可使它的合法持有者有权根据单上所描述的标记、编号、尺寸或者其他特征，拿到一定箱数或者一定包数的商品。签署这样一份提货单的船长必须原封不动地保留那些交由他照看的箱子，直至他在此次航行结束时将货物交出，换回提货单。码头栈单也具有同样的特征，它们是对那些存放在伦敦或者其他码头仓库中的一包包商品开具的收据。码头栈单的持有者对于一桶桶的葡萄酒、一大包一大包的羊毛、一罐罐的糖或者码头栈单上开列出来的其他商品具有*初始*索取权。通过背书或者法律和习俗所要求的其他方式转让码头栈单，被算作是转让商品的所有权。与这一类承诺性票据相关的重要观点是，这些票据的发行量不可以超过实际存放的货物量，除非是想明白无误地进行诈骗。这一类票据的发行人应当作一个纯粹的仓库保管员，而且因为提货的要求随时都有可能提出，所以这个票据发行人从法律上讲永远都不可以让存放在他那里的任何物品脱离他的安全保管，直至那些物品被送还物主，换回他发行的承诺性票据。 208

一般性寄存的保管单

我们现在要转到另一种案例上来，在这个案例中，承诺性票据的发行者约定，他要把数量和质量与承诺性票据上具体说明的物品完全相同的商品保留在自己的手中，但没有个别地指出是哪些商品。在很多情况下，大量的商品质地都是相同，以至于人们似乎没有必要去一件件地将商品区分开来，或者原封不动地将所寄存的商品再放回保管仓库。于是，格拉斯哥一家生铁店的掌柜接收了若干个牌子的大量生铁，并且发行了相对应的寄存保管单，保管单代表着对文内所提及商品的所有权。然而，由于人们知道，同样牌子的生铁这一部分与那一部分之间并不存在任何差异，所以在早些年间就有这样一种做法，即不在每份保管单上划定所寄存的生铁是哪一堆，而是简单地将各个牌子的生铁保留一定的库存，其库存量在重量上应等于尚未提货的保管单所欠生铁数量的总和。在比较近期的时候，一种更好的体制被引入进来，并且每一份特定的生铁都被做上了记号，单独放在一边，以满足某种特别保管单的要求。这里面的差别似乎微乎其微，但却真的是非常重要，因为这样的做法已为不严格地履行合同开辟了通道。在其他行业里，这个问题偶尔会引起一些误解。譬如，利物浦的一个经销棉花的商人，几年前以自己保管的棉花为担保，得到了一笔货币贷款。随后，有人要求法院作出判决，裁定该棉花商人是否已将某个个别大包的棉花拿来作抵押了，并且要求法院采取措施，扣压这些棉花，
209 直至那笔贷款被还清为止，或者是否仅仅让他作出约定，要在他的手上掌握同等数量的相同质量的棉花。我听说运输和仓储公司有时不大在意包裹与包裹之间的差异。倘若它们连续不断地运送或者持有完全相同的某种商品，譬如来自同一面粉厂的面粉，产自同一煤层的煤，那么这些公司有时就会只按所要求的数量发送同一

种类的商品，而不管这些商品是否正是当初送交它们运送或者保管的那一份商品。

专项承诺与一般承诺的差异

我们在上一节中指出的那些明显差异，其意义之重大是不言
自明的。那些作出专项承诺，要用特定的几件商品换回特别的个
别票据的人，不可以在并未持有与票据中所列条件相对应的商品
的情况下发行任何此类承诺性票据。倘若有人这样去做，此人就
容易被出具了特别个别票据的人连续不断地判定为搞欺诈或者违
约。然而，倘若有人作出的承诺仅仅是一般承诺，则任何质量适当
的任意一份商品就都能够满足任何承诺性票据的要求，而如果要
揭露这里有违约问题，那就必须得出具绝大多数或者是全部的票
据。于是，这种情况为投机性发行承诺性票据开辟了道路。寄存
物品的保管人会发现，手边总是会有大量的寄存商品，他可以在贸
易中利用这些寄存的商品，而只保留能够应对当前提货需求的存 210
量即可。只要保管人确能履行承诺，那似乎就不会造成任何伤害。
但是经验证明，总是会有一定比例的人，他们在这样的情况下行动
就不那么小心谨慎了，以至于丧失了兑现其全部约定的地位。

不仅如此，现在就连制造出一种虚构的某种商品供给的假象也成为了可能，也就是说，要人们相信一种并不存在的供给是存在的。一张承诺性票据或者提货单的拥有者会把这份票据看作等同于票据上面所开列的商品。于是，要想取得用于销售的某种商品的相应供给，只需要印制、填写并再多签几张此类的票据就可以

了。不错，承诺性票据的发行关乎这些票据要在未来的某一天兑现，但是未来是未知的，而且这些票据的发行人可能会认为，在人们很有可能会要求将这些票据兑现之前，该商品的价格已经下跌了。于是，倘若生铁的提货单可以无限量地发行(不管格拉斯哥生铁店里的实际库存有多少)，一群厚颜无耻的投机商或许会通过大量出售生铁期货而获取暴利。在生铁价格遭遇突如其来的过度压抑之后，这些投机商可能会成功地以较低价格逐步买进足以兑现提货单要求的生铁。此种类型的“熊市”操作在其他市场上当然也是成功的。

大约十年前，对于某些特别的银行业联合股份公司的股票进
211 行市场操纵成为了一种惯例。一些人会形成市场上的某一方，他们或许并不拥有所选目标公司的任何一份股票，然而他们却会以相当大的数量出售该公司的股票，希望通过如此做法来诋毁该公司的声誉并压低该公司股票的价值，以便能够在规定的交割期限到来之前低价购进足以应对交割的股票。这种有害的投机行为受到了《议会法》(参见 1867 年维多利亚第 30 号法令，第 29 章)的抑制。这项法令现在要求出售银行股票的人必须具体说明自己正在出售的、将在未来交割的股票数目或者股票的注册所有者信息。

的确，有人可能会极力主张，倘若作出承诺的人能够因此而使自身受益，则作出承诺乃是属于所有人的天赋权利。任何人都可以接受一份账单，从而作出承诺，会在未来的某一天将钱缴上。在签订的合同中包括如下这样一些内容是十分常见的，譬如在交割期限到来之前，要交付多少政府公债，或者要交付多少预期将通过海运抵达的棉花或者玉米。但是，我们必须牢记，一切法律和一切社会关系都是为了确保绝大多数人的最大利益而制定的。倘若作出一切承诺的权利得到了法律的承认,那一定是因为该项权利有益于社会,而且正是因为得到了法律的承认,它才成其为一种权利。相反,倘若人们的经验发现,以一种特别的方式作出承诺和出售承诺的自由,使非法投机有了发展空间,或者它以另一种方式对社会所造成的伤害大于其所产生的好处,那么法律当然应该限制这种自由,并且为了社会的福祉要对这个问题进行监管。简而言之,全部的问题就在于利害的权衡。拿并不存在的商品作任何当 212
前的赠予或者分配都是无法操作的,这一点曾被奉为法律的一项通则。虽然这项通则似乎受到了人们的普遍漠视,但有许多案例显示,这一通则有可能会得到有利的实施。

与金钱相关的承诺性票据

将上述的分析应用于货币这一特殊的问题之中,我们会发现与金钱相关的承诺性票据几乎总是属于一般性这一类的承诺性票据。承诺在未来的某一天支付一笔钱的人,很少会具体说明将用哪一种硬币来进行支付。事实上,《铸币法》在给法币下定义时已经确定,任何制作合乎要求并且重量适当的沙弗林、先令以及便士,都可用以抵偿合同中写明的一笔相对应数目的钱款。不错,正如一桶桶葡萄酒被储存在伦敦码头的仓库里一样,一箱箱的黄金条块和白银条块,或者也有可能是一箱箱的外国铸币或者英国铸币,则被储存在英格兰银行的金库里。事实上,黄金和白银的进口,无论是在联合王国的哪一个口岸进港的,几乎都总是会被运送到英格兰银行的条块局，该局所起的作用如同码头仓库一样，分毫不差，也要按照提货单来发送一包包的货物。这些提货单是特定的承诺性票据，可能还要经过一个又一个人的背书才能流通。然而，如此托运的金属条块却并不记入银行的账上。

一张英格兰银行的纸钞对于银行当局来说约束力既不比提货
213 单更大，也不比之更小。但是，英格兰银行的纸钞却并不具体指定用哪个袋子里或者哪个箱子里的钱去兑现票据。几乎所有与金钱相关的其他约定都是采用同一方式作的一般性约定。倘若所有的银行都不得不把客户存放在银行的沙弗林收藏起来，直至客户出具一张支票要将这些钱取走，则没有一家银行能够取得任何利润，而且银行通常也不会有足够的动机去渴望作出这样一种专项的保证。这样一种思想从来就不曾在我们考虑商业问题的脑海里闪现过。然而，在这一点上，争议还是偶尔会发生。有些人对收集某种特别的硬币出奇地着迷，有一位老太太，她囤积了许多4便士一枚的硬币，在将这些硬币遗赠给自己的一位亲属之后老太太去世了。尽管出于对老太太的尊重，这位亲属希望能够继续保存这些硬币，但他亟需钱用，并且想要实现那些硬币的价值。他认为把这些硬币典当给一家当铺老板可以实现他的两个目标。当铺老板十分开心地收下了这些硬币，但在一段时间之后，当铺老板却十分欠考虑地用这些格罗特[1]作了找零用的小额钱币。当有人拿着当票前来赎当时，当铺老板以为拿出同等数额的沙弗林和先令就足以抵偿典当品了。然而，在这里，典当承诺应当被作为一种专项承诺

① 格罗特(groat)是英国4便士一枚的银币，已经不再流通。——译者注

对待。

现在，倘若与金钱相关的承诺总是带有一种专项承诺的特点，那么给承诺性票据的发行以完全的自由就不会有任何可能的危害了。这种承诺性票据的发行人就会让自己仅仅作一个仓库保管员，并且就会严守规矩地把每一份专门的硬币保管好，随时准备向出具的每一相对应的承诺性票据兑付。但情况并非如此，而且更大的危害可能还来自于见票即付黄金这一承诺性票据的过度发 214
行。黄金市场也可能像生铁或者任何其他专项商品市场一样受到操控。有一点不同，那就是黄金市场是所有市场中范围最广泛的，所以为数众多的个人或者公司都必须得过度发行承诺性票据，以便产生任何能够感知得到的效果。这些参与其中的每个人或者每家公司都在单独的个人利益的推动之下行动。更进一步的不同在于，其本身就是价值尺度的黄金，其价格的上涨和下跌并不能显著地表现出来，除非是从许多商品价格的平均下跌或者平均上涨中表现出来。对这一课题，我们必须得在本书第二十四章中展开分析。

代表性货币的流通原则

在本书第八章的最后两节里(参见本书英文版第 80—85 页)，我们发现，通过分析个人在接收、持有或者向他人支付金属货币时所抱的动机，我们可以得出某种有关货币流通的规律，这些货币流通规律业已被经验所充分地证实。我们的分析还指出，同样的规律在*作适当调整之后*还可以被推而广之地用于说明金属货币和纸币的混合流通。习惯的力量在支撑代表性货币的使用中所起的作用也几乎像支撑真实的金属铸币的使用时一样强大。长期以来已经习惯于向他人支付某种纸片而未蒙受过损失的人们，将会继续把这些纸片当作优质的钱币，直至他们的信任遭受到某种晴天霹雳般的打击为止。这种信任可能会达到那样一种痴迷的程度，以至于一张承诺要支付 1 个沙弗林的脏兮兮的小纸片实际上要比它所承诺支付的漂亮的金币更受欢迎。苏格兰的钱币就是这一说
215 法的历久不衰的证明。关于挪威也可以用到同样的说法。在挪威，直至 1874 年流通领域中还没有一点儿黄金，其钱币体系的主要部分由 1 挪威元、5 挪威元或者 10 挪威元的钞票所构成。

代表性货币有别于金属货币的一个极其重要之点在于，代表性货币的流通范围不能超出其按照法律规定或者根据约定俗成而使用的地区或者国家的疆域。毫无疑问，英格兰银行的纸钞频繁地被旅行者们带往国外，并且在绝大多数地方都可以毫不费力地兑换成当地货币。但是，这些英国钞票从来就没有在当地流通过，而是被当作须由伦敦支付的账单，英国钞票在当地变成了一种十分便利的汇款方式。这些钞票并不符合一个国家欠另一国家的债务条件，而是创造出了债务。一张拿在巴黎某家银行手中的英国银行票据，代表着这家巴黎银行对英格兰银行的一种主张。能够真正出口到国外，去清偿对外国商人所欠债务的货币，只能是标准的金属货币。因此，纸币所具有的作用与不足秤的或者贬值的铸币是一模一样的，也会将标准货币逐出流通领域。

以不可兑换的纸币为例，上述情况总是再明显不过的了。随着这种纸币的发行数量不断递增(此种情况几乎一直都在发生)，

铸币一定会被出口到国外去，否则钱币就会变得过多了。但是当
绝大部分铸币都流走时，人们就会开始感觉到进行国外支付依然
需要铸币。此时，纸币的价值就会跌至纸币本应对应的铸币价值
之下。许多人为了赚取预期的利润而开始囤积铸币。人们很快就 216
会发现，流通领域内除了纸币而外所有其他钱币都消失了。纸币
的这种驱赶铸币，使之不再被使用的作用，已经一次又一次地得到
了证实，就像在法国大革命期间使用阿西涅币的时代一样，也像在
1797 年至 1819 年期间，以及在美国战争的后期，英格兰银行中止
用硬币进行支付的时期一样。一个距今最近的、也最引人瞩目的
例子可以在意大利找到。在那里，从 1862 年至 1865 年，意大利制
作了大量漂亮的金币和银币，但是就在纸币大军刚刚被投放出来
不久，所有的金币和银币转瞬之间就全都从流通领域中消失了。

217 第十八章　监管纸质钱币的办法

我们现在可以借助有利时机考虑一下纸币发行可能会用到的各种办法。这个问题或许是整个政治经济学范畴内争论不休和争议最大的问题。但是，通过小心翼翼地恪守对于事实的分析，我们或许可以摆脱在这一问题上通常会碰到的巨大困扰，得到一种有关这一课题的看法。关于这一课题的基本原则，其特征并不复杂。倘若我们能够坚韧不拔地坚守这些原则，我们或许可以免受那种危险的智力眩晕症的打击。这种智力眩晕症时常会给那些论述钱币问题的作者带来打击。

国家可以要么把代表性货币的发行问题抓在自己手中，如同国家掌管货币的铸造那样，要么允许私人个体或者半公共的公司和股份公司在或紧或松的立法管控之下承担这项工作。我们将随后对由政府发行纸币和由私人发行纸币的比较优势作一扼要的分
218 析，但无论是哪一种情况，我们都可以制订如下几套办法，根据这些办法可以对纸币的发行量进行监管，并可使承诺性票据的表现情况得到保证。

1. 简单质押法。承诺性票据的发行方有义务在手中长期掌握一定数量的硬币和金属条块，其数额须等于尚未注销的承诺性票据的总额，每张尚未注销的承诺性票据在见票即付完成兑付之后，将会使准备金发生相应数额的减少。

2. 部分质押法。承诺性票据的发行方并无义务将存放在自己金库内的全部贵重金属都保留在手上，而是可以获准将金库准备金中的一个固定数额用于投资政府基金，或者其他安全并可赢利的有价证券。

3. 最低准备金法。承诺性票据的发行方可以被限定在一切情况下都须手中握有一个固定的最低数额的硬币和金属条块。

4. 按比例留存准备金法。留存的准备金数额可以根据尚未兑付的承诺性票据的数额大小而变动，譬如说，要至少留存总量的三分之一或者四分之一。

5. 最大发行量法。可以发放许可，允许承诺性票据发行方发行总量不超过一个固定数额的承诺性票据，如有任何违反这一限额规定的行为，将会被处以禁止出售的惩罚。

6. 弹性限额法。如同前一种办法，可以对总的承诺性票据的发行量确定一个限额，但是对于超限发行行为的惩罚却可能是有意规定得很轻，以至于发行方在某些情况下更情愿交罚款而不愿意限制自己的发行量。

7. 票据性准备金法。承诺性票据的发行方按要求须保管的财产性准备金可以不是由金币、银币或者金银条块所构成，而是由政府基金、债券、股票或者其他票据性有价证券所构成。

8. 不动产准备金法。承诺性票据发行方不仅可以用票据性财产作准备金，他还可以获准把各种各样的财产，譬如土地、房屋、船只、铁路股份，等等，当作自己财富的准备金以满足约定的要求。

9. 外汇法。某些重要银行可以在达成如下谅解的基础上获准发行可兑换的银行票据。这一谅解是，发行可兑换的银行票据不会增加流通领域内的货币数量，只要外汇是以国家为担保发行的，并且能够使出口硬币有利可图 。

10. 自由发行法。发行承诺性票据的业务可以向一切个人开放，以自由竞争方式进行，不受任何限制，或者不附带任何条件，除非是那些适用于一切商务合同和一切承诺性票据的法律。

11. 金平价法。纸币可以以承诺性票据的外观发行，但不可兑换成铸币。只要有任何明显的黄金升水，纸币的发行就要受到限制，从而纸币可以保持与其面额上所代表的铸币价值等价。

12. 反向支付法。不可兑换的纸币可以自由发行，但可以尝试在一切用硬币缴纳税金的地方接受用纸币缴纳的税金，以此方
220 法来维持纸币的币值。

13. 延迟兑换法。承诺性票据可以在作出承诺，将在未来的某个日子支付金属货币的条件下发行。未来的某个日子要么是个明确固定的日期，要么取决于某些政治事件或者其他视情况而定的事件。

14. 纸币法。最后一点，可以完全免除那些显然在制作承诺性票据的人的责任，要他们不用顾虑如何才能履行自己所作出的承诺，如此那些承诺性票据才会因为习惯的力量、君主的命令或者缺少任何其他交换媒介的缘故流通起来。

尽管我在上面所作的说明中，洋洋洒洒地罗列了 14 条之多的管理纸币发行的独特办法，但这绝不意味着人们肯定没有时不时地采用过其他的一些办法。事实上，为了确保高水平地兑现承诺，或者说为了使兑现水平的高低变得不再有必要，人们可能发明了几乎无穷无尽的办法。不仅如此，这些办法还可能以几乎不可胜数的不同组合方式合起来使用。所要求的准备金可以一部分以硬币的形式，一部分以票据性有价证券的形式，或者是不动产的形式构成。一家银行可以在没有任何准备金要求的情况下，获准发行某个固定数量的纸币，并且按照质押法再进一步增发银行票据。

显然，若要对这些办法、它们的相对优势或者不足以及在不同的时间和场合排列组合以及发挥作用的方式都详尽地一一加以说
明，并将之收入书中，那就需要一本很厚很大的书。因此，在这本 221
小薄册子中，我必须让自己仅限于非常简明扼要地讨论一下这个极其广泛的课题。

简单质押

这一办法在意大利商业共和国的古老存款银行中，在阿姆斯特丹和汉堡的银行中，或者在伦敦的金银首饰行中得到了完美的展示，只要它们对寄存在那里的铸币能像保险柜管理员那样进行看管。在这样的体制下发行的银行票据，具有一种纯粹的代表性特质，就像是我已经充分解释过的码头提货单或者典当行当票一样。只要在立法上有规定，履行承诺的水平就是确定的。这样一种钱币的数额大小将会完全按照金属钱币的数额大小变动，而且完全不会有纸币取代铸币，并将之逐出国门的担忧，因为铸币在纸币发行之前必须存放在发行银行的金库之中。

与此同时，这种办法的优势也相对很微小，因为使用纸币作代

表，仅仅是使铸币免于被磨损，免去了将硬币带来带去以及数硬币的麻烦和风险。正如我们所看到的（参见本书英文版第 164 页），社会损失了整个被质押资金所能带来的利息，而这是钱币的成本中迄今为止最大的一部分。还有，把铸币保存在民众的手中可能会更安全一些。当质押的铸币明显毫无用武之地，躺在恣意妄为的政府所能管控得到的地方的时候，这些钱时常被证明是一股无
222 法抵御的诱惑力量。查理一世曾攫取了伦敦塔里的钱。1795 年当法国入侵荷兰时，理应存放在阿姆斯特丹银行金库中的铸币大部分却找不见了，那些硬币被秘密地借给了荷兰东印度公司以及阿姆斯特丹城市当局。俄国政府在圣彼得堡的城堡里收缴了一家银行的准备金，此事是在兑换局成员知晓的情况下发生的，直至1848 年发生的麻烦迫使沙皇不得不亲自将控制权掌管起来。在不胜枚举的例子中，许多国家的政府，也包括 1797 年的英国政府，都曾经以中止使用硬币进行支付的形式利用过银行的质押品。

部分质押

根据 1844 年的《银行章程法》，英格兰银行是采用部分质押办法的完美代表。该行发行部每增发一张 5 个英镑的纸币，就必须将重量为 616.37 格令的黄金质押在该部。然而，金库中留存的黄金总量却还是比尚未兑现的银行票据欠缺 1,500 万英镑。这种长期存在的差额要靠票据性的有价证券，以及一笔数额约为 1,100 万英镑的钱款来掩盖。这 1,100 万英镑是英格兰银行以无息的方式贷放给英国政府的。在这样的安排下，我们获得了简单质押体

制的全部好处，而社会则得到了数额约为 445,000 英镑的利息，其中政府每年能够收到 188,000 英镑。政府与英格兰银行之间所签合同的特性，其本质太错综复杂，因而不可能轻而易举就弄清真 223
相，或者描述清楚。但是这份合同，从本质上讲，意味着政府从英格兰银行那里借走了 1,500 万英镑存款中的较大部分，并且允许英格兰银行利用剩余的部分去弥补印刷银行票据和管理银行票据流通的费用。我将在本书的第二十四章再次论及这一体制。部分质押办法与弹性限额办法结合起来，是与在德意志帝国发行银行票据相关的新法律的基础，两种办法的结合有可能是一种改进。

最低准备金

可以提出建议的，为银行票据的支付功能提供担保的一种方式可以是这样的，要求银行票据发行方务必在手中保持一定数量的硬币，所持硬币的数量绝不允许跌至一个确定的固定数额以下。这就犹如向一个人提出建议，要他在自己的衣服口袋里永远保持有一个先令，以避免出现无钱可用的日子。必须在金库里保持一个最低限量的准备金的事实告诉我们，当对于资金的需求出现时，准备金却不可以被用来满足这样的需求。这样一种准备金是不可能有用处的，除非立法机构或者政府行政部门在出现银行挤兑风潮时行使权力，随心所欲地中止法律的运行。

按比例留存准备金

承诺见票即付的承诺性票据发行方，可能会被要求自己留存的硬币准备金永远不得低于，譬如说，全部尚未兑付的承诺性票据
224 的$\frac{1}{4}$。这个办法与近年来用于监管美国国家银行钱币体系的办法相类似，并且它对于加强实施必须保持一个确定数量的准备金的要求，或许要比让此事完全听凭于承诺性票据发行方个人的自由裁量权和诚意更为有效。当银行看到本行的准备金正在减少，已经下降至接近法律规定的最低限度时，该银行就会被迫更加小心地避免触犯法律。但是，倘若贸易和信贷的异常情况导致了大量尚未兑付的承诺性票据被提交到银行要求兑现，则法币准备金就将以比承诺性票据的数额更大的比例缩减，因为承诺性票据的绝对数量要更大一些。倘若尚未兑付的承诺性票据有 10 万美元，而准备金是 4 万美元，那么显而易见，如果提交的要求兑现的承诺性票据有 2 万美元的话，则前述的两个数字当中要被分别减去 2 万美元，尚未兑付的承诺性票据现在剩下了 8 万美元，而准备金则剩下了 2 万美元。倘若法律规定，准备金必须是负债总额的$\frac{1}{4}$，则对余下的承诺性票据就都不可以再兑付了。于是，从银行允许本行的准备金触及法定的最低限额之刻起，准备金对于该家银行来说就变成不可使用的了，除非是违反法律。而且，可以这样讲，法律除非是在被违反了的时候，否则没有什么用处。事实上，这个制度一旦运行起来，它就把自己转变成了上一节作过阐述的最低准备

金这一办法。银行恰恰是在它最需要动用准备金的时刻却不能动用准备金，于是，由此而引发的僵持局面使人们在 1873 年经济恐慌期间的美国有了一种切肤之感。

不仅如此，这种监管办法对于扫除人们要扩大流通量的欲望也几乎没有，或者根本没有作用。在流通领域内每张新增的承诺 225
性票据的很大一部分价值，就在于免费增加了银行的可贷放资本，而且只要这部分资本能够不折本，它就会带来利息。

最大发行量

允许一家银行或者多家银行发行总量为某一确定的固定数额的承诺性票据，并且不得多发，这在我看来似乎与政治经济学的原理十分吻合。这使一个确定部分的流通媒介节省了利息，并且提供了一种既方便又节省费用的钱币。与此同时，所发行的承诺性票据并不会在超过了一个固定的数额之后把黄金驱逐到国门之外。英格利斯·帕尔格雷夫先生以及另一些人都极力主张，承诺性票据的发行限度是任意的，而人们要求有更多的货币，但是如果代之以使用金属货币，他们对此也总是持开放的态度。强制实施的承诺性票据的发行限额，限制的并不是货币本身，而是代表性货币的部分。虽然我们会因此而放弃扩大承诺性票据的发行量所能节省的更多利息，但是这一损失却可以因黄金被虚假增多的风险不再存在而得到抵销。获准依然可以发行承诺性票据的英国 170 家银行能够充分地展示出这种体制的优劣。罗伯特·皮尔爵士在 1844 年的法令中规定，在对准备金未设任何条件的情况下，这些

银行可以继续发行承诺性票据，发行量须与银行在指定日期之前12周内的平均发行量相等。倘若发现有哪家银行超过据此而确定的发行数量，该银行将被处以相当于当月平均超额数的一笔罚
226 金，而且所有承诺性票据的发行银行都被要求提供宣过誓的票据流通回报情况。

弹性限额

上面这个标题是我能够为这种新的监管办法所找到的最佳名称，该办法刚刚被德意志帝国的《银行法》所采纳。就银行票据的发行而言，德国的银行业组织方式与英国的银行业组织方式极其相似。新成立的德意志帝国银行以及符合法律要求的州银行或者其他银行，将有权在无须黄金作后盾的情况下发行总金额为3.85亿马克的银行票据。这些银行显然还可以发行更多数量的银行票据。作为交换条件，它们要将一笔同等价值的黄金质押物存放起来。截至目前，这种办法正是前面(参见本书英文版第222页)已经作过说明的、不折不扣的部分质押办法。然而，德国的立法机构看到了英国为避免出现金融恐慌而不止一次地违反《银行章程法》的情形，所以它们规定，银行可以发行更多的银行票据，只要为新增发的银行票据缴纳5%的税。这样做的意图在于，让任何试图超过正常限额发行银行票据的银行都无利可图。看起来这一规定很有可能会取得良好的效果，而且会使我国使用的办法得到改善。的确，英国政府总是在打消英格兰银行任何想要过度发行银行票据的兴趣。英格兰银行曾在《银行法》被中止执行期间过度发行

过银行票据。但是德国的法律却使银行票据的发行限额在一切情况下都变成了具有弹性的限额，以便避免金融恐慌所带来的危险。

票据性准备金 227

发行银行票据的银行，应当能够证明本行拥有包括政府股票、债券、国库券、统一公债、租金甚或足以让人确信该商社具有完美偿付能力的优质商业票据在内的多种形式的充裕基金，这对于确保银行票据的可兑换性似乎是足够了。倘若银行拥有的基金相对于银行票据的发行量来说还留有相当大的余量，那么这些银行票据最终无法兑现的可能性似乎就不存在。然而，以这样的理由进行辩解的人们却忘记了，银行票据是承诺性票据，它承诺*见票即支付*黄金或者法币金属货币，而他们所说的却是最终会使银行票据得到兑现而非见票即付。拥有上述这样一种准备金，要想使银行票据得到大量的兑现，那就只能通过出售股票和债券去换取金属货币。但恰恰是在黄金和白银非常稀缺的时候人们拿出了银行票据要求兑现。毫无疑问，优质的政府基金和优质的债券总是可以以某种价格卖出去的，所以一家拥有充裕的此类准备金的银行业商社，可能总是会保持自己的偿付能力。但是他们所用的药方对于社会来说可能比疾病本身更为糟糕，而且强行出售准备金可能会在货币市场上造成极大的骚动，从而造成比中止兑付银行票据更为严重的伤害。对银行票据实行见票即付，暗含着拥有足够多的黄金和白银的意思，而倘若一国之内没有足够多的金银条块

和硬币，那就任何纸质文书，或者承诺要在未来的某一天予以兑现的承诺性票据也不可能取代金银条块和硬币的位置。

228 不动产准备金

许多钱币理论家都坚持认为，我们并不需要把自己限定在黄金单一品种商品上面来确保银行票据得到兑现，而可以为达到这一目的将土地、房屋或者任何一种固定的不动产拿来作抵押。约翰·劳的著名方案就是这样性质的方案。在他的那本出版于1705年的杰出小册子《货币和贸易分析——关于如何给一个国家供应货币的建议》中，约翰·劳建议，应当任命一些委员去“制作”纸币，在纸币“被用来进行支付的地方，要人们去接受它们”。我推测，约翰·劳的意思是把纸币当作法定货币接受。他提出了三种以土地作担保交替使用的纸币发行方式。第一种，也是最简单的一种，把纸币按照普通利息，即在价值一半或者$\frac{2}{3}$的范围内贷放给地主。他很在意总是用银币来估算价格，努力避免纸币贬值。

法国大革命政府所发行的阿西涅币，代表着所分配的土地，也就是说，代表着被没收了的教会地产上的地块。在这些土地被公众买下来之后，那些阿西涅币将会被收回并被注销。但由于土地的价格并没有被固定下来，土地与纸币之间也没有建立比例关系，所以无论有多少土地也无法阻止阿西涅币的贬值，正如后来发生的情况那样，阿西涅币价值下跌到了其最初价值的$\frac{1}{200}$。在随后

发行*曼达特币*[1]时，人们曾试图将土地的价格用曼达特币固定下
来，但是这一方案也失败了。腓特烈大帝为补充其因战争而耗费 229
一空的国库，发行了不可兑换的土地抵押券，这些土地抵押券多少
带有一些与阿西涅币相同的性质，只是还能产生利息。

土地毫无疑问是一种最终偿还债务的绝佳担保品，因此当货币被长期借出去时，土地非常适合于用作担保品。但是，代表性银行票据意味着等同于见票即付的黄金，而且就在紧急情况下随时可以转换成黄金的能力而言，没有比土地更差的东西了。在这方面，由不动产作准备金要比由国库券或者永久债券作准备金更糟糕。

这种提供纸币的办法受到了人们的普遍赞同，其理由是流通中的货币数量因此可以极大地增加，而且国民财富也可以增大。然而，人们很容易就能够看出，流通中货币数量的增加将会导致货币价值的减少。在任意一种既定的产业状态下，仅有一个确定数量的流通媒介是需要的，而且如果纸币真的可以转换成确定数量的土地或者任意另一种实质性商品，则过多的纸币就会最终被拿出来要求兑付。假定可以使钱币的总价值等于一个国家的任何一大片土地，这显然是荒谬的。

通过外汇实行监管

在本世纪伊始，有一种理论很受银行董事们的追捧，该理论认

① 曼达特币(mandat)是法国大革命时期(1789—1796年)法国政府以没收的教会土地作保证，发行的一种纸币。——译者注

230 为，仅仅通过关注外汇的汇率，并且在外汇汇率低迷以及硬币的出口表明纸币发生了贬值的时候对纸币发行加以限制，就能够对纸币进行监管。这是为了反对著名的《金属条块报告》而建议采用的若干种办法之一，而且人们会在麦克劳德先生所著的《银行业专著》第二卷第 9 章中找到有关这一课题的大量讨论的一份摘要。

通过外汇实行监管，要比完全没有监管强得多。但是倘若通过外汇实行监管的办法得到了十全十美的贯彻，那就会得出与质押办法完全一样的结果，而且通过外汇实行监管的办法只不过是达到同一目标的一种松散和间接的方式。

自由发行制度

在英国和美国，有这样一个经济学家流派，他们坚持认为，作为一种权宜之计，只要发行者能让其他人肯于接受，就应允许所有人都可以尽可能多地发行见票即付的承诺性票据。他们将这种体制称之为自由银行体系，但如此称谓是不正确的，因为发行承诺性票据并非一家银行的必要职能，而且设在英国的相当多的银行并没有发行纸币的任何权力。我们将在随后一章里对这个课题作进一步的讨论，而在这里我只想补充说，在纸币发行不受限制的制度下面，受法律的约束，一家银行须承兑由本行所发行的银行票据，但是为了这个目的银行认为需要留存多少硬币才适合，这完全取决于银行自己的判断。作为一项通则，毫无疑问，如此发行的银行
231 票据将会得到兑付。但是考虑到商业的巨大起伏，这种起伏正在变得更加明显而不是相反，所以产生银行票据兑付压力的时期将

会出现。大量的经验表明，一定数量的个人将会对自己充裕的财富过于自信，从而失算，并在关键时刻来临时无法履行自己的承诺，无法按自己的意图行事。

黄金平价法

假定将要发行一种不可兑换的纸质钱币，而且这种纸币的发行权完全掌握在政府的手中。倘若在以纸币表示的黄金价格上升到黄金平价之上时，纸币的发行要受到限制或者被减少，则这样一种体制中的许多弊端是有可能避免的。只要银行票据以及银行票据假意要代表的金币是以一种平等的地位在流通，它们就会像似可兑换的货币一样好用。自从普法战争开战以来，法兰西银行根据这一原理似乎已经成功地采取了行动，不可兑换的纸币从未出现过高于百分之$\frac{1}{2}$或者百分之一左右的贬值，尽管法国遭受了广泛的政治磨难和金融磨难。但这只是不可兑换的纸质钱币并未发生严重贬值问题的凤毛麟角案例中的一个。在英国限制使用硬币进行支付的时期内，黄金的买卖价格不断变化，最高升水达25%，然而福克斯、范西塔特以及当时的其他一些头面人物却宣称，猜想纸币发生了贬值是荒诞不经的。人们在钱币这一课题上的偏见是如此的不负责任，以至于认为用便宜行事的管理办法处理任何事 232
情都是不妥的。

反向支付的可兑换性

有许多这样的例子，政府约定，允许纳税人以纸币缴税，甚或要求为这一目的使用纸币为强制性的规定，通过此类办法来维持纸币流通的价值。俄国政府在发行阿西涅币时，以替代铜币的一个固定价格接收阿西涅币，而且要求每笔支付款中至少要有二十分之一的货款须按这样的办法支付。法国大革命时期的阿西涅币也同样要求各公共金库必须接受。这是在如下两个条件下确保阿西涅币价值稳定的一种合理办法。这两个条件是：(1)税收或者缴费本身是按照一个固定的税费征收表征收的。(2)所发行的纸币数量要保持在这样一个温和的限度之内，即任何人想要实现这些纸币的金属价值，都能够找到某个想要缴税的人，并且要缴税的人因此愿意用硬币来交换纸币。然而，在实践中充分并且便利地实现这些条件，其可能性却是非常渺茫的。

美国规定，使用美国的绿背钱币购买一切美国邮票都必须被接收，而且在按指定的数额缴纳一切税收和收费时也必须接收，只有海关关税除外。但是倘若纸币收回来后很快又被花了出去，而且为满足政府紧迫的开支需要还增发了纸币，则虽有某些纸币因
233 此而被回笼的事实也阻止不了它们的贬值。

在若干国家内，邮票正在小规模地被用作钱币。在美国内战初期，邮票曾作为尽人皆知的小额钱币而被广泛地使用。在英国，倘若拿来的是两枚或者多枚一联的连体邮票，绝大多数的邮局局

长可以按百分之 $2\frac{1}{2}$ 的折扣价收购邮票，所以邮票现在是一种公认的支付媒介。然而，孤立地看，回购的邮票因为不断地在邮政中使用而作废，所以这些邮票的价值几乎并没有因为发行量过大而降低。这些邮票成了一种既方便又无须多少费用的极小额汇款的形式，其金额从半个便士到 5 个先令不等，而且很少有人或者无人能够对偶尔使用邮票来代替便士作小额钱币提出异议。然而，倘若邮票以任何较大的规模参加流通，它们则都将是一种非常糟糕的钱币。

延迟的可兑换性

对于亟需基金的起义军政府或者交战国政府来说，发行承诺性票据是一种常用的资源，所发行的票据许诺将在自己成功地建立起政权之后向票据的持有者支付现金。当与时间的长短成正比的利息也成为许诺的一部分时，这些承诺性票据就一定要被看作是债券而不是承诺性票据了。纽约的科苏特为建立一个匈牙利基金而发行的票据就是这样一种性质的票据，科苏特承诺该票据在独立的匈牙利政府建立起来之后予以兑付。臭名昭著的尼加拉瓜共和国临时政府总统沃克签发过类似的债券。截至目前，此类钱
币的最佳案例乃是南部邦联的国库券。早期发行的这种国库券， 234
按照约定将在与美国签订的和平条约获核准的六个月之后得到兑付。后来又发行的几期这种国库券要在该条约获核准的两年之后兑付。

所有这类票据都可以被看作是持续时间很长，价值很不确定的债券。一个民族的公益心在战争时期常常能使那些债券不至于流产，而一个民族对于钱币的需要则使这些债券能够流通一段时期。但是这些债券的价值却会经历一个剧烈的变化，而且鲜有这类债券最终得到兑付的事例。

不可兑换的纸币

最后，我们来谈一谈由政府发行的、通过命令要求人们将之当作法币来接受的、不加遮掩的纸币。这样一些不可兑换的纸币，在一切案例中，都是被当作可兑换的纸币，或者被用来代替那些可兑换的钱币而被投放到流通中去的，而且这些纸币也总是以货币为单位得到表达的。譬如，100 法郎的法国曼达特币上就印有这样一句意思模棱两可的短语“与 100 法郎等值”(Bon pour cent francs)。在布宜诺斯艾利斯流通的皱皱巴巴的破纸片上标注着如下字样“流通货币，一个比索”(Un Peso, Moneda Corriente)。这句话不禁使人回想起那个当比索还是一枚沉甸甸的标准铸币的岁月。在发现用铸币来兑付的承诺乃是一种虚无缥缈的承诺之后，纸币却依旧还在流通，这一方面是因为习惯的缘故，一方面是因为人们必须得有某种钱币，而用于这一目的的铸币却没有，或者即使有，也被人们小心翼翼地囤积起来，要么也为了牟取利润，要
235 么为了将来使用。大量的证据证明，倘若我们能够小心翼翼地限定纸币的数量，不可兑换的纸币就能够保持其十足的价值。英格兰银行的纸钞在 1797 年中止使用硬币进行支付之后的若干年里

就是这样一种情况，而且法兰西银行当前的纸钞也是这样一种情况。

对不可兑换的纸质钱币主要有如下两条反对意见：

1.纸质钱币对于过度发行具有极大的诱惑力，并且随后必然会发生纸币的贬值。

2.根据贸易的要求来改变纸币的数量是不可能的。

纸币的过度发行

再次讲述那个纸币过度发行的过时故事，几乎是没有必要的，每当纸币的可兑换性作为必要条件被从法律上取消之后，纸币的过度发行问题就几乎总是接踵而至。除了一些较新的英国殖民地而外，没有在这一时期或者那一时期遭受过这种纸币灾难的文明国家几乎是不存在的。俄国的纸质钱币贬值历史已经有一百多年，从沃洛斯基先生关于俄国财政的著作中可以读到这段历史。沙皇帝国的法令对俄国的纸币发行一次又一次地设置了限额，但是下一次的战争又总是导致纸币的进一步发行。意大利、奥地利以及美国这样一些拥有顶级经济学智慧，并可期待这样的智慧去给其政府以指导的国家，都曾经受过不可兑换的纸质钱币所带来的梦魇。在目前已成为美国联邦一部分的新英格兰以及其他一些
州的较早期历史上，纸币曾一而再再而三地被发行出来并最终变 236
成了废纸。翔实的细节可在萨姆纳教授新出版的、令人颇感兴趣的《美国钱币史》一书中看到。一些伟大的政治家指出过这些后果。韦伯斯特的意见永远都不应被忘记。关于纸币，韦伯斯特说，

“我们由于这个原因所吃过的亏，要比由于任何其他原因或者灾祸所吃过的亏都要多。它屠杀的人，它对我们国家最核心利益的渗透和腐蚀，以及所造成的不公正，甚至比我们敌人的武器和诡计所屠杀的人更多，所造成的破坏更大，更有过之而无不及”。

正如萨姆纳教授所讲的，不可兑换货币的发行常常是在政府的财政处于一种绝望境地时，作为从人民那里强行取得贷款的一种便利手段推荐给政府的。不错，以此办法可以从人民那里轻而易举地拿到钱，而且政府的债务也可有效地减少。然而，与此同时，每一位私人债务人都被赋予了从其债权人那里强行索要捐款的能力。的确，一个政府一定是到了山穷水尽的地步才会如此冒险，要把一切社会合同和社会关系全部打破，而保留这些社会合同和社会关系却正是建立政府的目的之所在。

对纸币弹性的渴望

对纸币不可兑换成铸币的进一步的反对意见在于，纸币不能依据贸易的自然行动去进行数量上的变动。任何人都不能像进出口铸币那样出口或者进口纸币，而且除了政府或者得到政府授权
237 的银行，任何人都不能发行纸币或者让纸币作废。于是，倘若贸易变得活跃起来，那么什么都不需要做，仅凭政府的一纸法令就可以使流通媒介的供给获得必要的增加。倘若这么多的流通媒介维持不变，但贸易却又重新陷入沉闷之中，则这么多的钱币就会变成多余的东西，其价值就会下跌。现在，就连消息最为灵通的政府部门也是不可相信的了，不能认为它们可以明智地、不带偏见地判定何

时需要有更多的货币。钱币的供给一定要像所有其他商品一样，根据供给和需求法则的自由作用去进行。

有些人辩解说，用纸币来构建一国的国内钱币体系很好，因为纸币不可能流失到国外去，而且也将不受对外贸易的干扰和影响。但是我们不能把国内贸易与对外贸易的联系切断，除非是把对外贸易全都摒弃。倘若两个国家要进行贸易，贵重金属就一定会成为国际交换媒介，用这样的交换媒介来偿还债务余额。因此，每个商人在下订单，办托运，或者销售商品时，一定要注意自己在实际购买这些商品时所支付的黄金和白银价格，而不是这些商品的纸币价格。简而言之，黄金和白银仍将继续担任真正的价值尺度，而可变的纸质钱币则只是一种会增加混乱的附加比较条件。

238 # 第十九章　信用文书

货币这个课题被有些人搞得非常的神秘，这些人闪烁其辞地声称，信贷可以取代铸币，而且要想得到充裕的流通媒介，我们只需印制足够多的债券以及其他承诺性票据就可以了。前面已经讲过，信用可以使财产成倍地增加，并能造成各种各样的壮举。然而，当我们对信用的本质进行分析时，会发现信用不过是一次支付行为的延迟。当一个人诱使他的债权人同意他在一个月之后支付他可能在今天被要求支付的东西时，他便*取得了信贷*。当一个人允许他的债务人以同样的方式将偿还欠他债务的时间推迟时，此人便*提供了信贷*。因此，正如洛克非常准确地表述的那样，信用关系到“在某个有限的时间内对于货币的预期”。的确，债务可能由一个确定量的任意一种商品所构成。一个人可能不得不用玉米、生铁、棕榈油、棉花或者任何其他最主要的产品来偿还债务。但一般而言，债务就是用法定货币表达的债务。

239 ## 信用的衡量办法

为了对提供的或者取得的信用数量进行分毫不差地衡量并作出准确定义，而且为了对一笔债务的当前价值是多少进行估算，我们必须将至少下列五种明显不同的情况考虑进来：

1. 将要取得的货币金额。

2. 取得此款之前可能需要等待的时间跨度。

3. 到时能够拿到此款的几率。

4. 在此期间很有可能通行的利息率是多少。

5. 此款所造成的或者涉及的法律义务。

论述钱币问题的作者们对堆积如山的各种各样的信用文书是如此地熟视无睹了，以至于他们甚至都没有想过从非常细微的法律差异或者习俗差异中可能会发现重大的成果。毫无疑问，每一种支付货币的承诺都具有一个确定的价值，但是，这种承诺能够在多大程度上为交换提供便利却会因情况的不同而发生极大的变化。

银行票据

我们称之为银行票据的东西，是由银行发行的一种承诺性票据，这种票据使银行有义务向票据的持有者见票即付票据上所填写数额的钱款。银行票据可以通过交付进行转让，所以银行票据的持有者也同一枚硬币的持有者一样，是*显而易见的*所有者，因此可以随时要求票据的发行者在合理的时间范围内，不讲条件地履行承诺。银行在见票之后若未能践诺支付钱款，并不会给此前 240
曾经转手过这张银行票据的人造成债务关系。所以，银行票据可以像金属货币一样，被连续地用于结清债务，扫除负债。最为重要的问题，是要看到能够见票即付的银行票据并不会带来利息，而且也绝不会打折销售，除非是在人们对其最终的付款承诺产生了怀疑的时候。所以，银行票据的持票人也像普通硬币的持有者一样，并不会有在手上保存银行票据的动机，除非是要留着在未来进行购买。倘若一个人拥有的银行票据超过了他预计要在未来一两周内花掉的数额，他就会尽可能地把多余的银行票据存入银行。在那里，这些银行票据会更安全，而且与此同时还能带来利息。因此，银行票据中存在着这样一种内在的趋势：要像铸币一样流通，并且要在数量上将自己压低到与完成零售采购任务所需的最低水平相一致的程度。

支票

向持票人支付钱款的支票是一道发给银行的指令。指令要求银行向支票的持有人见票即付地按支票上所写的数额付款。像银行票据一样，支票也不会带来利息，而且可以不拘形式地以倒手方式进行转让。所以，支票的持有者也是显而易见的所有者。倘若对于支票出票人的信用以及支票承兑银行的信用都不存在任何怀疑的话，那就很难讲支票作为一种代表性货币会有什么地方比银
241 行票据差，所不同的地方仅在于，通常对有整有零的一笔款项采用开支票的办法。在某些地方，支票就是这样使用的。目前，在昆士兰（澳大利亚[1]），由于没有铸币和纸币，殖民者们用小额银行支票

① 昆士兰(Queensland)曾是英国在澳大利亚的一块殖民地。作者写作本书时，澳大利亚联邦尚未建立，故仅称昆士兰。为便于读者了解支票分布地，译者特将“澳大利亚”加上。——译者注

向自己的雇工发放工资，商店接受这样的支票，于是支票就变成了该殖民地的流通媒介。我们可以指出，对支票的这样一种使用办法人们有一些明显的反对意见。

要熟悉所有银行的支票格式、支票出票人的签字以及支票出票人的信用情况是不可能的。倘若公众养成了每日接收和支付支票的习惯，而不每时每刻都要去查询那些支票是否依然有效，那就会给诈骗犯罪大开方便之门。伪造做假可能会很容易，但却几乎没有什么必要，因为弄到一本支票簿，然后在支票上填写大于存款人银行存款数的金额，那样会更为便利。因此，每个接受支票的人在收到支票时都会有上当受骗或者出票人方面已经破产的风险。不仅如此，支票的承兑银行发生倒闭的情况也是有可能的，因为有这样一个很好理解的法律要点：倘若支票的持有人没有在“合理的时间”内也就是在收到支票第二天的工作时间结束之前向银行提交支票要求兑付，并且倘若支票的承兑银行恰好在这个时候倒闭了，持票人就会丧失向出票人提出兑付主张的权利。其原因显然在于，出票人丧失了其为兑付支票而留在该银行手中的存款，而且出票人也不应当为支票持有者办事拖拉的习气而受到惩罚。

这条法律以及其他条件的有益作用在于，支票并没有取代货 242
币在本联合王国内流通，而是通常在收到支票后的一两天内就会提交给银行要求兑现。所以，支票所起的作用仅仅是充当了货币转让的工具，并不牵涉到为期相当长的信贷。持有一张普通的支票，不会带来任何收益，因为支票不会产生利息，而且可能还会丧失某种东西。于是，除了要向银行提交支票请求兑付这唯 的麻烦外，再也没有任何理由可以阻止一位支票持有者不马上用自己

的支票去换取铸币或者银行票据。银行票据虽然没有利息，但更安全。或者还有更好的办法，即支票持有人可以将这笔钱存在自己的银行里，与此同时他可以得到一点点利息，并且在他想要把这笔钱再次花掉时，开出一张他自己的新支票。经验表明，后一种办法是最令人满意的做法。把钱放在一家优秀银行的手中，通常要比放在其他地方更安全，更便于使用，而且通常还会在整个存放期内收获利息。在这样的基础上，广阔的支付体系建立了起来。关于支付体系，我们将在下一章里阐述，而这一支付体系我们可以称之为*支票和票据交换体系*。

的确，支票的种类五花八门。银行支票是由一家银行对另一家银行开出的支票，被用作汇款的一种手段。倘若相关的两家银行信用都十全十美，其支票格式和签字都能得到核实，那么在我看来用这样的支票作代表性货币就一点也不比银行票据逊色。倘若两家知名度极高的银行准备相互开出适当的等额支票，并且准备
243 将这些支票向自己的客户发行，那它们就可以成功地避开禁止无限度地发行银行票据的法律了。然而，习惯的力量，或者敬畏法律的力量，是如此巨大，以至于没有一家银行尝试着去这样做，而且银行支票也几乎像任何其他支票一样被立刻提交给银行要求兑付了。

保付支票，就像在纽约的贸易中使用过的那种支票，是一种更接近于银行票据的支票，因为这些支票是经支票的承兑银行作过标记的，保证见票即付的支票。要么是对这些支票作出保付承诺的银行拥有属于出票人的基金，该银行可以将之截留用于满足兑付支票的需要，要么是该银行在用自己的信用作担保，保证在任何

情况下该行都将满足支票的兑付要求。这样的支票才真正是银行的承诺性票据,它拥有对于支票出票人的更进一步的追索权。但是,这些支票却并没有像货币一样流通,究其原因,我推测,是因为保付承诺只有在支票持票人在合理要求的时间范围之内提交兑付要求的情况下才是有效的。支票银行的支票(对此我们将在后面,即本书的第二十二章中进行分析)与保付支票是等价的,因为此类支票只有以存款为基础方能开出,而存款在支票开出后会被银行扣押直至支票被提交兑付为止。

近年来,开具应付抬头人而不是持票人的支票以及在这样的支票上面划线以便要求这些支票必须通过银行才能提交兑付的做法,已经变得非常普遍了。的确,这张支票可以以空白背书的方式开出,从而使该支票又变成应付持票人的支票,但是伪造背书的可能性依然存在,与此相关的法律难点已经出现。对支票进行一般
的划线未必会对一张支票的流通产生明显的干涉,但是当专门划 244
线要求通过某一特别银行提交兑付的支票出现时,这张支票实际上就变成了给在该银行开有户头的某个特别的个人汇入支票上所填数额的一笔钱的汇票。

汇票

汇票是一张要求某人按照票上所写日期向汇票的合法持有人支付钱款的票据。倘若是见票即付的汇票,它就与记名支票或者记名汇票没有什么明显的区别,所不同的仅在于汇票通常是开给那些信用不及著名银行的承兑人的。倘若并非见票即付的那种汇

票，则指定的付款日期与出票日期之间可能会有一个从一两天到更多天数不等的间隔时间，并且不得要求承兑人在此期间付款。所以，一般地讲，汇票会带有利息，或者更不如说是汇票只能按打折价格购买，折扣的幅度应大到能使汇票在不蒙受损失的情况下被保存到期满之日。为了评估负债损失，人们一定要对同期内可能通行的利率水平作出某种估算。于是，汇票的价值将会根据多种情况而作出改变。汇票可以被开成应付持票人若干钱款，但是作为一项一般性的规则，汇票的应付对象一般是某个特定的人，并且可以通过背书的方式转让给其他特定的人。因此，与汇票相关的每一方都会有一个确定的责任，这种责任在汇票如约兑付之前是不可推卸的。于是，从若干方面看，汇票可能都不同于硬币式的
245 货币。硬币式货币不会带来利息，并且在用硬币式货币偿还债务时责任是被解除了而非带来了责任。

计息票据

论述钱币问题的作者鲜有对产生利息的商业票据与不计利息的商业票据之间存在的深刻差异作过评论的，这种情况非同寻常。这些商业票据是否有可能变成代表性货币，其分水岭就在这一点上。因为，铸币的一个本质性特征就在于，把硬币保存在衣服口袋里或者保险柜内并不会带来利润。一个人可能不得不持有货币准备偿还债务，但与此同时这个人也会丧失他有可能收到的利息，如把他的这笔钱用于投资基金、汇票、债券，甚或把钱存到银行里。所以，我们一定要把货币看作是一种正如切瓦里埃所说的*处于供*

*给和需求常态下*的商品。每一个人都总是试图在有利可图的购买中与货币分手，并且尽可能少地将货币握在手中。银行票据、支票、旅行支票、见票即付的汇票以及一些其他类型的票据，就更是如此，所有这些票据都是无论何时要见票即付的，因此，一分一毫的利息也不可能分配到这些票据头上。截至目前，这些票据除了在兑付时可能会引起人们的疑问，或者拥有这些票据可能会让持票人陷入法律上的困境外，它们所具有的特征都是铸币的特征，而且所持有的数量也被限制在最低适当水平上。相反，人们在持有计息票据时，都希望持有的数量要尽可能的大，因为人们持有这些
票据的时间越长，产生的利息就越多。每一家银行的主要业务都 246
是去持有充满了优质票据的有价证券，这些优质票据真正代表着资本在工业中的投资。政府债券或者由公营公司和股份公司发行的债券，与商业证券并无区别，差异仅在于这样一个事实，前者的票据期限都很长，甚或是无限期的，而且利息是按确定的时间间隔支付的。这样的债券代表着资本已经注入固定项目之中，并且因此而被个别投资人作为财产所持有。我们可以通过买卖这样的债券来换取货币，但这样的债券本身并不是货币。这样的债券与其说是要取代货币的使用，不如说是让货币的使用变得有必要。因为钱币在首次投资时一定是已经花出去了，并且要按照固定的周期渐渐回本。

一些方案派人士不时地发出敦促，认为在我们的普通钱币之外还应有一种*可以生息的钱币*。首批小规模发行的法国阿西涅币是带有利息的，而大约12年前美国政府试行了一次类似的实验，该实验很快就被叫停了。有人提议，要把全部国债都做成铸币

货币，这样我们所拥有的金属钱币和纸质钱币就不只是约 1.6 亿英镑，可能还会增加近 10 亿英镑。E. 希尔先生已经公布了一种纸钞的格式，这种格式的纸钞使其持有者有权以见票即付的方式得到 100 英镑，并且还有权在该纸钞被提交兑付之前的一段时间内收获利息，利息按百分之 $3\frac{1}{3}$ 的利率计算，利息金额以列表的方
247 式登在表格上。然而，任何政府要发行这样的纸钞都显然是不可能的，因为每当现行利率上升至百分之 $3\frac{1}{3}$ 以上，而纸钞的价值因此下跌至平价之下，人们就会通过把纸钞提交兑付的方式来赚取利润。因此，发行此类纸钞的政府将不得不保留大量的硬币作准备金，以满足兑换纸币的要求，而且与此同时还要对全部的纸钞支付利息。因此，整个的硬币准备金都会发生利息上的损失。

英国政府根据《维多利亚第 33 和第 34 号法》第 71 章的规定，授权发行股票凭证，已经使英国国债尽可能地变得易于转让。这些股票凭证与美国以及其他国家政府的债券相似。这些股票凭证上带有剪息票，作为支付利息的凭证，并且在股票凭证还没有被填上所有者姓名时，它们可以像银行票据一样地以交付方式进行转让。发行这些股票凭证是为了用不低于 50 英镑和不高于 1,000 英镑的等额钱款去换取百分之三的年金享受权，而且倘若这年金享受权可以像钱币那样由一个人转让给另一个人，则政府会允许人们去如此处理这些股票凭证。但是据了解，人们申请购买的这种股票凭证的数量还比较小。我认为，这些股票凭证在某种程度上为银行和其他一些机构所使用，这些机构不得不将短期投资于基金的数笔钱款留住，并且能够通过使用股票凭证节省转让成本。

我们发现，公众一般地说来更喜欢将自己的股票登记在英格兰银行的账簿上这一老办法。

货币的定义 248

许多的心思都被花费在试图给*货币*一词下个定义上面。那么应当被囊括在这一词汇之中的信用文书种类确切地讲是哪些呢？人们对此提出了令人困惑的问题。足秤的标准法币铸币，毫无疑问是货币，而且，因为可兑换的法币纸币完全等价于它们可以在任何时候与之相兑换的铸币货币，所以人们时常认为，纸币也可以被包括在货币之内。但是不可兑换的纸钞常常是通过法律被确定为法币的，并且能够在国内贸易中担负起货币的所有职能。所以，这样的纸钞难道还不该被囊括在货币一词之内？接下来要提出的问题是，支票是否不如货币好用。

所有为了给货币下定义而进行的诸如此类的尝试，在我看来似乎都牵涉到这样一个逻辑上的错误，即它们都假定，通过确定单一一个词的意思，我们就可以避开许多事物中所有错综复杂的差异以及千差万别的条件。而那些错综复杂的差异和千差万别的条件中，每一项都要求对其本身下个定义。金属条块、标准铸币、代用硬币、可兑换的和不可兑换的纸币、法定货币和非法定货币、若干种不同类型的支票、商业债券、国库券、股票凭证，等等，倘若债务人愿意花掉，而债权人又愿意收下这些东西的话，则它们就都是在被用来清偿债务时可以接受的东西。但是尽管如此，它们依然还是不同类型的东西。把某些东西称之为货币，而不把另一些东

西称之为货币，这样做并不能让我们不必去考虑那些东西在法律上和经济上的错综复杂的差异。金属条块显而易见并不是铸币，但我们只需付出极小的代价或者不必付出代价，就可以将金属条
249 块转变成铸币，并且几乎能像铸币一样方便地进行国外支付。代用铸币并非标准铸币，所以不能被用于进行国外支付，但是代用铸币在小额使用时却是法定货币，并且只需蒙受很小损失或者不受损失便可以随时兑换成标准铸币。英格兰银行的纸钞并不是完全意义上的铸币，但通过那些居住在英格兰银行附近的人，可以随时转换成铸币，并且会被其他人当作铸币的等价物接收。支票并非铸币，而是即刻便可收到铸币的票据，而且支票价值的大小与凭借支票能够收到钱款的几率高低成正比。已接受的账单，是一种愿意在一个指定的日期内支付铸币的约定。倘若我们将承兑人无法兑付承诺性票据的可能性忽略不计，则这些承诺性票据可以说就是延期的货币。一张无期有息的公债凭证，可使凭证的持有人有权索要年金，即有权领取每个季度发放一次的一笔钱。

简而言之，我们又回到了我们开始时遇到的问题上来。标准法币铸币，是一切商业交易和商业票据用以得到表达的东西，但由于条件千变万化无法预料，收到钱的可能性会或大或小，延期支付的时间会或长一些或短一些，所牵涉的法律问题的复杂性会或强一些或弱一些，而且所收钱款的金额也会有变化，因为额外还会收到利息或者收不到利息。所有其他商业财产、抵押契据、优先股份和债券以及普通股份，都可以将自身化作在未来的某些日期内收到铸币的或大或小的可能性。于是，我们不知不觉地从手中握有沙弗林金币的阶段，走向了机会极其渺茫的收取黄金的阶段，机会

的渺茫程度犹如欲抓住仍在林子中飞翔的鸟一样。

*现金*一词的用法同*货币*一词的用法完全一样，含混不清。最 250
初，现金一词体现的意思是法文的 *encaissé*，即放进钱柜里。严格地讲，现金应当包括实实在在的硬币，而且在英国的一些银行里，这个词在使用时所涵盖的仅仅是王国的铸币。但是，我通过实际调查发现，银行的出纳们在使用这一词时意思是五花八门的。有些人把英格兰银行的纸钞当作现金。要某一银行承兑的优质支票在流回本行后，显然也像现金一样好用。另一些人则走得更远，他们把要同城内其他银行承兑的支票，甚至有时还把乡村银行的银行票据也包括在现金范畴之内。这显然是一个度的问题，除非让银行出纳们普遍接受某个任意确定的定义，否则这个问题是无法解决的。

日常生活里，我们在使用许许多多的词汇时全然没有顾及逻辑上的精准问题。譬如，应当由谁来决定，都有哪些对象可包括在*建筑物和房屋*的名目之下？读者们不妨尝试着作个决定，看看下面的哪一个对象应当被看作房屋以及为什么这样决定？马厩、牛棚、暖房、棚子、灯塔、帐篷、大篷车、外壳、岗亭、冷藏库、凉亭以及教区四周的围栏。这里面的困难与我们确定什么是货币或者什么是现金完全是雷同的。

251 # 第二十章　记账信贷与银行体系

正如我们已经看到的，从代表金币的纸片的流通中，而不是从金币本身的流通中，产生出相当多的有关贵重金属的经济学。但是，经济学的一个更强有力的源泉却是我们可以称作支票和票据交换体系的东西，通过这个体系，债务中的很大部分并非是用货币给还上了，而是被相互间所欠下的债务给抵销掉了。这一办法的萌芽可在平平常常的*记账信贷*做法中发现。倘若两家商社相互间有频繁的交易往来，它们交替着进行买和卖，在这种情况下，如果每产生一笔债务就立即去交钱结清，虽然仅仅几天之后，他的债权人就会反过来，相应地欠下他一笔债务，那么及时还债就会变得荒唐可笑，成为一种浪费货币的做法。所以，对于有互通有无交易的商社来说，在各自商社的账簿上将每次交易中所产生的债务分别记入借方和贷方，并且只有在互欠债务的双方将债务抵销之后仍有账户余额存在，且账户余额已经大到令人感到不便的程度时，欠债的一方才会动用现金去把账户余额结清。这是一种通常的做法。一个卖保险的掮客，就是在船东与按股出资为船只提供保险的保险公司之间充当中间人的人。这个掮客因此要向保险公司支付多笔小额款项，用于缴纳保险费，并且每隔一段时间要代任何已
252 经蒙受损失的投保船只收回赔偿金。人们常见的做法，是避免进

行现金支付。捐客将保险费记作保险公司的贷方，而将船只损失记作保险公司的借方，并且只有在两者抵销后的账户余额达到很大数额时才会掏钱或者收钱。

为了把由一个庞大王国的多家银行组织起来的极其错综复杂的记账信贷体系表现出来，我们将不得不采用一种图解标记法。因此我要讲，公式

P－Q

所表示的是最简单的记账信贷案例或者记账信贷类型。P 和 Q 两个字母各指代着一个人或者一家商社，而那条线段则指代着两个人或者两家商社之间有交易存在。然而，只有在特殊的情况下，账目中的这种直接冲抵平衡才会使现金的使用或者一种更为复杂体系的使用变得并无必要。一般地讲，世上会有这样一种趋势，即流往某一方向的商品过多，就一定会使货币向相反的方向流动。制造商将产品出售给批发商，批发商将产品出售给零售商，而零售商又将产品出售给消费者。然而，在银行的干预下，许多不同个人甚或许多贸易分支的交易都被汇聚到了一个焦点之上，而且很大比例的支付款都可以相互之间抵销掉。

单一银行体系

为了能够清晰地了解银行是怎样帮助我们避免使用货币作为
交换媒介的，我们必须得从这一体系的兴起谈起，即由最简单的状 253
态到已得到彻底发展的、现存于联合王国的错综复杂的组织。首

先，让我们来想象一下，世上有这样一座孤零零的城市，该城市与世界其他地方没有任何能够察觉得到的交道，而且该城市只拥有单一一家银行，每个居民都把自己的全部钱财存放在这家银行。然后，倘若任意某个人 *a* 想支付一笔钱给任意某个人 *b*，他并不需要前往自己的银行，取出硬币，并带着硬币去见 *b*，而是可以把一张要求银行向 *b* 支付硬币（如果有必要）的支票交给 *b*。但是，倘若 *b* 想以同样的方式来付账，那他并不需要从银行里取出任何一枚硬币。对于 *b* 来说，从 *a* 处收到理应得到的硬币，然后再将硬币通过银行柜台存回银行，在其于同一家银行开立的账户中记作贷方，这些都将仅仅是履行手续的问题。仅仅通过把一笔钱在 *a* 的账户中记作借方，而在 *b* 的账户中记作贷方，就完成了这次支付行动。倘若 *b* 还想另行支付一笔钱给 *c*，那么在银行的分类账簿上作一次类似的登记，业务就完成了。无论可能还有多少其他贸易商人，譬如 *d*、*e*，等等，他们相互间的交易都可以采用同样的方法去进行结算，而他们则连一个子儿都不需要看见。我们可以用下面的图表来表示这种初级的银行业活动的组织办法。在这个图中，P 显然代表着那座孤零零的城市中的唯一一家银行，而 *a*、
254 *b*、*c*、*d*、*e* 则代表着 P 的客户。阿姆斯特丹和汉堡的存款银行就完美地体现出了这样的安排。

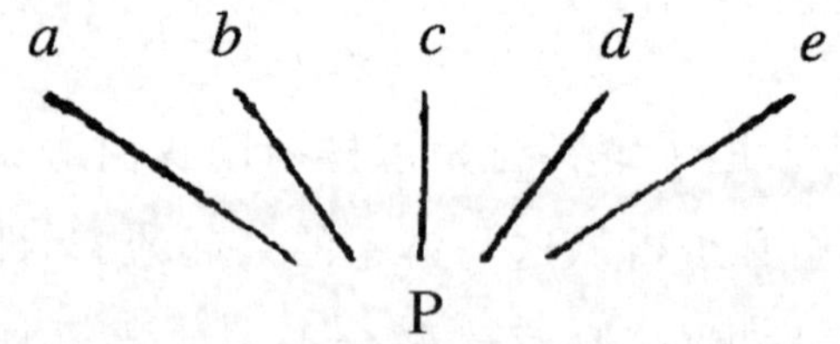

只要我们考虑的仅仅是一座城市的内部交易，那么一笔数额不变的硬币，静静地躺在银行里不必被人触动，就可以让整座城市的全部交易得以完成。倘若贸易商人从不要求向遥远的地方支付款项，那么金属货币就有可能会被彻底地摒弃。但是因为客户 *a*、*b*、*c* 等人中的任何一个都有可能要求取回自己的存款，所以银行应当至少留下足以应对可能出现的提存需求的货币量。

双银行体系

作为第二个案例，让我们假定有这样一座城市，该城市有能力支撑两家银行的存在。城市居民中一些人把自己的钱存放在某一银行内，而另一些人则将钱存放在另一银行内，但是所有这些人都必须考虑或在这家银行或在那家银行开立一个户头。在下面的图中，字母 P 和 Q 分别代表两家银行，*a*、*b*、*c*、*d* 是银行 P 的客户，而 *q*、*r*、*s*、*t* 是银行 Q 的客户。现在，*a*、*b*、*c*、*d* 相互间的交易一如从前，将在 P 的账簿中被相互抵销，而对于 Q 的客户，同样的情况也会发生。但是倘若 *a* 不得不付钱给 *q*，那么这个运作就会变 255
得多少更为复杂一些。*a* 开出一张由 P 承兑的支票，并把这张支票交给了 *q*，*q* 当然可以向 P 要求兑付硬币。但 *q* 并不想要硬币，

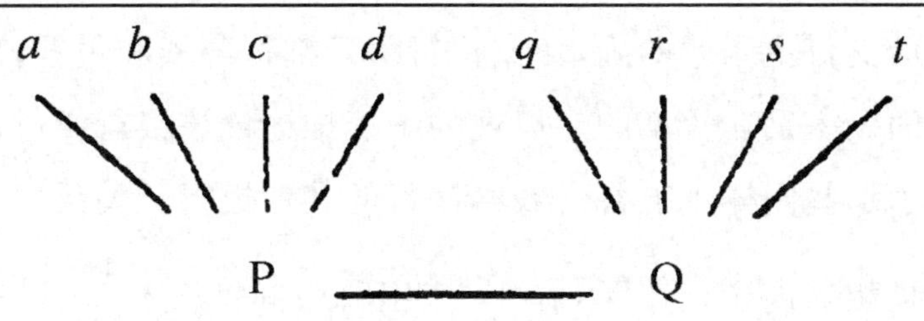

他把支票拿到了自己的银行Q处，并且用支票代替硬币存在了自己的账上。现在，不得不将这张支票提交给P的是银行Q，而且情况似乎是硬币好像最终须得派上用场了。然而，世上会有另一些人，他们以同样的方式在这座城内完成了支付活动，并且发生概率极高的情况是，结果其中的某些人把要Q承兑的支票交给了P，而另一些人把要P承兑的支票交给了Q。于是，两家银行就取得了前面（参见本书英文版第251页）阐述过的两个互有往来账户的贸易商人一样的地位。从最坏的角度考虑，须用硬币来完成的支付数额，将只是与相反方向应收入的数额相互冲抵之后仍存在的账户余额部分。但因为这种账户余额可能往往会今天来自这一方向，而第二天又会来自相反方向，所以这种账户余额只有在达到令人不安的比例的时候才需要交钱结清。

复杂银行体系

一座大型的商业城市通常会拥有若干家或者许许多多家银行，每家银行都有自己独特的客户群。每一独特客户群内的相互间交易将一如从前，在自己共同银行的账簿中相互抵销掉，但是较大部分的交易量现在是跨群进行的，其结果将是此家银行向彼家银行提出支付主张。的确，各家银行每天都得收钱和付钱，出现此
256 种情况的概率是非常高的。但这并不能推论说该银行所付出的钱款都给了那些同样正准备付钱给该行的其他银行。关系的复杂程度已经是相当高了。于是，在14家银行中间就会有$\frac{14\times 13}{2}$对，或

者 91 对，相互间可能产生兑付主张的不同排列组合，而在 50 家银行中间不同的排列组合对数会达到不少于 1,225 对。其结果便是这样，P 可能碰巧要向 Q 支付相当大一笔钱以结清账户余额，然而却可能从 R 或者 S 那里收到大约相同数额的款项。在这样的情况下，实际随身携带硬币到处走将是荒唐可笑的，因为将记账信贷体系显著地扩展一下，就会马上克服这一困难。若干家银行只需要达成协议，指定一个可以说是*银行的银行*，去把各家银行的一部分现金掌握在手里，然后，银行相互间发生的欠债问题就可以像一家银行对于多个个人所起的作用那样被相互抵销掉。在下面的图中，我们看到有 P、Q、R、S 四家银行，每一家银行都有自己的一群客户，但是这些客户被银行的银行 X 给相互地联系在了一起。P 现在不需要再派一个职员去把由 Q、R 以及 S 承兑的一捆捆支票分别提交它们兑付了，而可以将这些支票支付给中央银行 X。在中央银行 X，当这些支票被记作 P 的贷方并被进行了分类之后，它们就将与从 Q、R、S 那里收到的同样一捆捆的支票汇集到 257
一处，并且最终会被提交给这些支票的承兑银行。于是，所有通过支票进行的支付并未动用硬币就实现了，其情形正犹如一座城市里只有单一一家银行那样。每家银行每天必须支付的钱数，通常

a　*b*　*c*　　*e*　*f*　*g*　　*l*　*m*　*n*　　*p*　*q*　*r*

P　　　Q　　　R　　　S

X

会被本行每天必须收到的钱数非常接近地抵销掉。相互抵销之后依然存在的账户余额将通过银行 X 的账簿以转账的方式完成支付。

认为在每座英国的城市里都有一家银行的银行，这样的银行于是可以安排银行之间的支付，这种想法并不完全属实。此项工作中的会计职能是由一个被称之为票据交换所的机构来完成的。票据交换所由一个银行委员会管理，而英格兰银行则被用来掌管各家银行的存款，并在每日交易结束时进行转账支付。有关票据交换所的组织机制，我们将在下一章中阐述。

分支银行体系

英国银行体系的组织机制正在经历一场彻底的改造，并且正在变成近似于已在苏格兰存续了一百多年的那样的体系，要想避免这样的变化被察觉出来，那是不可能的。正在出现的并不是为数众多的小规模、羸弱、相互不发生联系的银行，而是从弱小银行的合并和消亡中产生出来的数目适中的重要银行，每家这样的银行都拥有数目庞大的分支机构。苏格兰的银行很早以前就已经有许多分行了，而目前的 11 家大型银行平均每家拥有的分行数目为
258 78 家，拥有分行数目最少者为 19 家，最多者达 125 家。英格兰的银行中有一些已经发展出了同样广泛的分支机构。于是，已经特别地发展出了分行体系的伦敦和乡村银行，以及国立地方银行，它们分别拥有分行 148 家和 137 家。曼彻斯特和利物浦地区银行拥有 50 家分行和支行。爱尔兰的各银行也采用了同样的体系，爱尔

兰国家银行拥有约114家分行和支行。看到在澳大利亚，银行体系也采取了类似的形式，而且为数较少的大银行，譬如说新南威尔士银行或者新西兰银行，都已经发展到了凡是新兴的村子无村不设有其分行的地步，这令人很感兴趣。

现在，一个庞大银行的总部与每一分支行之间业已存在的密切联系，已经导致大规模的银行票据和商业诉求被相互抵销业务的出现。本书英文版第256页上的图表可再次被用来说明这种关系。以X为银行总部，P、Q、R、S分别为分支银行，而a、b、c等等为客户。倘若a用一张由P承兑的支票向m付款，这张支票就会被m存入R，而R会在其账簿中将m记作贷方，之后，支票会被R经邮局直接寄给P，而P会在其账簿中将a记作借方。在通常每日举行的通报会上得知这笔交易的银行总部，将会以把这笔钱由P的账户转入R的账户的方式结束这项业务。这里面似乎有大量的会计工作要做，然而那些只是不需要花费什么的例行工作。在这样的体系内，现金汇款已经没有多少必要，因为每家分行都只与总部进行账目结算，所以每周内会有许多笔钱款被记入贷方和借方，而且账户余额通常都会很小。事实上，银行总部所起 259
的作用，从各个方面看，都像是一个票据交换所或者银行的银行。

的确，人们很自然地会提出这样一个问题，某一银行的各个分行将怎样与另一银行的各个分行办理业务呢？然而，解决的办法却很简单。因为除非是这些分行恰巧都处于同一城市，或者由于其他原因，它们之间存在着密切的关系，否则它们将通过各自的总部进行联系。国立地方银行的某一分行在收到由伦敦和乡村银行

某一分行承兑的一张支票后，将通过前者的总部在票据交换所提交给后者的总部。

银行代理体系

银行体系的另一重要特点是组织分布广泛的代理机构。一家大型银行在联合王国的每一座主要商业城市都会有各种各样的生意要交易，倘若该银行在那些城市没有设立分行，它会在每一座这样的城市雇用一家银行充当自己的代理。这种代理银行负责搜集应在当地兑付的支票、债券、银行票据，等等，用现金兑付写明它们为承兑人的汇票，遵照指示收回债券，以及做一个银行分行会做的几乎所有事情。代理银行与银行分行的主要不同点在于，代理银行从事这项工作的报酬是由佣金构成的。每家代理银行都会在其委托行那里开立一个往来账户，这样在一定程度上每家重要的银行及其代理机构就能形成一个类似于由银行总部与其各个分行所构成的那种票据交换体系。

260

伦敦代理体系

在不知不觉中，一种无所不包的、尽善尽美的关系体系，在英国的地方银行与伦敦城市银行之间发展了起来。联合王国内的每一家银行，我相信无一例外，都雇用了大伦敦城的这一家或者那一家银行作代理。有 26 家城市票据交换银行因此承担了代理的任务，而且平均来看，这些银行中每一家都至少代表着 12 家乡村银行。但每个代理所代表银行的个数差别很大，而且一些乡村银行有两家伦敦代理银行。

这种代理体系立即被导向了一种与交易活动相关的票据交换业务，因为，倘若任意两家乡村银行都找了同一家伦敦银行作代理，则两家乡村银行的所有相互间账户调整都可以通过该代理的账簿上的转账来完成。现在我们要第三次运用本书英文版第 256 页上的图表来说明问题。用 X 代表城市代理，X 拥有乡村银行 P、Q、R、S 的往来账户。所有这些银行都选择了同一个伦敦代理，它们的全部客户于是便都被带入了密切的关系之中，虽然这些客户可能居住在乡下最遥远的地方。每家城市银行都可以被看作是一家银行的银行，并且还是一个小规模的票据交换所。

乡村票据交换体系

只需再往前走一步，把联合王国中的每一家银行与所有其他
银行联系在一起的体系就将完全建立起来。正如我们已经看到 261
的，每家乡村银行都在某个城市银行那里开立了一个往来账户，而所有的城市银行每天都要通过票据交换所结算彼此间的交易。由此可见，从乡村的任意一点付钱给乡村的任意另外一点，此事可以通过伦敦来完成。在下面的图中，设 P、Q、R 为乡村银行，它们的伦敦代理银行为 X，并且设 U、V、W 为另一些乡村银行，它们的伦敦代理银行为 Y。倘若 P 的某一客户 *a* 欲向 U 的某一客户 *r* 付钱，*a* 可以开一张要他的银行 P 承兑的支票，并通过邮局将支票寄送给 *r*。收件人 *r* 将支票存入自己在 U 开立的账户。与 P 并

没有直接联系的 U 将支票递交给 Y，Y 通过票据交换所[①] 将支票

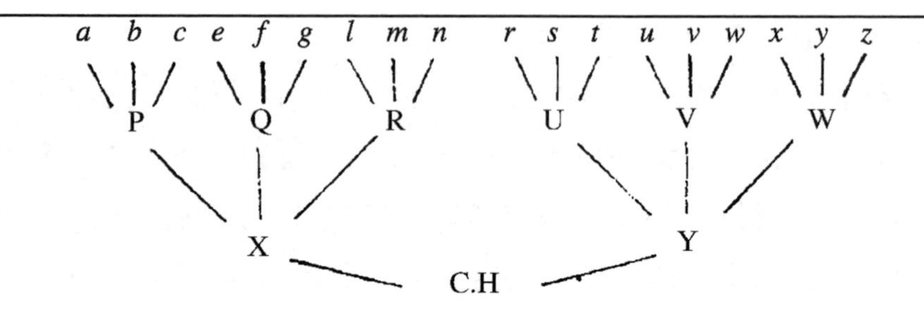

提交给 X，X 将支票记作 P 的借方，并通过下一班邮差将支票递交给 P。没有比这样的安排更简单、更完美的了。

人们还很容易就能看出，在伦敦银行之间流过的一笔笔钱，或者更应该说是在伦巴第街票据交换所内通过票据交换相互抵销掉的一笔笔钱，常常就是乡村银行与它们的代理之间的广泛往来账
262 户中所产生的账户余额。只要任意两家银行之间的账户上的账户余额并未占到很大的比例，这一账户余额就完全不需要用现金去结清，除非是有特殊的理由。当某一方不得不用现金去结清某个账户余额，而当事的两家银行又刚好雇用的是同一家伦敦代理时，那么负债银行所要做的事情就只是指导自己的伦敦代理将一定数额的货币转账给另一乡村银行，在该乡村银行的账户上将其记作贷方。倘若这两家乡村银行的伦敦代理为不同的两家，而且前一个图表中的乡村银行 P 想向乡村银行 U 支付账户余额，那么此事可以通过 P 指导其伦敦代理 X 向 U 的伦敦代理 Y 付款就能完成任务。完成此次支付任务的信用证，会被裹在大量的其他票据当

① 在本页图表中，票据交换所用英文 C.H 代表，承担着在伦敦代理银行 X 和 Y 之间的沟通任务。——译者注

中流过伦敦票据交换所，这大量的票据代表着来自这一方向或者那一方向的支付款，并且，一般地讲，这些票据在一般的票据交换中都将成为一个不起眼的项目。正如我们将要看到的那样，倘若我们可以说，真的需要用现金来支付了，那也是以在英格兰银行的账簿中最终完成转账支付的形式进行的现金支付。在伦敦票据交换所每日结算的交易额非常庞大，但这样大的交易额毕竟也只是那些未能在此前的票据交换中通过更为直接的交流相互抵销掉的部分，而这部分交易额所代表的常常是那些根本就没有经过伦敦的多种多样交易的账户余额。

263 # 第二十一章　票据交换所体系

正如我们已经看到的，通过伦敦的代理体系，乡村的银行业交易被置于伦敦城的一个焦点之上。因此，26 家主要城市银行之间相互结算兑付主张的工作，就成了一项规模极其宏大，重要性极高的业务，因为这代表着世界上很大一部分生意的完成。这是一个空间并不很大的房间，门外的一条狭窄通道从坐落在威廉王大街边上的邮政局横跨马路延伸到伦巴第街，进入这幢楼房。在这个房间内，每天无须动用哪怕一枚硬币或者一张钞票，就能结算平均数额近 2,000 万英镑的债务。在伦巴第街周围的经典金融氛围中，甚至就在这间屋子里，纸上商务体系已经被发展到了近乎完美的程度。伦敦票据交换所的早期历史已被尘封在默默无闻之中。人们非常期待那些熟悉伦敦票据交换所在其发展过程中所发生的主要事件的人们，应能把这些主要事件记录下来，以免为时已晚。

264 伦敦票据交换所最初似乎是在整整一个世纪之前创立的。大约是在 1775 年，几家城市银行租了一间屋子，以便它们的职员能够有个地方会晤，交换票据和债券，并且结算它们相互间的债务。这个协会是一个严格的私人俱乐部性质的机构，公众对之一无所知，而且这里的交易是在极其秘密的状态下进行的。吉尔巴特先

生告诉我们，即使采用的是这样一种方式，伦敦票据交换所仍被当作一项值得质疑的创新，而且一些主要银行拒绝与之发生任何关系。然而，这种安排的便利之处一点点地显现了出来，更多的银行被接纳到这个协会中来，并且为了对这个协会进行管理，协会成立了一个独特的委员会，制订了成套的规则。尽管直至今日伦敦票据交换所依然还是一个私人的和自愿参加的协会，依然还是一个没有经过特许的，而且事实上依然还是不为法律所知的机构，但是它的重要性和人们对其活动的知晓程度已经稳步提高。

在过去的 25 年里，票据交换工作发生了若干次重要拓展。1833 年之后，伦敦联合股票银行开始兴起，但在很长的一段时间里，这些银行被拒之于伦敦票据交换所的大门之外。但在 1854 年 6 月，这些联合股票银行终于被允许加入该协会。英格兰银行曾长期坚持完全置身于那个联合会之外，但是前不久英格兰银行已经变成了伦敦票据交换所的一个成员，只要交易中涉及由其他银行承兑的兑付主张被提交上来的情况。伦敦西区的那些银行依然还游离于这个圈子之外，或许部分的原因在于，这些银行的距离妨碍了该体系发挥作用。它们于是处于一种地方银行的位置上，并 265
且可以像地方银行那样，通过城市代理来进行票据交换。

1858 年之前，伦敦票据交换所的业务仅限于交换实际由参加伦敦票据交换的银行承兑的支票和汇票。乡村银行在收到要其他地处遥远地方的乡村银行承兑的支票后，习惯于直接通过邮局将支票寄给那些承兑银行。付款银行执行支付任务的做法，是指导自己的伦敦银行把钱款付给收款银行的伦敦代理银行。1858 年，按照威廉・吉勒特先生的建议，但主要是因为约翰・卢伯克爵士

的不懈努力，乡村票据交换体系被组织了起来。乡村银行每天不再把许多支票寄往联合王国的各个地方，而是将它们装入单个一个包裹，寄给乡村银行的伦敦代理，为的是让这些支票能够通过伦敦票据交换所提交给付款银行的伦敦代理。正如我们将要看到的，这种交换发生在每天的不同时段，但是票据交换的结果被汇总在当日交易的总账户余额之中。

在伦敦票据交换所进行的交易

在伦巴第街的票据交换所内，每日有三次票据交换。上午的票据交换于普通日子的 10 点 30 分开始。汇票的收讫时间不得晚于 11 点，并且票据交换工作必须在正午时结束。然后，乡村的票据交换开始，汇票必须在 12 点 30 分之前收讫，票据交换工作于下午 2 点 15 分结束。然而，最繁重的票据交换工作是在下午，起始
266 时间为 2 点 30 分。票据交换工作的喧嚣和混乱于四点钟达到最高潮，传递票据的人们一溜小跑携带着最后一批汇票包裹冲进屋内，这时大门会被最后关上。每个月的第四天，当最为繁重的票据交换日出现时，工作时间会被延长。票据交换所的营业时间会提早到 9 点。

伦敦票据交换所是一间平平常常的矩形房间，里面沿着三面墙壁并在中央的部分竖有隔断，隔断内摆有几排桌子。为两位总监准备的一间小办公室位于票据交换所的一端。每家银行都会根据快速完成工作的需要，派相应人数的职员来票据交换所工作，一些银行所派的职员人数多达六个。那些将由任意一家参加票据交

换的银行，譬如联盟银行，提交给参加票据交换的任意其他家银行的支票和汇票，在家时便被登记在了“外送交换票据”上，然后又被作了分类，分别装入25个包裹之中，每个包裹都准备提交给另一家参加票据交换的银行。这些包裹一俟被送达伦敦票据交换所，便会被转圈分送到屋内代表若干付款银行的职员的办公桌上。这些职员会立即开始将收到的支票和汇票登记在“收回交换票据”上栏目的顶端写有支票和汇票提交银行名称的栏目中。登记完毕后，这些支票和汇票会被工作人员以最快的速度送交相关银行进行审核，并在该行的账簿上作登记。任何被拒绝兑付的支票和汇票都会被称作“退票”，而且一般来讲，会于当日被退回票据交换所，并且会被作为票据拒付银行向票据提交银行提出的一种反向主张再次登记。在当日营业结束时，联盟银行的职员应该能把其他25家银行要本行兑付的全部兑付主张加出一个总数，而且联盟银行的职员还应能从“外送交换票据”上得知，联盟银行向其他银行提出的兑付主张金额是多少。两者之差就是联盟银行根据具体情况而定的要么须得支出的，要么须得收入的账户余额。伦敦票据交换所的两位总监在得到有关这些账户余额的通报之后，会将这些数字插入一种资产负债表中。在最后加总时，资产债务表上的债务人一侧，应与债权人一侧的数字完全平衡，分毫不差，因为一家银行所收到的每一个便士都一定是另一家银行所支付的。

在从前的年月里，每一银行应支出的或者应收入的账户余额，都是用银行票据来结清的。1839年期间，每日的平均交易额达到了约300万英镑，用于结清如此之巨的交易量，所花费的银行票据为20万英镑，而所花费的铸币为20英镑，或者说约为被清算债务

金额的十五分之一。前不久，已故查尔斯·巴巴奇的一个建议得到了贯彻，票据交换完成后出现的账户余额用英格兰银行承兑的汇票来支付，因为每家城市银行都会将本行闲置现金的一大部分存入英格兰银行。

在伦敦票据交换所内有一个构思巧妙的小安排，那就是将全部26家银行的名单分成三组，按照这种方式，联盟银行负责票据交换业务的职员中第一个人对应于第一组其他银行，第二个人对应于第二组其他银行，以此类推。于是，在对任意两家银行的账目进行比较或者勘误时，人们就会准确得知必须由哪位职员对房间内提出的问题作出回答。

268 虽然在伦敦票据交换所内迅速而高效地进行的结算工作一定总是能够给人们带来惊喜，但它对“难道不需要再作改进了吗”这样的质疑还是持十分开放的态度。在我看来，要使工作量如此庞大并且不断增长的交易能够便利地和有益健康地进行，这个房间似乎还不够宽敞。虽然一些银行雇用了多达6人的职员，但工作压力有时还是非常大。这些职员在进行票据登记和计算总数的实践中掌握了非常了不起的技巧和能力，但是在一种远不够纯净的气氛中，在一种某个职员从房间的一侧向房间另一侧的职员高声喊叫勘误数字的喧闹和噪声的氛围里，从事争分夺秒的紧张脑力劳动一定是要竭尽全力的。其后果便是这里的职员偶尔会患上大脑疾病。

人们也一定会提出这样的问题，在一定还有许多其他银行存在或者被创立出来的情况下，在它们也需要有进入伦敦票据交换所的便利的情况下，难道进行票据交换的特权要永远被限定在26

家主要城市银行的范围之内？在纽约，正如我们将要看到的，票据交换的圈子要宽广得多。目前，伦敦的小银行被迫要去雇用有资格参加票据交换的银行作代理，或者干脆放弃票据交换所所能带来的好处。永久地维持这样一种狭隘的垄断，既是不公正的，也是不可能的。

曼彻斯特票据交换所 269

虽然伦敦票据交换所完全是票据交换体系首次出现的地方，也是此项工作按最大的规模组织起来的地方，但这并不能推断说，伦敦票据交换所在一切方面都是最适合于规模没有那么大的商业城市去模仿的对象。至少有两座英国的地方城市——曼彻斯特和纽卡斯尔，已经建立了当地的票据交换所。我听说，利物浦的银行近来也在安排在这些银行中间搞一个私人的票据交换体系，而且其他城市的银行也在人们一般还不知情的情况下，有可能已经迈出了类似的一步。承蒙一些委员会成员的美意，我收到了有关曼彻斯特票据交换所如何运作的完整信息。我认为，该票据交换所的业务主要是由 E. W. 尼克斯先生安排的，并取得了巨大的成功。对这些安排进行详尽的阐述可能会很有用处，因为这样的安排会很适合于英国的、外国的或者殖民地的城镇去采用。毫无疑问，过不了太久，那些城镇就将建立起票据交换所。

在曼彻斯特票据交换所，工作完全是在松散的表格上面进行的，而不像在伦敦那样，是在账簿上进行的。虽然这些表格可能看上去数量有点太多、太细，但它们对于准确并有序地结算账户余额

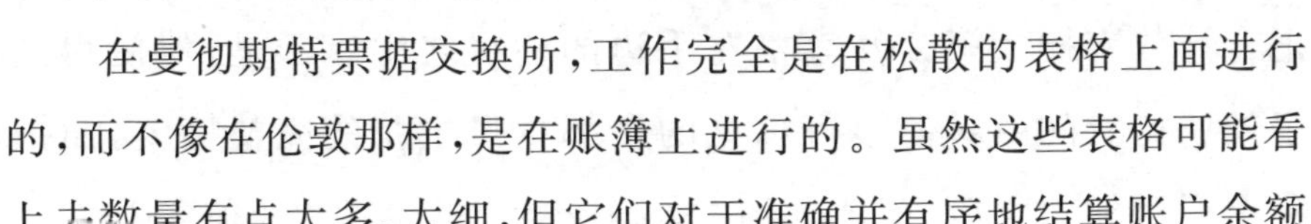

具有极大的帮助。银行负责票据交换的职员在离开本行之前，先
270 把他要拿去交换的票据作个分类，装入 13 个包裹之中，每个包裹
对应于另外 13 家银行中的一个，然后填好 13 份清单，每份清单对
应于一个包裹。在下面展示的第 1 号表格中，每张支票仅仅被表
现为表格中所填写的一个钱数。清单的一份副本要在本行为此而
设的一本账簿中登记。

第 1 号表格

曼彻斯特银行票据交换

支票投递备忘录

投递人________________________________

收件人________________________________

____________票据交换。　　____________187_年　月　日

在把每张这样的清单加总起来之后，负责票据交换的职员会
把合计数字插入第 2 号表格左手边的栏目之中。于是，他便得到
了他所持有的由其他银行承兑的全部兑付主张的完整摘要，而把
271 各个栏目加总之后，就能弄清“外送交换的票据”总量是多少。

第 2 号表格

曼彻斯特银行票据交换

______________________ 187_年　月　日

	外送			收回		
	首次票据交换	二次票据交换		首次票据交换	二次票据交换	
			艾德菲银行			
			英格兰银行			
			统一银行			
			乡村银行			
			坎利夫银行			
			地区银行			
			海伍德银行			
			联合股票银行			
			国王街银行			
			兰开夏银行			
			国立地方银行			
			索尔福德银行			
			休厄尔银行			
			联合银行			
			合计			
			账户余额			

抵达票据交换所后,这位负责票据交换的职员会在屋内走一圈,把装有支票的包裹以及刚才已经作过说明的相对应的清单放在分属其他各家银行的办公桌上。在很短的时间内,13 个类似的 272
包裹及清单也将由其他银行的职员放在这位负责票据交换职员本人的办公桌上。随着这些包裹被送过来,这位负责票据交换的职员会对着清单清点支票,核实加总的数字,并且倘若一切无误,将金额填写在第 2 号表格的右手栏目之中,每个数字对应于提交票

据的一家银行的名字。这些包裹被称之为“*收回交换的票据*”，它们代表着其他银行对于本承兑银行的所有兑付主张。所以，当所有 13 个金额都被登记在账簿之中，并把各栏目数字加总起来之后，这位职员就能得知他的银行所要支出的总金额为多少。

在曼彻斯特，每天要进行两次票据交换。第一次是在上午 11 点 15 分，仅为一次初步的票据交换，对票据交换后出现的账户余额暂不进行支付。一旦第一次票据交换的栏目都被填满了，这位负责票据交换的职员就会带着提交由本行承兑的、装在“收回交换的票据”包里的支票和票据返回本行。这些票据会立即交给本行适当的官员进行核查，以便能够发现任何异常的、有欺诈嫌疑的，或者因资金不足以及其他原因而必须拒付的票据。在票据交换所，这位负责票据交换的职员已经进行过初次粗略检查，并且已将任何有明显异常的票据退还回去。但是，在票据交换业务结束后的一小时之内，任何银行票据都不能被认定是否已被最后接受。比较而言，被退回的票据是很少的，这样的票据一旦被查出，就会被直接递交给提交这些票据的银行。

273 第二次票据交换于下午 2 点 15 分开始，进行的方式同上午一样。第 2 号表格中的第二批外送和收回票据交换的栏目，都已经被填好并且汇总起来，第一批栏目内的总数与第二批栏目内的总数加在一起，这位负责票据交换的职员便能得知，他所在的银行必须得付出多少钱，并且在此同时，他所在的银行又能够收到多少钱。两者相抵后出现的差额，就是他所在的银行要么必须收入的，要么必须支出的账户余额。他把这些总数及账户余额复制到下面的第 3 号简要表格中去，将之交给票据交换所的检查员。

第 3 号表格

票据交换统计表

____

先生：____________________________________

外送交换的票据	:	:	英镑
收回交换的票据	:	:	英镑
账户余额	:	:	英镑

日期________________________________187_年　月　日

这位检查员现在开始把总额插入第 7 号表格内，以这样的方法对账户余额进行核实。下面的第 7 号表格，是一种简版的表格，目的是要节省空间，所插入的银行名称只有四个。在这些表格中，我们都是以最简洁的方式给出银行名称的，英格兰银行分行被简化为"银行"。

很显然，某些银行以账户余额形式所得到的收入的总数，一定 274
等于其他银行支出的总数，因为每一张支票都被做了两次加法，一次是被加在了某银行的贷方，一次是被加在某银行的借方。倘若第 7 号表格中的借方和贷方两个栏目加总之后不能平衡，那一定是账目中出了某种差错，于是，全部工作都要再次上呈，对之进行一次认真细致的重新审核，直至错误被发现。当一切都核验无误之后，仍须做的事情就只有付款了。付款是通过贷方和借方通知，指导英格兰银行分行在其账簿上将钱款转入参加票据交换业务银

第 7 号表格

票据交换所

借方						贷方			
					艾德菲银行 英格兰银行 统一银行 乡村银行				
				英镑					英镑

行的账户或者从其账户中转出来完成的。的确，支付款付给了票据交换所，又从票据交换所付了出去，票据交换所就像是一个虚构的实体。但是只要票据交换所的支出和收入每天都能分毫不差地取得平衡，它就不需要另设分类账户，但数额不大的本期费用或者微不足道的误差除外。

275 为了完成转账支付，每家付款银行的职员都需填写下面这份第 4 号双联表格。

第 4 号表格

票据交换所结算单

曼彻斯特 187_年　月　日

致英格兰银行出纳：

谨从我行账户转出金额为________

________的一笔钱款，请将此款存入参加票据交换业务银行的账户，并允许这些银行中的任何一家（在审核员以会签汇票的方式表示知情的情况下）提取这笔钱款。

____

________英镑

票据交换所结算单

英格兰银行：

曼彻斯特　187_年　月　日

一笔金额为________的转账支付已于本日傍晚在英格兰银行完成。转出账户为______先生的________号账户。转入账户为参加票据交换业务银行的账户。

英格兰银行代表

____

________英镑

这份表格的左边是一张有待银行职员签字的汇票，倘若该职员有此授权的话，或者由该职员将这张汇票上呈其上司签字，然后，将钱款支付给英格兰银行。这张汇票会指导英格兰银行的出纳将账户余额记作票据交换所的贷方，并将这笔钱记作当事付款银行的借方。当支付事项完成之后，英格兰银行有授权的官员会在右手边相对应的表格中签字，这份有签字的表格将代表票据交换所作为这笔钱的收据。

从另一方面讲，当账户余额为某家银行的收入时，为了能够很 276
容易地被区分开来而印在绿色纸上的第 5 号表格就有了用武之地。这份表格足以不言自明。

第 5 号表格

票据交换所结算单

曼彻斯特 187_年　月　日

致英格兰银行出纳：

谨请将数额为____________

____

的一笔钱款存入我行账户，此钱款来自参加票据交换业务银行的存款账户。

____

____________英镑

票据交换所结算单

英格兰银行：

曼彻斯特　187_年　月　日

一笔金额为____________

____

的钱款已于本日傍晚存入________先生的账户________。钱款来自参加票据交换业务银行的存款账户。

英格兰银行代表

____

____________英镑

于是，现在就只剩下有关被退回支票这一个问题了。即使是被退回的支票，也并不需要动用现金去完成支付。每个工作日结束时出现的账户余额只需要进行临时性的支付，并且那些不得不被拒付的支票会在一个小时之内被退回提交支票的银行。除非经过解释，异常情况已经不复存在，或者被清除了，否则提交支票银行的出纳会在下列第 6 号表格上签字。第 6 号表格是一张确认单，确认该出纳在上次票据交换期间收到了如此数额的货币。这
277 张表格会被拒绝兑现那些支票的银行包括在其“外送交换的票据”的包裹里面，而且这一问题要在下次票据交换的账户余额中予以纠正。

第 6 号表格

曼彻斯特银行票据交换

曼彻斯特，__________ 187_年　月　日

我们当在下次票据交换时，以出示此条为凭，将__________ __________英镑，存入__________ __________账户，细目如下，作为对未兑现支票的补偿。

支付__________

__________英镑

__________英镑

__________英镑

曼彻斯特票据交换所完成结算的过程常常要比通读这篇有关票据交换方法的说明所用的时间还要短，而且这项工作在那里进行得无声无息，轻松自如，与伦敦票据交换所的喧闹形成了强烈的反差。毫无疑问，比较而言，曼彻斯特完成的票据交换数量是无足轻重的，其每日的平均交易量，在 1872 年、1873 年以及 1874 年分别为 226,160 英镑、237,150 英镑以及 247,930 英镑，或者说，比伦巴第街上的票据交换所每日交易额的百分之一略高一点。

曼彻斯特票据交换所由一个银行委员会管理，英格兰银行在曼彻斯特的首席代理担任该委员会的主席，而负责票据交换工作 278
监理的是英格兰银行的一位官员。因此，英格兰银行虽然自然而然地会享有优先权，但它仍能与当地银行开展和谐的合作。

纽约票据交换所

纽约票据交换所成立于1853年10月，并且已经成为一家极其重要的机构。纽约票据交换所拥有59家银行，与之相比较，伦敦票据交换所拥有26家银行。纽约票据交换所结算的交易量即使不是相当于伦敦交换所的交易量，那也是相差无几。在纽约，为生意作结算的一般性办法，一定在很大程度上与已经作过阐述的办法是相同的，但在某些方面，纽约的安排似乎要比伦敦的安排更好。纽约的票据交换工作是在一间华丽宽敞的交易大厅内进行的。那里还为经理及其职员们准备了适当的食宿条件，而不是像伦巴第街的票据交换所大厅那样，让审核人员坐在狭小的玻璃盒子里面。

每家纽约银行都在交易大厅设有一名负责结算的职员，除此之外还设有一名信差，信差负责运送和传递装有支票和汇票的包裹。各银行负责结算的职员坐在一排排办公桌后面，这些办公桌在宽敞的房间中央被摆放成一个椭圆形，而交换工作就是在与负责结算职员人数相等的信差们同时围绕办公桌走动的过程中完成的。这些信差将“外送交换票据”的包裹送交相关银行负责结算的职员，并把“收回交换票据”的包裹交给本行负责结算的职员。在

纽约,“外送交换票据”包裹和“收回交换票据”包裹被称为*贷方交换包裹*和*借方交换包裹*。有关这一机构的介绍,可在吉本的著作
279《纽约的银行》中找到。但是截至目前,一般的程序方法与在英国的套路是相似的,对之我并不需要再次去作详细的说明,而且我也不曾有机会去亲自检查那些细节。

票据交换体系的拓展

直到前几年,世上存在的银行票据交换所还只有两家,即伦巴第街的一家和纽约的一家。但是近来,将类似的体系拓展到其他地方,甚至拓展到其他行业分支中去的工作,已经取得了不少进展。曼彻斯特票据交换所成立于 1872 年 7 月,而纽卡斯尔也拥有一个类似的机构。在欧洲大陆,目前只有单个一座城市采用了这种方法。在巴黎,大约有 18 家银行已经组成了一个名叫“补偿会”的协会,该协会坐落在交易所广场,负责平衡那些商社相互间的兑付主张,其做法与英国的票据交换所大致相仿。在法国、德国以及其他欧洲大陆国家内,银行支票的使用远不及在英国和美国那样发达。在德国,一个想要汇款一百英镑的人,常常会真的积攒一百英镑的硬币,然后把它们封装在一个袋子里面,贴上五张封条,到邮局去将它们挂号寄出。幸好,德国现存的政府*邮政*体系非常的出色,所以这样的汇款方法还算是足够安全。但很显然,在一个有着这样一种货币安排的国家里,人们是不需要票据交换所的。

280 对各种兑付主张施行平衡法,绝不意味着需要将此方法仅仅限制在银行业务上。的确,因为任何地域的货币交易都会聚焦到

银行，所以主要的票据交换活动将永远掌握在银行手中。但是无论在什么地方，只要有一伙贸易商人，他们相互间有许许多多的兑付主张，这些贸易商人可能就会发现有必要建立自己的票据交换所。早在1842年，罗伯特·斯蒂芬森和K.莫里森先生就想到是否可以将城市票据交换所的原理应用于结算铁路公司之间因为订票安排所产生的极其错综复杂的账目，并且带来好处。这项工作一直在尤斯顿广场[1]旁边一间坐满会计的大房子里始终不停地进行着，其规模、复杂程度以及头绪之多都远比由银行组成的票据交换所所进行的工作为甚。但是最终的结果却是要搞清楚每家铁路公司究竟欠其他各家铁路公司多少钱。然后，每家铁路公司应收入的，或者将支出的账户余额，要在银行通过转账的方式完成支付。

在过去的十二个月间，有人作过这样一种尝试，就是将支票的普遍使用引入利物浦，然而这种尝试迄今尚未成功。在利物浦，大笔大笔的货币一直在不断地流通，尤其是在棉花市场上。由于某种很难令人满意地查找出来的原因，利物浦的商人和银行从来就不肯像其他商业城市那样，在同样的范围内，以同样的方式使用支票。利物浦的许多商社依然还在拒绝接受以支票方式付款，而仅仅在一两年前，下面的情况还是一种常见的做法，即由曼彻斯特的
一家商社派出一名职员，提着几捆银行票据，乘火车去利物浦付 281
账。据我所知，目前，见票即付的银行汇票以及通过邮局寄送的银

① 尤斯顿广场（Euston Square），是英国伦敦尤斯顿火车站站前的一个广场，地处伦敦中心位置，距离大英博物馆、摄政公园、大英图书馆以及伦敦西区的剧院均不远。——译者注

行票据，正在取代英格兰银行的纸钞。

一位利物浦的股票经纪人或者棉花经纪人如果想要付款，他需要从自己的银行里以银行票据或者黄金的形式将钱取出，然后，由他的职员们提着这些钱在城市里面转。每到傍晚，都会有大量的、里面装有大笔货币的小号现金匣子被存放在市政厅对面的一个非常著名的银器首饰店内，以便得到夜间的安全保管。因此，数额巨大的资本被放在那里闲置，而且令人惊异的是，银行竟没有扫除一切障碍去确保这笔钱成为银行存款的一个补充。完成银行转账所需做的会计工作，在交易量很大的情况下，实际成本几乎是微不足道的，而目前的通行做法是，由银行转账银行要收取百分之$\frac{1}{8}$或者百分之$\frac{1}{4}$的佣金。

票据交换原理的一个重要拓展发生在1874年，当伦敦股票交易交换所成立的时候。伦敦股票交易交换所承担的任务，不是去完成一笔笔钱款的交换，而是去进行大批量的股票交换。因为股票经纪人每两周才对自己的交易进行一次结算，或者在交易统一公债的情况下每月才作一次结算，于是很自然地便出现了如下这样一种情况：在前后两次结算的空档，两个不同客户的同一个经纪人通常会为其中的某一个客户购买一支股票，而将同一支股票出售给另一客户。这同一支股票可能已经经过若干人的手，而且同样的经纪人之间可能相互都有与对方的交易。然后，在每次交易
282 完成之后，他们并不实际地去进行股票转让，也不使用支票去完成支付（这些支票会使伦巴第街上的票据交换所在结算日的业务量极大地增加），而是搞出了一个计划，根据这一计划，票据交换所的

每个成员都要准备一份有关自己将从其他各个成员那里收到的，或者自己将向其他各成员交付的各支股票净股数的报告。票据交换所的经理，在核验了这些账目之后（这些账目在总量上应能实现平衡），会指导负债成员以某种了结一切交易的方式，向债权成员转让一定股数的股票。人们会注意到，出于相当明显的原因，在股票交易中所完成的转让，是直接从经纪人到经纪人，而不是像在银行交易中那样向票据交换所经理转让。当然，每一支股票都须进行一次单独的股票交换。人们发现，实际转让的股票数量并未超过整个交换交易量的百分之十，而开出的支票数量在结算日那天会减少一千万英镑之多。

在不久以前，利物浦的棉花经纪人协会尽管迄今尚未能够将票据交换体系应用于他们的货币交易，但已经为结算与销售“即将抵港”的棉花有联系的生意设置了一种票据交换体系。根据这一新的安排，首个卖家和最后一个买家会发生联系，而有时会因合同涉及许多中间人从而导致很大的争议和延误的一切中间生意，都将在某种程度上被票据交换所取消。的确，生意得到了扩展，因此 283
所有的合同、申报单以及支付手续都将通过协会的代理方能生效。

我们是否真的达到了让票据交换原理的优势得到充分发挥的极限？提出这样的问题可能很有道理的。票据交换原理的应用，已经从银行交易扩展到了铁路、股票交易以及棉花经纪人的业务之中。可以想象，任何其他团体，如商人团体、经纪人团体、出版商团体或者相互间有频繁金钱兑付主张的其他人的团体，都可以每周举行一次或两次票据交换聚会。人们已经提出了带有这种意思的建议。而且我听说，在格拉斯哥的钢铁市场上，已经确立了让相互交易进行票据交换的结算日。

支票及票据交换体系的优势

还是回到银行票据交换所这个课题上来。我们要讲一讲现存于英国银行间的广阔关系体系，这种关系体系是自发地发展起来的，并非是什么人发明出来的，没有得到过立法机构的授权，而是只有当这种关系体系作为一种业务习俗已经不可撼动地确立起来时才为法官们所承认。英国议会从未通过任何为票据交换运营提供便利的议会法，而且只是根据银行间的一种谅解，才把通过票据交换所提交支票和汇票，或者通过支付账户余额的方式进行这些支票和汇票的结算，视为在法律上是有效的。

284 这一体系的优势显然是巨大的。所有较大的支付额都是以最小的风险、最少的时间损失、最少的麻烦或者使用最少的贵重金属来完成的。虽然代表着一次支付行为的支票已在国内四处旅行了，但支票所转让的货币却还静静地躺在某家银行的金库里休息，或者更不如说是因为本次行动根本不需要使用货币，所以这些钱被贷放了出去，或者被送往国外，因此将这些货币的利息节省了下来。我们在本书英文版的第 165 页上可以看到，当前在联合王国国内流通着的或者储存的金属货币的利息损失，其数额每年在 400 万到 500 万英镑之间。倘若现在只能用硬币进行支付，那么所需的金属货币量就得增加许多倍。

支付行为的安保问题也是一个十分重要的因素。当输送的硬币数额很大时，其对于窃贼们总是会有一股诱惑力，因此通常不得不派一名或者多名卫士护送。通过银行的代理，无论是采用划线支票，还是开具信用证，即使是极大数额的支付款也可以几乎绝对无风险地完成支付。作为一条一般规则，在票据交换所转让的那些支票、汇票以及其他票据，都是经过这样划线的或者背书的，它们对于合法所有者以外的其他人都分文不值，而且无论在何种情况下，它们都会被窃贼们视作绝不敢染指的“笨蛋”。

现金支付所占比例 285

看到纸质文书在一些主要的商务中心已经取代硬币成为一种交换媒介的情况达到了如此高的程度，真是令人感到惊诧。在1865 年 9 月的《统计杂志》上，J. 卢伯克爵士公布了有关他的银行在 1864 年最后几天中的一些具体生意细节。数额达 2,300 万英镑的交易额，是通过使用铸币和票据实现的，情况如下列报告所示：

	百分比
流经票据交换所的支票及汇票	70.8
未经票据交换所交换的支票及汇票	23.3
英格兰银行的纸钞	5.0
铸币	0.6
乡村银行票据	0.3
	100.0

城镇顾客支付的货币总数为 1,900 万英镑，而对此情况作过分析之后我们得到了如下结果：

	百分比
支票和汇票	96.8
英格兰银行的纸钞	2.2
乡村银行票据	0.4
铸币	0.6
	100.0

人们绝不曾想到，这些数字表示的是铸币在银行交易中的平均使用情况。在英国的不同地区、不同行业或者规模和特点都不
286 相同的银行内，不同种类的货币及商业票据的使用比重差异很大。人们热切地期待那些手头拥有事实数据的银行及其他机构能够公布有关这一课题更为丰富的信息。在曼彻斯特，英格兰银行的纸钞的使用范围看上去要比在伦敦广泛得多。R.H.英格利斯·帕尔格雷夫先生在1873年3月号的《统计杂志》上（见该杂志第86页）拿出了一个现金支付在其银行所占比重的估计数，该估计数是由曼彻斯特及索尔福德银行总经理兰顿先生为他准备的。情况似乎是这样，1859年，铸币和银行票据占总营业额的53%，1864年占42%，而1872年仅占32%，所以说这种比重迅速下降的形势一直在继续。但是我们发现，1872年银行票据的数额依然很大，因此，客户账户的营业额呈如下构成情况：

	百分比
支票、汇票等	68
银行票据	27
铸币	5
	100.0

在银行体系的组织中，几个连续点上的支票和汇票的比较交换数量是多大呢？我曾试图对此形成某种概念。非常期待我们能够得知，票据交换所的交易额在联合王国的整个银行交易额中占有怎样的比重。倘若我们能够从每个主要城市的一家或者多家银行拿到这样一份报告，即经过各种不同方式处理过的支票的比较量是多少的报告，我们要形成一个合理的估计数就不会很困难。287
根据曼彻斯特一家主要银行的管理部门非常友善地向我提供的信息，我发现，在 1874 年 7 月至 10 月的几个月里，提交该行或者通过该行提交的见票即付支票和汇票，是以如下方式处理的：

	百分比
通过柜台以铸币和银行票据方式兑付的支票	34.2
以存入贷方账户方式兑付的支票	25.4
通过曼彻斯特票据交换所提交的支票	22.5
通过伦敦票据交换所在伦敦见票即付的支票和汇票	10.8
通过伦敦票据交换所提交的由乡村银行承兑的支票	3.5
直接提交的由乡村银行承兑的支票	3.6
	100.0

虽然为了准备这份说明我付出了相当大的辛苦，但里面的内容是否齐备和是否正确似乎仍是存有疑问的，而且我更多的是把它当作我所需要的那类信息的样本，而不是当作一份可靠的报告。

票据交换体系不适用的案例

只要贸易是相互对等的，支票和票据交换体系就可以不必动用铸币而使一切交换都得到安排，这一点现在已是昭然若揭了。

288 商品的价值是按黄金来估算并表达的。黄金起着价值公约数的作用。但是金属货币不再是交换的媒介了。银行业组织使我从兰顿先生那里听说过的，即被他描绘成*以货易货方式的一种复辟*的情况变成了现实。但是在某些情况下，交易碰巧不是相互对等地进行的，从而无法使之平衡。在某些行业，有一些商品，它们永远是向一个方向流动。譬如，在曼彻斯特棉花贸易行业，从利物浦商人那里采购棉花的加工制造商，用现金或者短期赊欠方式支付货款。当棉花加工完毕后，产品常常被再次运到利物浦，以长期信用贷款方式卖给外国代销商，而并非普遍地由利物浦商人去采购。结果，虽然曼彻斯特的加工制造商欠利物浦商人全部的原材料款，以及运输费用和运往国外商品的海运费用，但是曼彻斯特的商人对利物浦却并无等值的兑付主张。棉花加工制成品的外国代销商以由伦敦承兑的汇票方式支付货款。现在，倘若曼彻斯特的加工制造商在曼彻斯特拥有自己的基金，而利物浦的商人在利物浦拥有自己的基金，货币就会长盛不衰地从伦敦流向曼彻斯特，并从曼彻斯特流向利物浦，在那里，货币会流往国外去支付原材料的货款。正如我们将在本书第二十三章中读到的那样，这种令人感到不便的状况将通过把伦敦变成国内和国外两种交易的总部以及国内和国外的票据交换所方能得到补救。

但是，应对用金属货币表示的兑付主张的责任永远都是存在的，而且金属货币的所有者有时会向支票和汇票的承兑银行施加

289 压力，要求实际上能够用金属货币兑付他们的主张，选择权在金属货币的所有者手中。在一定的贸易状态下，或者当面临某种情况变幻莫测的条件时，支票的持有者会要求用黄金兑付，那些已经习

惯于把金属储备金看作几乎相当于多余之物的银行，会发现自己突然处在了一种窘迫的境地。正如我们将在本书第二十四章中读到的那样，这就是英国货币市场目前不稳定的真正原因。

290 # 第二十二章　支票银行

就我们迄今已经作过的分析来说，支票及票据交换体系主要被限定在对相当大规模的支付行为作出安排。任何人，除非是持续拥有一个银行账户，否则均不能享受支票和票据交换体系所带来的好处，而为了能够拥有一个银行账户，一个人必须有能力支配一定数额的货币，并且必须拥有足够优秀的地位和信用，以便能够取信于银行，让该行允许自己使用该行的支票簿。结果，居民中很大一部分人被完全排斥在银行体系之外，他们要么必须使用铸币、邮票，要么必须使用邮政汇票来进行支付。

现在，支票银行这种机构正在进行一种非常巧妙的尝试，它们要把银行业务的领域扩展到大众中去。在为本书准备材料的时候，我被这种新式银行为了让支票和票据交换体系自上而下彻底完善起来而似乎要作出的那种调整所深深打动。于是，我向能力卓著的该方案发明者詹姆斯·赫茨先生提出申请，希望他能为我提供有关这一课题的信息。他给了我对于这一课题进行详尽细致调查的能力。

291 目前的普通支票簿有这样一个缺陷，即一个人一旦取得了满满一本的空白支票，他便可以在上面填写任意金额，而不考虑其在银行账面上所剩存款的余额能允许他开出最大限额为多少的支票。倘若人们一般都不经盘查就从陌生人手中接收支票，那么前述那种可能性就为欺诈行为能够轻而易举地得手打开了一个缺口。支票银行是以新的支票发行原则为基础进行运作的，其发行支票的上面最大金额只能填写到一个限定的数量，所限定的金额会在表格上以印刷和擦抹不掉的穿孔办法提示出来。这些支票还只能用所开支票可以兑现的最大金额的现金来换取，而用来换取支票的钱款则被留作押金，直至每一张相对应的支票都被提交给支票银行兑付后方可动用。由此可以得出结论，每张支票，在恰当地填写完毕并经所有者签字后，就如同以票据性准备金为基础发行的银行票据一样好用。诚然，支票簿或者支票表格可能会丢失或者被盗窃，然后被人假冒签名并发送出去。但是，这种支票作为指定票据和划线票据，如果有人想以一种犯罪的手法去染指它们，那会是非常危险的，仅仅一次的诈骗企图就会立即遭受惩罚。

支票银行与其他银行的关系

我们已经看到，银行之间以相互成为对方的分行、代理或者联系银行的方式建立的关系已经取得了多么大的进展。支票银行通过与几乎所有联合王国的银行，以及绝大多数重要外国银行建立
关系的途径，最大限度地建设起了一种相似的体系。已有 984 家 292
英格兰、爱尔兰或者苏格兰的银行与支票银行建立了关系，并有 596 家殖民地的或者外国的银行接受用现金兑付支票。这种安排的一个好处在于，支票体系的影响范围可以得到极大的拓展，而麻

烦和风险却不会出现同等程度的增长。每当一家银行给某人开立一个新账户的时候，银行都必须将新账户放在分类账户上与其他账户分开，而且新账户要长期受到监视。但是银行却可以销售最大为任意金额的支票银行的支票，而且不必让支票的购买者另开单独的账户。银行还可以在这种支票被提交兑付时不带风险地予以兑付。因此，支票银行为自己所定的目标是，要成为一家庞大的会计机构，大部分的工作要通过其他银行来运作，但却能使那些银行免于小额交易的很多风险和麻烦。英格兰银行掌握着其他银行的准备金，并用现金来完成最后的支付，从而使交易额中存在的总账户余额得到清算，从这个意义上讲，它是银行的银行。支票银行把存款存入所有其他银行，并雇用它们作自己的代理，因此从相反的意义上讲，支票银行似乎也是银行的银行。

支票银行有一个古怪的特点，该行完全禁绝使用甚或持有存在那里的货币。所有从出售支票簿中收入的货币都留在了那些帮助发行支票簿银行的手上，或者转让给了那些可能需要用现金来满足兑付支票银行支票需要的银行。这些银行向支票银行支付的
293 利息，应是后者利润的源泉，而且因为货币因此便被置于联合王国最富有和名气最大的商社的照看之下，所以这些钱不可能发生数量上可以察觉得到的损失，除非是将英国的整个银行体系都给摧毁。说这些支票相当于以政府基金的存款为基础所发行的票据，这样的说法很难讲是真的，因为每家代理银行都可以根据自己的判断，使用本行所拥有的支票银行的部分基金。尽管如此，由于任何一家银行手中所掌握的部分基金通常都仅为全部基金的一个很小部分，况且背后还有一个统一公债的担保基金，所以这种发行体

制要比其他任何发行方式都更近似于以票据性准备金为基础的发行体制。

作为货币代理的支票银行

支票银行的目标，似乎是要成为小额支付行为的媒介，以帮助完成为数众多的小额支付。小额养老金和小额年金、小额股票分红、政府部门官员、代理人、职员甚或家里佣人的小额开销，都是通过支票银行来支付的。一本支票银行的支票簿可以不带悬念地得到几乎任何一个会写字的佣人或者代理人的信任，而且支票在提交要求兑付时便构成了一项记录，记载着提交支票那个人使用货币的方式。任何人都不会像将签了字的空白支票交给佣人那样去冒险使用支票，因为这些支票可能会被填上没有限度的钱数。而支票银行的支票显然要比一笔金属货币更好，金属货币可能更容易被错用，被盗窃，或者丢失。

这类支票的接收人会发现，此种支票是一种极其方便的汇款 294
单，因为这些支票可以在几乎任何一家银行变现，并且因此将被那些已经对这些支票的性质有足够了解的人们当作现金来接收。于是，支票银行似乎有能力以极大的优势取代英国邮政局的邮政汇票体系。

要购买一张邮政汇票，须到一家邮局去申请并且一直要等到某些表格被填好之后。客户还必须选定一个明确的付款邮局，而且作为一项一般通则，邮政汇票的收款人只有亲自到邮局去申领，并且能够提供寄款人的姓名方能拿到汇款。一个人即使买不起一本支票银行的支票，他也可以在设有经办此事的代理机构的城市购买单张的支票，不须经历像在邮局碰到的那么多的繁文缛节就可以在支票上填上一个不大的金额，而且这些支票并不限于在某一家邮局兑付，而是在联合王国以及绝大多数外国城市的几乎任何一家银行都可以兑付。倘若有要求，这些支票之后还可以被限定在任意某个特定的银行兑付。采用支票汇款的费用，平均来看要低于邮政汇票，因为邮局对国内汇款是递增收费的，由金额在10个先令以下的汇款收费1个便士，到10个英镑的邮政汇票收费1个先令，而对在某些殖民地或者外国兑付的邮政汇票，收费还要高得多。支票银行的支票，收费仅为汇款金额之外另加一个便士零一便士的五分之一，这个收费中，1个便士是政府的印花税，它代表着公共收入就这么多。

295 政府不会有任何理由去反对支票银行，因为倘若支票银行获得成功，它就一定会给财政大臣带来很大一笔年财政收入。从另一方面讲，邮政汇票体制尽管收费较高，但人所共知，是不产生利润的，而且更应该说是政府部门的一个负担。据说，每发出一份邮政汇票，都要填写八九张表格，这里面的必要劳动量将财政收入给吞噬了。这是一个说明政府产业的效率除了在特殊情况下之外比较低下的非常令人震惊的例子。与之相对照，单一一家银行业公司就能把一种在世界各地都有的汇款方式利用起来，而且费用要远比邮政汇票便宜得多，并且还能按其交易额纳税。

支票银行还有一个目标，那就是要成为一个各种费用的代收和代缴的代理机构。任何一个需要收缴(譬如说捐款)的公共机构，都只须购买一份“缴费”单或者一张信用证，与此相关的无数银行中的任何一家银行就都能按照单子上所填写的数额收到捐款。于是，小额债务和小额捐款便可在全国各地既没有麻烦也没有花费地随时收缴。

用支票支付工资

支票银行的经理们希望能用自己的支票去代替工厂现在用来发放工资的硬币。倘若此举能够成功，那就会给银行带来便利而
不是相反。银行每周都会接待要求提供大量金币和银币的人，银 296
行要劳神费力地花钱保管并计算金库库存是否足够满足需要。现在，倘若一位要给本厂职工发工资的厂长将一张张小小的支票发给他们，或者可能更好的办法是发给他们写有整数金额的支票，而用银币来支付余额，那么这些支票就可以由店铺老板去变现，也可以由店铺老板存入银行，甚或可以由该工厂厂长大批回购这些支票以便下一步使用。英国大铁路的承包商们曾经发行过 1 个先令、2 个先令或者 5 个先令的钱票，用这些钱票给自己的工人发工资，而且这些钱票可以在周边的酒店老板和零售商中间流通，这种情况成了一时之间的做法，直至这些钱票被承包商大规模地回收。这样的支票是真实的代表性货币，但是其合法性却是值得怀疑的。支票银行的支票可以服务于同样的目的，而且已经被宣布是合法的，但是立即将普通支票大规模地提交兑现的做法，将能够在多大程度上对其他支票的继续流通产生阻挠作用，却迄今还是很值得怀疑的，就其他支票而言，它们没有必要马上提交兑现。我们一次又一次地发现，习惯和习俗会在货币事务中产生巨大的和很难驾

驭的影响，或许我们要花费很长的时间才能教育公众懂得应把支票当作一种安全的票据来持有。

作为储蓄银行的支票银行

支票银行已经在发挥着储蓄银行的作用。为了安全起见，人
297 们可以将多余的钱放在储蓄银行里，同时作为银行对收到存款的确认，存户会收到支票表格，借助于这些支票簿，人们可以轻而易举地开支票，或者用支票支付。然而在我看来，支票银行倘若在实现其当前目标方面已经取得了成功，那么它可以随时变成最受人们爱戴的储蓄银行。支票银行不是去发行可在任何时候兑付的支票，而是可以通过其代理银行发行存款单、汇款单或者大致类似的票据、远期支票，并在办理存款时以打折扣的方式支付存款利息，打折的折扣率为百分之 2 或者百分之 $2\frac{1}{2}$。这种存款单可以自行保存，背书后转让，也可以由支票银行再次打折出售。倘若一直保存至存款单期满，这样的存款单就会变得与支票一样，可在任何一个与支票银行有关系的银行里兑付。以这种方式存入银行的货币，可以被用于投资收益率为百分之 $3\frac{1}{4}$ 的统一公债，而票据和会计工作的成本因为很少，所以可以产生相当丰厚的利润。

由格拉德斯通先生建立起来的邮政储蓄银行体系是一个令人钦佩的机构，该机构运营得非常成功，在愈益节俭方面作出了伟大的贡献。但是该机构的运行麻烦很多，费用很大，而且没有给国家留下任何利润。苏格兰的一些银行几乎已经在以储蓄银行的地位

接受小额定期存款了。而且很值得考虑的是，在支票银行的援助下，为了使每个人都能从中得到好处，几乎所有的英国银行难道还有可能不被转变为储蓄银行吗？

支票银行体系的成果 298

我认为多少比较详尽地探索一下支票银行实际做的和可能做的工作，对于本书来说是十分适合的，因为倘若支票银行能够获得成功，该机构就为金融业的完善开辟出了一片没有止境的天地。的确，该机构目前还仅仅是一个由股东们冒着风险进行的一项实验。该机构只有在向公众以及银行群体展示出它的便利优点之后才能取得成功。该机构可能会在自己的某些方案中获得成功，而在另一些方案中则不成功，但无论是什么情况，该机构都往往能够用支票支付来取代硬币支付，都往往能够在一般的伦敦票据交换业务中将参加交换的支票相互抵销。支票银行的利润取决于每张支票收取的$\frac{1}{5}$便士这一微乎其微的收费以及存款所生出的利息。尚未提走的存款数额大小取决于三个条件：(1)支票在被使用前那段时间的长短。(2)支票流通时间的长短，或者支票四处旅行时间的长短。(3)被提走的存款金额与继续存在银行的存款金额的差额是多少。有人告诉我，支票流通的平均时长近来为10天，但是有许多支票已经在外面转悠一年了。

我要作一点补充，在使用一些详细数据去描述支票银行的运作时，我所显示出来的仅仅是一种严谨的科学兴趣，而不是对该机

构能否获得成功的兴趣。不管怎样，该机构都是一个极其巧妙的创新，而且倘若该机构获得了成功，那就不能不极大程度地使社会受益，给已经组织得非常完美的银行体系增添一种新的特色。

第二十三章　外国汇票 299

在早期的年代里,对外贸易是以商品直接交换的方式存在的。一辆大篷车载着各种各样的加工制成品上了路,穿越阿拉伯或者撒哈拉大沙漠,而返回时,车上载着通过易货贸易换来的象牙、香料以及其他很有价值的初级产品。在稍后的年代里,商人用自己的船只运送货物,并把自己的船只派去参加探险,将船上的货物托付给船长,相信船长会将货物卖出个好价钱,并且用卖货所得带回另一批货物,将这些货物在国内卖掉,牟取巨额利润。因此,贸易显然是相互对等的,商人用送出去的货物为带回来的货物付了账,所以在此同时很少或者没有货币被闲置。

无论什么地方,只要这种直接相互对等式的交换不存在,人们就有必要或是输送金属货币过去,或是发明某种转让债务的方式。现在,输送货币过去不仅会造成货币在输送期间的利息损失,还会导致因看管货币而产生的费用,并且还会有损失全部货款的风险。
所以,许多世纪以前,人们发现使用纸质票据即使不能让金属货币 300
在对外贸易中完全丧失使用的必要性,那也会节省金属货币的使用。

汇票的起源和本质

甚至连古罗马人似乎都已经对外国汇票制度有了一些略微的了解，但是开发出这种做法的功绩，我们要记在早期的意大利商人，尤其是犹太商人的名下。有关这一课题的历史已被厚厚地尘封了起来，但有证据表明，早在 14 世纪，汇票的使用就已经完全得到了确立。汇票的形式，以及与汇票相关联的法律和习俗，那时与今天很相似。

一张汇票别无他用，就是一道由开票人向付款人或者汇票指定的承兑人发出的命令，汇票具体指定了支付金额、支付时间，以及支付对象，即收款人。无论何时，一张汇票只要开出，就应假定付款人欠下开票人一笔债务。当汇票被提交给付款人，而且付款人接受了汇票时，这种接受就是对债务存在的认可。汇票虽然是开给某一具体受惠人的，但却可以在背书之后进行转让，因此汇票还代表着于未来的某一天，在一个遥远的国度，收到一笔钱款的可谈判的兑现主张。所以，通过汇票传送可以免除另外一笔等值金额的债务。

301 英国每年都要从美国购买大量的棉花、玉米、猪肉以及其他许多商品。与此同时，美国要从英国购买铁、亚麻布、丝绸以及其他加工制成品。当我们通过寥寥几张纸的干预，确认某种债务关系的存在，就能让流往一个方向去的商品，为向相反方向流动的商品付账时，我们还是让一股双向流动的硬币潮流横跨大西洋，去为购买那些商品付款，这显然是荒唐的。已经将棉花用船运往英国的美国商人，可以开出一张要收货人承兑的金额不超过棉花价值的汇票。这位美国商人在纽约将这张汇票出售给已经从英国进口了一批价值相等的铁的某一方。购买了这张汇票的某一方会通过邮政系统将汇票寄给英国的债权人，英国的债权人会将汇票提交给英国的债务人要求其接受汇票，而在汇票期满时进行的一次现金支付，将使整个交易圈闭合起来，归于完成。的确，货币在这里面进行过两次干预，一次是在纽约当美国棉花商人将汇票出售给从英国购买铁的某一方的时候，一次是在英国当汇票最终被注销的时候。但是显然，甲乙双方在同一座城市内完成的支付行为，取代了横跨整个大西洋这样一个宽度的支付行为。不仅如此，人们还可以通过使用支票或者汇票的方式来实现支付行为，汇票在期满时可以通过票据交换所自行提交给承兑方兑现，并且在票据交换中与其他汇票和支票相互冲抵。因此，金属货币的使用看起来几乎就是多余的，而且，只要在进出口的平衡中不出现巨大的扰动，对外贸易就能够恢复到一种*完美的以物易物*的贸易制度。

外国汇票的买和卖 302

假定每一个商品进口商都能遇到一个出口相同金额商品的出口商，以便两次交易额能够分毫不差地相互抵销，这是一种不切实际的想法。但是，在利物浦有许多欠美国商人债务的商人，而且也有许多欠利物浦其他一些人债务的美国商人。于是，各种不同金额的汇票会源源不断地供给市场，而需求也会源源不断地产生，买卖汇票成了一些交易所发财的生意，这些交易所从那些能够开出汇票的人手上买进汇票，再将汇票卖给那些想要汇钱的人。

大商社的商人们常常在美国和英国都有交易所，或者把商社设在一个国家，而在另一个国家找代理或者联系人，这些商社与代理或者联系人保持有一个往来账户。同一家商社可能既做进口也做出口，这种情况并非不常见，所以截至目前这些商社的进出口账户是可以直接相互抵销的。余下的账户余额只需要看机会，间或用现金结清一次就可以了。因此，在对外贸易中也同在国内贸易中一样，记账信贷所起的作用极大程度地节省了货币的使用。只有当贸易平衡出现了错位，并且一个国家欠另一国家的大量债务呈一边倒的局面时，欠债的一方才有必要输送硬币。

毫无疑问，我应当在这本小部头的专著中尝试着进入外汇这一错综复杂的问题。外汇这个问题在戈申先生的那本《外汇理论》
303 一书中已经得到了令人非常赞佩的处理。这个课题的一个一般性原理是，由任何某一个地方负责承兑的汇票，构成了一种新的物品，该物品受供需法则的支配。任何会使供给减少或者使需求增大的条件，都会抬高这种汇票的价格，*反之亦然*。在汇票价格被抬高的情况下，任何能够带来已开汇票新供给的交易，都会有额外的利润。以较大的数量出口任何商品，往往都会使平衡得到恢复，但是倘若有必要，人们还是可以付出一定的代价将硬币或者金属条块送往国外，或者以硬币和金属条块为担保开出汇票。因此，输送硬币的费用即是汇票贴水的极限。鉴于黄金和白银在每个地方都被认为是人们渴望拥有的东西，而且它们也都非常便于携带，所以正如我们在一开始时所说，黄金和白银形成了国家与国家之间的天然钱币。倘若一个国家被完全剥夺了硬币，并且还有外债要偿还，那么强行出口和拍卖金银以外的另一些人们一般最渴望并且也最便于携带的商品，将成为该国的唯一资金来源，而且汇票的贴水幅度也会在平价到几乎任何水平之间变动。因此，人们会看到，从节俭的观点看问题，黄金和白银与其他商品相比并没有性质上的不同，而只有程度上的差异。

世界性的票据交换所

事情似乎是在告诉我们，在国内贸易中人们使用支票，而在对外贸易中人们使用汇票，我们因此已经到达了金属货币经济学的
顶点，但是我们还有一步尚待迈出去。我们发现，只要一座城市里 304
所有的商人都把自己的现金保存在同一家银行，那他们就全无处理货币问题的必要了，而是可以在自己存款银行的账簿上完成转移支付。那么，让我们想象一下，世界各地的商人都同意把自己的主要账户保存在任意一个巨大商业城市的银行里。他们相互间的一切交易于是便可以在这些银行之间结算。与这样一种状况相接近的场景，可以在下面这样一种趋势中找到，那就是把伦敦变成商业世界的货币总部以及国际交易中的总票据交换所这样一种趋势。

为了确保货币经济学能够实现，人们所须做的一切就是让各种交易走向集中化，如此各种兑付主张的相互抵销范围才有可能变得更为宽阔。在详尽周密的英国地方银行体系发展起来之前，相当大一部分经济是通过“由伦敦来承兑”这样一种做法实现的。在每座乡村小镇里，许多人都想把钱输送到伦敦去，而另一些人则

想把钱从伦敦取出来。与首都及主要商业城市进行的广阔的私人
贸易交易之外，又增加了与公共收入的收缴和开支联系在一起的
整个支付体系。在每一座乡村小镇都有一些地位显赫的贸易商
人，他们发现把由伦敦承兑的汇票出售给那些想汇款的人，而用所
得的收入从那些对伦敦的银行或者商社有兑付主张的人手中收购
汇票，可以赚到利润。于是，英国首都变成了货币中心，用由伦敦
305 承兑的汇票向其他城市付款常常是很便利的。每个想要汇款的人
都更有可能去买一张由伦敦承兑的汇票，因为这样做易如反掌，而
不大可能去买一张由其他地方承兑的汇票。而且，很有可能债权
人也更喜欢由伦敦承兑的汇票，而不大喜欢由一个与他没有关系
的城镇承兑的汇票。显然，倘若英国的每个重要贸易商人都把自
己的主要现金保存在一家城市银行内，那么使用由伦敦承兑的汇
票就可以把英国所有的商业交易都集中到这些银行和票据交换所
内，并且可以通过它们的账簿进行票据交换。

金融交易向伦敦集中

把对外的交易也集中到伦敦来会产生出类似的优势。在没有任何总的中心的情况下，两座商业城市中每一座城市都必须直接并且单独地结算它们相互间发生的交易。某一商人将会收到由许多其他城市的银行和商人承兑的汇票。在这方面，存在着一种双重的不便。对由较小地方承兑的汇票来说，其供给和需求一定会比较小和比较多变，而且这样一些汇票的承兑商社也会是很微小的，有关这些商社的经营状况，人们很难搞到令人满意的信息。在

当今时代，许多商社都在世界的若干地方也设立了交易所。假如这些商社能够把它们相互间的交易拿到设在某地的中心去做，就像银行分行把分行的交易拿到设在总部的中心去做一样，那就会更加方便了。于是，这样一种趋势便出现了，人们更愿意选择由众所周知的伦敦银行或者其他信用程度举世闻名的伦敦大商社承兑 306
的汇票，而且在其他条件不变的情况下，这样的汇票在交换市场上更易于被人接受。必须得出票的人们倘若能够开出由伦敦承兑的汇票，那他们就可以拿到一个较好的价格。而要让伦敦来承兑汇票，人们可以通过如下办法做到：在伦敦的一家商社开立一个账户，并且将汇至自己名下的钱款存在伦敦，把自己记作贷方。会发生这样一种情况，一位美国、澳大利亚或者印度的商人更乐于在伦敦而不是任何其他地方收取钱款。然后，每个想汇款的人都可以通过开一张由那些设在伦敦的基金持有人承兑的汇票的方式做到这一点，而基金则时常会被所收到的类似汇票以及被发送到伦敦去收取的类似汇票所利用。

金融业务向伦敦集中的这种趋势，受到了这样一个事实的有力推动：在伦敦有数量极多的廉价和可贷放资本。纽约的一般利息率至少为2%，比伦敦的利率要高，所以，一个信用很高，足以使其能够在伦敦拿到贷款的贸易商人，将会因其能够在伦敦而不是在纽约借到贷款而获得利润。因此，商人们不是先把钱存在伦敦，并在之后以这笔存款为准备金开出汇票，而是采用一种更为常见和更有利可图的交易方式，即从伦敦获取信贷，也就是说，以一家银行为担保开出汇票，随后将钱汇出以偿还接受并且兑付了那张汇票的银行。至于说欧洲大陆的贸易，巴黎、柏林、维也纳、汉堡以

及阿姆斯特丹当然都是极其重要的中心，但是最近的几次战争造
307 成金融业务以相当大的规模向伦敦转移。此外，已经渗透到全球各地以及地处偏远地区的许多殖民地和附属国的英国巨大的对外贸易，往往会赋予伦敦一种独特的地位。那些地处偏远地区的殖民地和附属国与大英帝国的首都会有一些天然的金融关系。

外国银行在伦敦的代表性

这种银行交易向伦敦集中所带来的一个结果便是，殖民地的银行以及外国的银行发现，在伦敦寻找代理，甚或设立总部是极有必要的。当前，在伦敦拥有办事处或者办公楼的殖民地银行和外国重要银行已经不下 60 家。这些重要的银行中包括了澳大利亚、新西兰以及印度的主要银行，也包括了许多由英国资本家为发展与欧洲小国、南美洲、中国以及东方国家的贸易而建立起来的小银行。除了上面提及的 60 家银行外，还有足足的 1,000 家外国以及殖民地的银行和钱庄与伦敦的银行保持联络关系，所以世界上几乎每座有能力维持一家银行的城市，都具有与伦敦银行体系中的某些成员发展联络关系的手段。从交易额上看，外国银行的重要性差异很大，而且它们当中的某些银行，按照英国人的看法，与其应被看作银行，莫不如被看作贸易公司。但是，归结起来，这些公司的交易额一定极其巨大。几乎不可避免的是，人们一定会推断
308 说，货币的转让将愈来愈多地通过伦敦来进行。正如这座城市是每一英国乡村银行与所有其他英国乡村银行相联系的链条一样，这根链条也可以并且或许将逐步成为把世界上最遥远的各个地方

相互连接起来的纽带。但是这些强加给伦巴第街和针线街[①]的有利可图的金融业务包袱变得愈大，我们就愈是理所当然地要关心我们的钱币体系是否是在一个尽可能健康的基础之上运行着。我们的银行家、金融家以及商人们还必须对他们在其中扮演着某种角色的那个庞大体系，对经济错位可能会带来的风险，对过于严酷的竞争所可能招致的失败，都要有一种彻底的了解，以这样的了解去调控自己的运营。没有人会怀疑在最近的几年里，具有警示作用的症状已经在伦敦的货币市场上显现了出来。有这样一种趋势，即可贷放资本极其短缺的情况将会频繁发生，从而导致利率突然发生变化这样一种 30 年前还几乎不为人所知的情况。因此，我要在本书的下一章里讲几句话，这些话意在表示：利率急遽变化是一个恶魔，它是贵重金属经济学在过度的发展中自然而然产生出来的一个恶魔，我们的银行体系在日臻完美的过程中纵容了贵重金属经济学的过度发展，但是这种日臻完美的发展可能搞得太过火，从而可能导致极端的灾难。

① 针线街（Threadneedle Street）是伦敦城内一条街道的名字，也是交汇于英格兰银行的 9 条街道之一。该街道因是英格兰银行所在地而闻名于世。因此，人们将针线街作为英格兰银行的代名词。——译者注

309 第二十四章　英格兰银行与货币市场

我们对于货币的研究是从普通商品的易货贸易开始的，而货币在最开始时是以某种作为交换媒介的、在人群中不断被倒手的常见商品形式出现的。然而，一点一点地，这个课题变得越来越复杂。金属取代了其他商品成为钱币，而有关代用铸币和标准铸币的一些微妙想法开始出现。我们从金属质的代表性货币过渡到纸质的代表性货币，最后我们发现，金属货币几乎被支票和票据交换体系从一国的国内交换中清除了出去。金钱的交易现在是以满满一屋子的会计师，忙碌不停地把一笔笔钱款加在一起的形式表现出来的。但是，我们一定不要忘记，银行账簿中的所有数字都代表着黄金。每位债权人都可以要求用金属来偿还债务。在通常的贸易状态下，谁也不会在意自己是否会因为没有带上一定数量的贵重金属而陷于窘迫之境，把这些贵重金属放在银行的金库中，既更安全也更便于随时取用。但是在国际贸易中，黄金和白银依旧是
310 必须用来偿还所欠债务的账户余额的媒介，而且倘若实际进行的交易量与交易结算所依据的黄金基础之间存在任何比例失调问题，那都可能产生严重的后果。

贸易的扩张

谁都不会怀疑，在过去的 30 年里，英国以及绝大多数其他国家的贸易都取得了巨大的发展。倘若我们也像人们司空见惯了的那样，把对外贸易当作是对工业总体进步的一次测试，那么我们就会发现从联合王国出口的大不列颠及爱尔兰产品的全部海关报税实际价值，1846 年约为 5,800 万英镑。1866 年，这个数字达到了 1.89 亿英镑，或者说是 1846 年水平的三倍多。与此同时，银行票据的流通数量依然几乎保持不变，即使是出现的那次变化，流通量也表现为下降。整个英格兰、苏格兰以及爱尔兰的全部银行票据流通数量，1846 年为 3,900 万英镑，1866 年为 3,850 万英镑。然而，我认为对国内和国外两种贸易进步的最好测试办法，是用我国财富的动力——煤的产量来测试。目前，1854 年煤的总产量增长到了约 6,500 万吨，而纸质钱币的流通量为 3,800 万英镑。1866 年，煤的产量增长到了 1.015 亿吨，或者说增长了 56%，而纸质钱币的流通量依然维持在与先前几乎相同的水平上，即 3,850 万英镑。的确，在 1866 年至 1874 年间，货币流通量出现了相当大的增长，上升到了 43,912,000 英镑，或者说增长了 14%。但是与此同 311
时，煤的产量增长到了 1.27 亿吨，与 1854 年的水平相比，增长了 95%。

银行间的竞争

所以,情况十分明显,有这样一种趋势,在一定数额的金属钱币基础之上,所进行的贸易量会愈来愈大,而金属钱币的数额却绝不会按照同一比例增长。从扩大货币使用的经济规模的意义上讲,银行体系也变得更加完美了。许多大型银行之间的竞争,引导它们冒险用所能留存的最少量的准备金去做尽可能大的生意。这些大型银行中的某些银行可以支付百分之20至百分之25的股息红利,这种情况只有在银行以一种毫无畏惧的态度使用大量的存款时才是有可能的。甚至连准备金也并不都是由存放在金库中的实际硬币或者银行票据构成的,不像股票交易所用作流动资金的钱那样,或者也不像存放在英格兰银行的钱那样,当然英格兰银行也在一定程度上将它吸收的存款贷放了出去。

现在,所进行的贸易量愈大,偶尔发生的、对用于进行国外支付的黄金需求量就会愈大,而且,倘若保存在伦敦的黄金库存量比较而言变得愈来愈小,那么要满足人们时而会提出的对于黄金的需求就会变得愈来愈困难。我相信,这便是英国货币市场变得愈来愈不稳定、愈来愈微妙的全部秘密所在。社会对于黄金的需求
312 量正变得愈来愈大,比较而言,用于满足这种需求的黄金数量却更少了,所以每过一段时间便会出现一次无法支付兑现主张的天然困难,而利率则不得不突然地被抬高,以便能够诱使那些手中有黄金的人将之贷放出来,或者诱使那些有黄金需求的人暂时把自己的需求搁置一段时间。诚然,绝大多数人都将所有这些麻烦要么

归咎于那些每周都要在英格兰银行的营业厅内会面的、备受诟病的绅士们，要么将之归咎于罗伯特·皮尔爵士，正是此人建立了前面已经作过阐述的(参见本书英文版第222页)，以部分存款为担保发行英格兰银行纸钞的体制。

1844年的英格兰《银行章程法》

在过去200年的各个时期里，某种有关钱币的话题一直处在审议之中。早年间，受到审议的话题是，银币的稀缺性问题、南海泡沫丑闻①问题或者是畿尼的价格问题。后来受到审议的话题是，限制使用硬币进行支付、金属条块报告、1英镑的银行券问题以及联合股份银行的问题。然而，自1844年以来，所有的钱币学理论家们就都把自己的注意力集中在了那一年的《银行章程法》上面。虽然他们无止无休地就补救办法的性质问题发表不同意见，但却异口同声地将各种各样的罪恶统统归咎于我国钱币的一种结算问题上面。我认为我国的钱币体系是为明智和技术娴熟的金融立法树起的一座丰碑。

1844年和1845年的法令为这个国家在没有同等数量的黄金

① 南海泡沫丑闻(South Sea Bubble)，南海公司是一家英国的合股公司，成立于1711年。该公司作为一个公私合营企业，其创立的目的是要合并和削减国家债务的费用。该公司还被赋予了与南美洲进行贸易的垄断地位，该公司也因此而得名“南海公司”。南海公司创立之时，英国正卷入“西班牙王位继承战争”，西班牙控制了南美洲。从现实的角度看，英国与南美洲之间不可能有贸易发生。南海公司也从来未从其垄断地位中获得任何值得一提的利润。该公司在扩大经营政府债券的过程中，其股票价值不断飙升，直至1720年达到顶点，之后便开始狂跌，降至仅高于其最初的发行价格一点点。这便是人们所熟知的“南海泡沫丑闻”。——译者注

质押品的情况下可以发行多少银行票据设置了一个固定的界限。
313 目前(即 1875 年 4 月),英格兰银行在没有同等数量的黄金质押品的情况下可以发行 1,500 万英镑。英国私人银行和联合股份银行被分别限定在一个固定的发行量内,将两者的发行限额全部加在一起,总计约为 646 万英镑。按照以一种类似的方式设定的发行限额,苏格兰的银行可以发行数额最高为 275 万英镑的银行票据,而爱尔兰的银行可以发行数额最高为 635 万英镑的银行票据。四者全部加在一起,约为 3,050 万英镑。除此之外,英格兰银行以及苏格兰银行和爱尔兰银行还可以再发行与其质押的金属条块或者铸币相等值的银行票据。1874 年,据此增发的银行票据数额约为 1,450 万英镑。我们永远都不要忘记,对于我们这个国家的钱币总量来说因此是没有设置任何限制的。我国最初的法币是黄金含量为 123.274 格令、已经铸成硬币的一枚沙弗林,而且每位拥有黄金的人都可以随时将黄金转换成一枚枚沙弗林硬币。那些反对《银行章程法》的人们,极力宣称我们是因为需要有更多的钱币,但他们不会真的想说我们需要有更多的金属钱币。我们一定不要指望通过修改法律来增加我国的硬币数量,而且正如我已经讲过的那样,任何人只要他拥有所需的黄金就都可以得到沙弗林。在没有金矿的情况下,这种金属也只能通过这样一种状态的对外贸易才能够得到,即这种对外贸易能够给我们带来此种金属,并且不会让此种金属再次流失。简而言之,一定要把主要钱币当作是一种商品,该商品的供给量大小要听由供给和需求法则的自然作用来决定。不加节制地发行纸质代表性票据,会对这些自然条件造成人为的干扰。

自由银行业学派 314

那么，研究钱币问题的理论家们想要得到的东西就不是更多的黄金，而是答应以黄金来兑付的更多承诺。自由银行业学派还特地作了这样一番辩解：许愿，作承诺，乃是一个人基本的权利之一，而且应当允许每一家银行都尽可能多地发行银行票据，只要银行能够让自己的客户都肯接受这些银行票据，客户能够接受多少，就应当允许银行发行多少，至于由金属货币构成的准备金应该保留多少，那要听由银行自己的判断，按银行认为的足以使银行能够兑现其承诺的数量留存。但是，如此自由地发行纸质代表性货币，一点也没能解决货币市场上出现的困难。这困难就是，所需要的是黄金而不是纸币。事情刚好相反，不加限制地发行纸质货币，往往会使我国庞大的贸易体系所赖以建立起来的、已经很狭小的黄金基础被削弱。在这里，我们达到了整个钱币理论的临界点。还有一个写作有关钱币问题的作者学派，这个学派从前在英国的代表人物是李嘉图和图克，他们认为，要过度发行可兑换的纸币那是不可能的。R. H. 英格利斯·帕尔格雷夫先生近来在其题为《关于银行业的笔记》的著作中，极其雄辩地阐述了一些大意如此的论点，而以他对于该课题的广泛熟悉程度，应当能给自己的意见增添很大的说服力。但是，在我的脑海里，他们的立场中存在着一个明显的瑕疵。

纸币过度发行的概率

当价格处于某一确定的水平，而贸易处于休眠的状态时，毫无
315 疑问，单个一家银行是没有能力将超过一个确定数量的银行票据投入流通的。这家银行对于整个钱币体系所发生的影响，不可能大过单个一家采购商通过销售或者采购而对玉米市场或者棉花市场所产生的影响。但是倘若许多家银行都试图增发银行票据，就像许多商人都提出要出售远期交货的玉米那样，黄金的价值就会像玉米的价格一样肯定会受到影响。我们已经非常习惯于将黄金的价值看成是商业中的一条固定不变的数据线了。但是在现实世界里，黄金的价值是一种非常易变的东西。我在1865年6月一期的《统计杂志》上对一些价目表作过分析，这些价目表能够表明1822年至1825年间各种价格的平均上涨幅度为17%，1844年至1847年，以及1852年至1857年间，价格的平均上涨幅度分别为13%和31%。价格如此这般地变动，意味着黄金的价值本身也在呈相反比率地发生着变化，这些变化主要是由于信贷展期所造成的。承诺将在未来的某一天支付黄金的每一个人，都会因此而增加黄金的预期供给量，而对于因此将被抛入市场的黄金数量是没有限制的。每个开出汇票或者发行银行票据的人，都会下意识地在黄金市场上扮演一种“卖空”的角色。只要那些答应支付黄金的承诺都能够兑现，或者那些承诺都能够被新的承诺所替代，则所有的一切就都会运行良好，整个社会便都会呈现出显而易见的繁荣景象。但是，因此而造成的价格上涨，会使一国的外汇收入发生逆

差，并且造成所欠外债的账户余额，对这些外债的账户余额该国必须使用黄金来偿还。整个信贷链条的基础坍塌了，从而造成了以 316
商业危机之名而为人所知的突然爆发的经济崩溃。

现在，一般信贷领域内所发生的真实情况，在涉及银行承诺性票据这样一种特殊形式的信贷中来得更为真实。那些银行承诺性票据原本是打算见票即以金币来支付的，因此它们曾被所有的人都当成是等同于铸币的东西。甚至连汇票也可以用银行票据来兑付。至于说国内贸易，只要那些应允用黄金来支付的承诺还在代替黄金流通，人们就不会感觉到维持信贷会有什么困难。但是外国人却不会以同样坚定不移的信念去持有这样一些承诺性票据的，而且倘若我国的外汇收入是逆差，那么我国钱币中的金属钱币部分而不是纸币部分就将流往国外。就是在这样的时候，银行还是不会感到扩大其银行票据的发行会有什么困难，因为许多人都有要用黄金来兑付的主张，而且银行票据还被当成了黄金。于是，银行票据很方便地就把因硬币被出口到国外而出现的空白给填补上了。物价还将被保持在高位，繁荣的景象还将继续呈现，对外贸易差额仍将对英国不利，用承诺性票据取代黄金的游戏还将继续不受限制地玩下去，直至实际上再也不可能找到更多的黄金去完成必要的海外支付时为止。

我认为，克利夫·莱斯利教授在《麦克米伦杂志》1864 年 8 月一期上发表的文章中曾正确地指出，投机性的信贷时常会在一段时间内将物价抬高到超出其自然范围的程度。另一方面，代表性信贷（我猜想他所谓的代表性信贷是指以实际的金属质押品为基础而发行的银行票据）显然并不能使钱币量增大，而且对于把物价 317

推升到高于纯粹金属货币体系下才会存在的物价水平也不起任何作用。

一个国家的金属条块实际上被用尽的情况，绝非仅仅是一种想象出来的事件，因为1839年，在银行票据自由发行的体制下，我国就发生过这样的事情。英格兰银行与其所掌握的几乎所有金属条块相分离，而且只是在法兰西银行为其提供了令其颜面尽失的、为了应急而拿出来的大量贷款之后，才使英格兰银行免于破产。本书的有限篇幅显然不允许我对这一问题进行历史和统计学上的描述，但是我却可以说，1839年的危机之后所发生的经济崩溃诱发了英国从来不曾见过的、最为严重的贸易危难和萧条。我们现在所经营的工业和商业，其规模要比1839年时大了许多倍，然而却没有任何迹象能够表明，或者是银行的董事们，或者是上商务课的师生已经变得比那个时候更加小心谨慎了，或者更具远见卓识了。情况正相反，竞争、投机以及在最狭小的真实资本基础之上大胆地干着最宽广宏大的事情，成了比以往任何时候都更司空见惯的事情。我国的许多大型银行就是在非常狭窄的真正金属的基础之上从事着它们的生意。倘若人们也像我们一样地了解了上述情况之后，他们就一时一刻也不可能再考虑下面这样一种想法了：即允许一个国家的纸质钱币体系建立于由如此相互竞争的银行所随意确定下来的准备金的基础之上。

铸造银行票据的权利

根据我所接受的那种观点，发行银行票据要比开具汇票这样

的普通商业运作更像是皇家在铸币问题上的那种职能。我们应当 318
像约翰·劳那样，将发行银行票据称作*铸钞*，因为钱币的图案虽说是印刷在纸上，而不是压铸在金属上面，但是纸钞的功能却与一枚代表性代用硬币的功能毫无二致。至于说发行承诺性票据的权利，这如同建立私人造币厂的权利一样，都已经不复存在了。为了实现我们当前的目标，唯一恰当的做法便是由立法机构宣告纸币发行要有利于整个社会。因为几乎每一个人很早以前就同意把铸造货币的事情放到主管政府的手中，所以我认为，纸质代表性货币的发行应当继续在实际上掌握在政府的手中，或者在最严格的立法管控之下，由政府的代理机构掌管。沃洛斯基先生在其有关银行业的受人推崇的佳作中一直坚持认为，票据发行是一项明显有别于银行普通运作的职能，而且格拉德斯通先生也认为这是一种健康有益的并且至关重要的区别。在我们这个国家里，银行目前在其他方面都享受着最高等级的自由，所以把毫无节制地往外发行纸质代表性货币说成是一个银行业自由的问题，这完全是在搅乱思想，混淆视听。

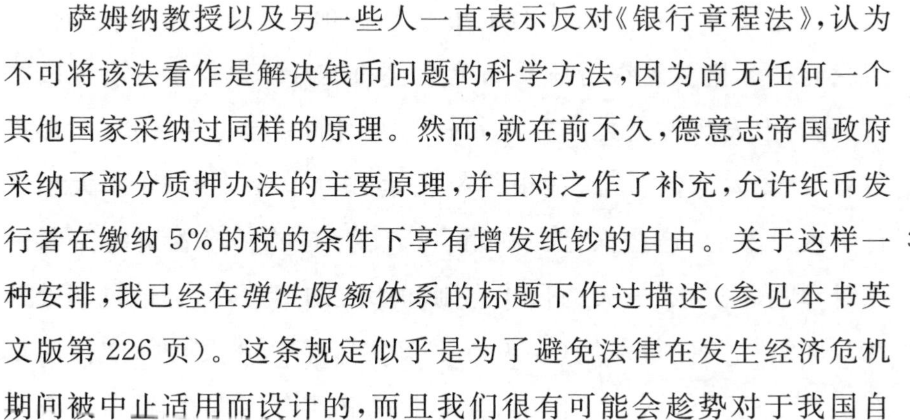

萨姆纳教授以及另一些人一直表示反对《银行章程法》，认为不可将该法看作是解决钱币问题的科学方法，因为尚无任何一个其他国家采纳过同样的原理。然而，就在前不久，德意志帝国政府采纳了部分质押办法的主要原理，并且对之作了补充，允许纸币发
行者在缴纳5%的税的条件下享有增发纸钞的自由。关于这样一 319
种安排，我已经在*弹性限额体系*的标题下作过描述（参见本书英文版第226页）。这条规定似乎是为了避免法律在发生经济危机期间被中止适用而设计的，而且我们很有可能会趁势对于我国自

己的钱币法进行一次类似的修改。但是对于纸币的过度发行，无论是罚款还是征税，肯定都应该大大地高于 5%，而且在我们这个国家，该项罚款或者税收当然应该不少于 10%。

苏格兰与英格兰的银行业

的确，人们常常会拿苏格兰的银行来作证明，他们要证实那些依照自己不受束缚的自由裁量权行事的银行也可以提供一种完美健康的钱币体系。直至 1845 年，苏格兰确定拥有自由发行面额最低为一英镑纸币权利的银行约有十二三家，而这些银行当中确曾发生过的破产案例只有一两起。我承认，所有这一切都会让英格兰人、美国人以及所有国家的原住民，对苏格兰的那些银行在开发和运行自己的银行体系时所表现出来的精湛技巧、精明以及慎重佩服得五体投地。毫无疑问，苏格兰的那些银行还用自己显而易见的成功，为英格兰、印度、澳大利亚各殖民地以及每个地方的银行体系发展指引着道路。倘若我们都是苏格兰人，那么我相信，不加限制地发行一英镑面值的纸币会是一项了不起的措施。但是，当我们把苏格兰的银行体系与英格兰的银行体系作了一番比较之
320 后，我们会发现两者之间存在着一个深刻的差异。在苏格兰，那里只有*11* 家大型银行，这些银行都在紧盯着不要让第 12 家大型银行出现。然而，这些银行在利用自己所拥有的不容置疑的垄断地位时，却表现出了极大的自我克制和伟大的智慧，而且通过四处开花八面结果的分行发展（参见本书英文版第 258 页），每个村庄都有了自己的银行，每个穷人倘若他能攒够几个英镑，就都可以有自

己的银行存款。在英格兰和威尔士，我们有 267 家私人银行以及 121 家联合股份银行，或者总的来说，共有 388 家银行业商社，在这些数字内也包括了伦敦银行的数目，但并没有把数不胜数的分支银行中的任何一家包括进去。毫无疑问，这里出现了这样一种趋势：通过较小银行的合并，英格兰的银行体系正向近似于苏格兰银行体系的方向发展。间或还有更多的新银行在开张营业，而且它们之间的竞争是极其激烈的。股东们所期待的高额红利只有通过以很少的准备金为基础去进行大胆贸易的方式才有可能挣到，而每个商务人员都明白，货币市场正在变得愈来愈敏感。

各银行的现金准备金

要确定联合王国各银行为随时应对各自的偿债责任而须持有的真实现金数额应是多少，这一点很重要，但又非常困难。许多银行在公布自己的资产负债表时都声称已经展示了它们随时备用的货币——准备金。我已经讲过（参见本书英文版第 248—250 页）*货币*和*现金*这两个常用词汇所附带的含义是含混不清的。而且，当我们去探究银行备用货币的性质时，我们会发现银行的备用货币在很大程度上是由银行投资于政府有价证券中的钱所构成的， 321
而政府有价证券又被存放在其他银行尤其是英格兰银行那里，或者说以“*随用随取*”的方式交由英格兰银行掌握着，也就是说，将这些钱贷放给投机商，投机商再将这些钱投资于可议价的有价证券。因此，我们从已公布的资产负债表中找不到丝毫有关我国为偿还外债所必需的真实金属准备金去向的说明。

R.H.英格利斯·帕尔格雷夫先生在其先是刊载于1873年3月一期的《统计杂志》上(参见该杂志第36卷,第106页)后又以单独一本书的形式出版的重要著作《关于银行业笔记》中,提供了有关这个课题的调查结果。他指出,联合王国各个银行所持有的硬币和英格兰银行的纸钞的数额,不会超过这些银行所负债务的4%或5%,或者从$\frac{1}{25}$至$\frac{1}{20}$不等。斯托克波特和曼彻斯特的T.B.莫克松先生随后对这同一问题作了一次详尽的调查,并且发现现金准备金不会超过质押品及见票即付的银行票据的约7%。他指出,即使是这点准备金,其很大一部分也还是银行业务中每日交易所绝对不可或缺的资金,而且是不可以挪作他用的。于是,人们发现,我国庞大商业的整个结构就取决于商人以及银行的其他客户永远都不会在同一时刻突然要求提取相当于他们存款金额$\frac{1}{20}$的货币黄金,而根据法律,只要在银行上班时间内,商人以及银行的其他客户就有权在任何时候立即将他们存在银行的金币全部取出。

322 医治货币市场敏感性的药方

英国目前的局面是用任何立法办法也无法救治的。对于那些可以不受限制地用黄金进行交易的人,任何政府在没有确切的把握,不知在需要的时候能否找到黄金的情况下,都无法使他们免于遇到麻烦。假定任何像英格兰银行那样的单个一个机构,就能只手支撑起英国商业的整个结构,那是荒诞不经的,英格兰银行自身已经变得并不比某些大型城市银行更重要了。

有能力恢复伦敦市场的稳定或者防止该市场变得愈来愈敏感的唯一办法，就是要通过某些手段来确保现金准备金的数量达到比较令人满意的水平，这种现金准备金要么是由实际的硬币所构成，要么是由英格兰银行的纸钞所构成，这些纸钞代表着英格兰银行金库内质押着的硬币。然而，倘若让一些银行谨慎行事，克己奉公，却允许另一些银行将自己的资金资源拉伸到最大限度，并使这些银行有能力支付比那些行事比较谨慎的银行更高的股息收益率，那么前面所说的唯一办法，比较而言，就不会有什么用处。因此，多少像白芝浩先生所建议的那样，让城市银行采取联合行动似乎是必要的。

按照过去四年的平均水平计算，伦敦各银行在英格兰银行中质押的存款共计 800 万英镑。因为英格兰银行无须对这 800 万英镑的存款支付利息，所以政府似乎也没有什么充足的理由一定要允许英格兰银行利用这么大一笔钱去谋取利润。倘若把这么大一笔钱交由一个由存款银行所组成的委员会来掌握，那么存款也同样会是很安全的，几乎也同样可以随用随取，而且此外还可以通过 323
把此款中的一部分用于投资政府股票，为各存款银行带来一些利润。有人可能会问，为什么不让各家银行把自己的准备金放在自己的金库之中呢？但是那样做的话，我们就无法确保某些银行不把自己的准备金减少到非常危险的低水平，并且无法确保它们在困难时期不去指望外部的援助。对于前面所提出的方案我必须得表示这样一点反对意见，不应当允许拿政府的股票去作最后准备金中的任何一个部分。当可贷放的资本非常稀缺之时，这样的政

府股票只可以通过强行出售的办法将之转换成实际的金属条块，强行出售政府股票会造成基金贬值，使公众丧失信心，并且使货币从那些通过其他渠道已经在货币市场中利用了政府股票的人的手中流失。除非是将政府股票送到国外去，否则出售政府股票也无法使我国国内的黄金库存增加。现金准备金应当由*现金*组成，而且尽管银行可以非常方便地按一种松散的和含混不清的词义来使用这个词，但就我国的最终准备金而言，这个词汇的含义中除了金币、金条块或者在此前已经分析过的存款体系的基础上以硬币或金属条块为担保实际发行的保管单以外不应当再包含任何其他东西。

此外，在一篇很有说服力的、发表于 1875 年 2 月《银行杂志》上的文章中，有人指出，拟议中的方案倘若仅仅由城市银行这样一个狭窄的圈子去贯彻，那就会很不充分。银行业联合会应当以这样或者那样的方式，把三个王国中较为重要的银行全部都包括进来。只有当银行间的公共舆论力量迫使每个银行业联合会的成员都不能不意识到应按照所发生负债的一个合理比例留存现金准备金的必要性之后，英国大量的贸易才有可能在一个健全的基础之
324 上完成。由谁来掌握这些准备金关系并不很大，只要金属形式的准备金实际上确实存在，而且并没有以招之即来的方式，或者以存放在其他银行任由人家自由使用准备金的方式化为乌有。在银行之间尚不存在某种共同行动的情况下，可以肯定，货币市场的敏感度将会提高，而且商业危机将间或再次发生的可能性是存在的，甚至未来商业危机的暴力程度和灾难性后果会超过我们所熟知的史上那些商业危机的情况。

第二十五章　以物价指数确定币值的价值标准 325

在本书开始的时候我们分析说,货币除了作为价值的一种公分母以及作为便利交换的媒介外,通常也同样被用作价值标准,根据这种标准,有效期长达数年的合同得以表达出来。在长期或者永久地出租土地的过程中,在把钱贷放给政府、股份公司以及铁路公司的过程中,人们一般的做法是协商用法币金币来支付利息和偿还本金。但是有大量的证据能够证明,黄金的价值已经发生了广泛的变化。在1789年至1809年间,黄金价值的下降比率为100∶54,或者说下降了46%,正如我在一篇有关《1782年以来的物价变化》一文中所展示的那样。这篇文章曾在1865年6月的伦敦统计学会会议上作过宣读。从1809年至1849年,黄金的价值又以不同凡响的100∶245的比率上升了,或者说升值幅度达145%,使整个这一时期的政府年金和一切固定支付,几乎是1809年时两者价值的两倍半。自1849年以来,黄金的价值又再度下跌,下跌幅度至少为20%。仔细地研究一下物价的波动,情况要 326
么像报纸《经济学家》关于贸易的年度审评所表现出来的那样,要么像前面参考过的论文所指出的那样,研究显示,在每一个信贷周期内,都会发生10%至25%的物价波动。

玉米租金

考虑到贵重金属价值上这些极端的变化，人们便提出了这样一个问题，在期限很长的合同中是否还有必要把贵重金属的价值用作价值标准呢？我们不得不承认，伊丽莎白女王的那些政治家们在表决通过那部强制牛津、剑桥以及伊顿等学院必须接受以玉米作租金的条件来出租各校土地的法令时，所表现出的远见卓识。后来的结果是，这些学校因此而变得远比如果没有上述法令的情况下更富有得多，因为用货币表示的租金和捐赠都已经下跌至只及其很早以前价值的很小一部分的水平。

我相信目前对地主以什么样的租金为条件出租自己的土地在法律上都不存在任何障碍，无论地主接受的是玉米租金，还是以铁或者煤或者任何其他东西作租金。法律所要求的一切，仅仅是合同必须是完全确定的，而且合同的文字意思要严谨准确，不容有丝毫的歧义，这样，所欲购买或者出售的商品种类以及该商品的数量，就都应当可以分毫不差地弄清楚。但是法律通过给法定货币作出定义，可以避免合同的当事方在涉及货币支付的问题上发生误解，然而却不能保证合同的当事方在把其他商品作为租金时不
327 犯错误和不会遇到困难。此外，任何单一一种商品，譬如说玉米或者煤，都会年复一年地经历相当大幅度的价格波动，而且如果以10年或者20年为一个时期，情况可能会证明玉米或者煤作为一种价值标准并不像白银或者黄金那么好。那些在很长的时期里价值平均水平保持比较稳定的商品，可能会受到供给和需求临时发

生巨大变动的影响。

多法币问题

于是，人们会提出这样的问题，难道经济学和统计学上的进步，还不能使我们有能力发明出某种更好的价值标准吗？我们（在本书英文版第 136—143 页上）已经看到，所谓的货币双重本位制会让白银和黄金的供给和需求波动扩散到一个更大的区域去，而且还能够让两种金属的价值维持稳定，比没有双重本位制的情况下更不易变化。我们难道不能构想出一种多重的法币体系，这样我们的货币不是就会更加不易受到价值变动的影响了吗？我们现在用一定数量的玉米、牛肉、土豆、煤、木材、铁、茶叶、咖啡、啤酒以及其他一些主要商品来估算一下一百英镑的价值，即一百英镑间或可以购买到多少这样的商品。我们难道不可以发明出这样一种法币，这种法币应该是可以兑换的，但不是兑换成任意某一种单一商品，而是兑换成少量各种各样商品的总和吗？每一种这样的少量商品都须严格地进行数量和质量的定义。于是，一张一百英镑的钞票会给予钞票的所有者这样一种权利：要求得到$\frac{1}{4}$吨的上等
小麦、一吨普通商用铁条、100 磅重的中级棉花、20 磅重的糖、5 磅 328
重的茶叶以及其他一些合计起来足以抵得上一百英镑价值的商品。当然，所有这些商品的相对价值都会波动，但倘若这位一百英镑钞票的持有者在购买某些商品时亏了本，他将极有可能在购买另一些商品时拿到赚头，所以平均而言，他的一百英镑钞票将在购

买力上保持稳定。的确，鉴于那些能够与英镑进行兑换的商品都是一些需要连续不断地消费的商品，所以一张一百英镑钞票的购买力与黄金或者白银的购买力相比一定要保持稳定，因为两种金属只会被用于少数几种特殊的目的上面。

在实践中，这样一种作为法定货币的钱币显然会极其不方便，因为没有任何一个人愿意被迫拥有这么一堆五花八门的商品。一个想要玉米的人，将不得不把随同玉米一道接收下来的铁、牛肉以及其他东西再卖给另一些人，在这样一些交换过程中，黄金或者其他金属货币将毫无疑问会被用作交换媒介。因此，这一方案将实际上自行解体，化作很早以前便有人打着以物价指数确定币值的价值标准的旗号提出的那种方案。

洛氏提议的价格对照表

在那些已经被人淡忘的宝贵书籍中，有一本书需要提请大家注意，那就是约瑟夫·洛所著的、于 1822 年发表的关于《英国在农业、贸易以及金融方面的现状》一书。这本书中收藏了我所见到过
329 的最有才干的专著论文之一，该文论及价格的变动、钱币的状况、济贫法、人口、金融以及在该书出版的同一年代里由公众提出的其他问题。在该书第九章中，洛氏以一种非常有见地的风范论及了货币价值的波动，进而提出了一种非常深刻的方案，该方案大概是他为了能让货币合同保持一个稳定的价值而发明出来的。他提议，应该指派一些人去搜集那些与居民消费的主要商品的销售价格相关的真实信息。有关玉米和糖的信息，权威性的反馈材料，当

时以及自那时起，便在《伦敦公报》上公布出来，而且若把一种类似的体系延伸到其他的商品那里，似乎也并不存在什么困难。在考虑一户居民所消费商品的比较数量时，洛氏于是绘制了一张*价格对照表*，意在显示对一份货币合同究竟必须做出多大程度的改变，才能使货币的购买力统一起来。从原理上讲，这种方案似乎是尽善尽美，非常健全的，但洛氏却并没有试图再搞出可实际操作的细节，而且他的方案中还涉及一些毫无必要的困难。

波利特·斯克罗普的以物价指数确定币值的价值标准

大约 11 年之后，那位写作地质学和政治经济学问题的著名作者 G.波利特·斯克罗普先生，独立地提出了一个非常相似的方案。在一本书名叫作《关于银行章程问题的考察：对一种恰当的价值标准的性质所作的调查》（1833 年伦敦版）的才华横溢但现在却被人遗忘了的小册子里[①]，斯克罗普先生建议（见小册子第 26 330
页），可以通过取一大堆商品的平均值来形成一个标准，即使这个标准并没有被用来作为法定的标准，它也还是可以被用来确定或者校正法定标准中出现的变动。在斯克罗普先生发表于同年的关于《政治经济学原理》的令人饶有兴趣的书中[②]（见该书第 406

① G.波利特·斯克罗普（Poulett Scrope）著《关于银行章程问题的考察：对一种恰当的价值标准的性质所作的调查》（*An Examination of the Bank charter Question, with an Inqiry into the Nature of a Just Standard of value*），伦敦 1833 年版。——译者注

② G.波利特·斯克罗普（Poulett Scrope）著《政治经济学原理》（*Principles of Political Economy*）。——译者注

页),以及两年前发行的书名为《普通人的政治经济学》[①]的同一本书的第二版中(见该书第308页),他也对这一方案作过阐述。已故的G.R.波特先生在并未参考其之前作者的情况下,于1838年,在其著名的专著《民族的进步》[②]第一版中(见该书第三部分和第四部分,第235页)独立地给出了同样的方案。他补充了一份图表,用以展示50种商品在1833年至1837年间每月的平均波动情况。

这样一些以物价指数或者平均值来确定价值标准的方案,看起来尽善尽美、非常健全,而且从理论研究的角度看具有很高的价值,并且实践上的困难也并非难以克服。要把洛氏和斯克罗普的方案付诸实施,政府必须得创建一个常设的委员会,并且赋予该委员会一种司法权。该部门的官员要搜集联合王国所有主要市场上商品的现行价格,并且通过一种定义明晰的计算体系,从这些数据中算出黄金购买力的平均变动情况。该委员会作出的决定将每月对外发布一次,而且支付情况也要根据委员会发布的那些决定作

331 出调整。因此,我们来假定,在1875年7月1日发生了一笔价值一百英镑的债务,而且定于1878年7月1日偿还这笔债务。在此期间,黄金的价值以106∶100的比率发生了下跌,于是,债权人会要求将债务的名义数额增大6%。

最初时,人们对合同的签约方是否使用这种全国性的以物价

---

① G.波利特·斯克罗普(Poulett Scrope)著《普通人的政治经济学》(*Political Economy for Plain People*)。——译者注

② G.R.波特(G.R.Porter)著《民族的进步》(*The Progress of the Nation*)。——译者注

指数来确定价值标准做法可能采取的是一种放任自流的态度，所以这种价值标准只有在合同签约方已经在他们的合同中插入了带有这层意思的条款的地方才会被强制执行。在该计划的实用性和功效都已经充分地展示出来之后，这种价值标准有可能成为强制性标准，即每一笔偿还期为譬如说三个月以上的货币债务，在没有明确的相反规定的情况下，都要根据以物价指数确定的价值标准进行改变。

这一方案的困难所在

实施这样一种方案所面临的困难并非很大。毫无疑问，这一方案会给债务人和债权人的关系带来一定的复杂性，并且有时可能会在债务日期必须从何时开始算起等问题上发生争议。这样一些困难并不会大过那些因支付利息而产生的困难，支付利息的问题也同样取决于债务存续时间的长短。当那个常设委员会依据《议会法》一旦建立起来，并且在《议会法》的指导下开始运作，该委员会的工作便不会比会计们遵照固定的规则所做的事情多多少。该委员会作出的决定将具有完全*真实*和绝对可靠的特点，因为除了他们所得出的平均数的结果外，他们还会按照要求定期地公布 332
详细的价格表，他们的计算结果就是在那些价格表的基础上得出来的。因此，许多人都可以对那些数据和计算结果进行充分地核实。要想瞒天过海搞欺骗那将是不可能的。

我所能够预见到的唯一真正的困难在于：如何才能确定那个可以推导出平均数的恰当方法。根据我要倡导的那种方法，应当选出相当大数量的，譬如说 100 种的商品，对它们各自独立的价格波动情况分别予以特殊的关注，然后，采用对数的方法对这些商品相对于黄金价格的变动比率进行计算，求出那些比率的几何平均数。这是我在我的那本关于《黄金价值的严重下跌及其他》的小册子中，以及一篇关于《1782 年以来的价格变动》（前面作过引述，见该书第 323 页）的论文中所采用过的方法。在此之前，纽马奇先生曾采用过一种多少有些类似的方法。在报纸《经济学家》发表的年鉴《商业史及评论》中，一张含有“全部物价指数”的图表曾在很多年里一直出现。全部物价指数或者可以说是那些表示在 1845 年至 1850 年间许多商品的价格与同期内同一些商品平均价格的比率数的算术和。然而，无论采用的是哪一种方法，其结果都会好于倘若我们继续采用（就像我们目前所做的那样）一种单一的金属作为价值标准的情况。

333 我在本书内所能够支配的篇幅，不允许我去充分地阐述如果一种全国性的以物价指数确定币值的价值标准能够建立起来，它将会给我们带来哪些好处。这样一种价值标准将会使我们社会关系的稳定程度达到一个全新的水准，它能确保个人和公共机构的收入固定不变，免于遭受他们曾经常遇到的通货贬值的影响。以物价频繁摇摆（在目前的商业状态下，这种情况时有发生）为基础的投机行为，也会在一定程度上受到抑制。商人们的计算结果就不会那么频繁地被一些他们自己没有能力控制的原因给颠覆，而且许多破产事件都可以避免。毫无疑问，定期发生的信用崩塌事件还会间或再次出现，但是危机的强度将会减弱，因为随着物价的下降，债务人的负债水平也会以近乎相同的比率减少。

第二十六章　一国所需的货币量 334

在一篇关于货币的论文中，把一国所需要的货币数量列为最重要的讨论话题，这似乎是很自然的事情。做任何事情似乎也比不上确定每个人究竟需要多少纸币、金币、银币或者青铜钱币更令人渴望，因为确定了每个人需要的货币量，政府便可以用心地为每个人提供数量充足的钱币。几乎在每一个国家里，人们都间或会听到大量这样的抱怨，说流通媒介太稀缺，亟需增发更多的流通手段。当今时代的一切恶魔，无论是贸易不景气、物价下跌、财政收入减少、人民陷入贫困、需要就业机会、表达政治上的不满、企业遭遇破产，还是发生了经济恐慌，都可以统统归咎于需要钱。在先前时期，人们建议采用的救市良方是让造币厂加紧工作，而在后来，救市良方变成了增发纸币。

对所有这一切抱怨的真正答案就是：没有人能够回答得上来一个国家究竟需要多少钱币，所以试图对钱币的数量进行调控应是一个政治家最不应做的事情。几乎每一个案例都能说明，钱币的明显稀缺问题都是由于下述原因而发生的：对金属钱币的管理不够娴熟，对纸质代表性货币的调控失误，非法投机或者商业中存 335
在着某些不健全的东西从而进一步增发纸币更会使那些不健全的东西恶化。我们将会看到，要弄清楚一个国家究竟需要多少货币，

这乃是一个涉及许多未知量的问题，因此永远也不可能得到一个确定的答案。

需要货币完成的工作量

要确定一个国家究竟需要多少货币，我们必须首先搞清楚货币不得不承担的工作量有多大。*在其他条件不变的情况下*，货币所承担的工作量与人口的数目是成比例的。倘若人口的数目是原来的两倍，他们在贸易中的活跃程度也与原来相同，并且以同样的方式去从事贸易，那么显然所需要的货币量将是原来的两倍。货币所承担的工作量与工业活动，以及工业组织的复杂程度也是成比例的。买卖的商品数量越多，这些商品倒手的次数越多，移动这些商品所需的钱币就越多。货币所承担的工作量还与商品的价格是成比例的。倘若黄金的价值下跌，而物价上涨，那么要偿还名义数量已经增大了的债务就需要有更多的货币。

这里所考虑的相关数量之中没有哪几项是已知的。我们已知人口的近似数目，还知道对外贸易的数量，但是对国内贸易中买卖的商品数量几乎是全部未知。总是纠缠于问题的这一方面是毫无必要的，因为在其他方面我们的知识还会有更大的欠缺。

336 钱币的效率

所谓钱币的效率，我们的意思是指在单位时间内，譬如说一年，每一枚货币所实现的平均交换次数。货币所完成的总的工作量，要通过这样的算法来衡量，即用货币的数量乘以每枚硬币或者每张纸币在一年时间内转手的平均次数。现在我们非常不精确地得知了绝大多数国家的钱币数量是多少，但对货币的平均流通速度我们却是一无所知。某些硬币，尤其是小额的银币或者青铜币，在一天之内就可能转手若干次。另外一些硬币或者纸币，有可能在衣服口袋里一放几个星期，或者有可能被存放起来长达若干月或者若干年。我还从来没有见到过有人试图去弄清任意某个国家的货币平均流通速度，我也从来没有能力去构想出任何一种可以让我哪怕是接近于完成对这一问题的调查的办法，除非是采用逆运算的方式。倘若我们知道货币所完成的交换金额有多大，也知道所使用的钱币数量是多少，我们就可以用除法去求得钱币流转的平均次数是多少。但是正如我已经指出过的，数据还是太匮乏了。

毫无疑问，货币的流通速度在不同国家之间的差异是非常大的。一个像法国、瑞士、比利时以及荷兰等国那样略有一些银行设施的节俭民族，会把比像英国这样的浪费民族，甚或比一个像苏格兰那样的、拥有完美银行体系的慎重细心的民族所积攒的多得多的硬币囤积起来。还有许多条件也会影响到货币的流通速度。铁 337
路和高速汽轮能够使硬币和金属条块比采用旧的运输手段更迅速地汇到家中。电报能够避免硬币和金属条块被毫无必要地挪来挪去。而提高了邮寄速度的邮件也具有同样作用。1842 年，在英格兰流通的乡村银行票据发生数量减少的情况，这要归因于便士邮政改革对通过邮政为提交银行票据提供便利所产生的作用。

支票和票据交换体系的作用

远比前述那些考虑重要得多的是下面这样一个事实：任何有广泛银行体系存在的地方，由货币实际完成的交换数量就都只是其中的一部分。我并不想更多地强调汇票的使用对于取代货币所起的作用，因为出于这一目的而使用汇票的可能性一定会是比较有限的，而且汇票更多的是作为商品而不是作为货币本身被用钱买进和卖出的。但是，我们已经一个步骤一个步骤地查找出支票和票据交换体系如何能够使债务被相互抵销掉的方法，所以货币从来就没有被人触动过，而且货币只是作为商品金额得以表达的价值单位才进行的干预。几乎所有的大规模交换现在都是通过一套错综复杂的和非常完善的以物易物体系来完成的。在伦敦票据交换所，一年之中至少有 60 亿英镑的交易额就这样完成的，一个便士的现金也没有动用过，而且正如我在前面解释过的，这么大的数额并没能让我们充分地了解通过支票安排所完成的交换规模有
338 多大，因为还有那么多的交易额实际是在地方银行、在分行之间、在代理之间，或者同一银行的不同联络人之间，或者在那些拥有同一伦敦代理的不同银行之间完成的票据交换。

倘若我们对英国交易量的了解都是极其不完整的，那么我们对其他国家完成支付的方式就了解得更少。正如我们已经看到的，纽约票据交换所的交易非常的广泛，那里有延伸至美国所有邦联各州的周密银行体系。但是要使一个人有能力形成某种看法，就这些银行之间的联络关系是否能够使它们也像英国的伦敦代理

体系那样节省钱币的使用作出判断，那还需要此人在现场进行大量的调查。在法国以及绝大多数欧洲大陆国家，人们几乎还不能说那里有支票和票据交换体系的存在，只有某些大城市除外。巴黎有一家还在雏形状态的票据交换所，此外，法兰西银行还在客户之间进行每日数额达二三百万英镑的转账支付。所有的银行都在一定程度上做着节省钱币使用的事情。阿姆斯特丹和汉堡的那些银行已经经营一种转账支付体系达几个世纪了，它们的那种体系就是我国体系的真正原型 。

诚然，在欧洲大陆的某些地方，人们做生意的方式正在发生着相当大的变化。以对欧洲大陆国家的经济体系了如指掌而著称的克利夫·莱斯利教授将德国的物价上涨在很大程度上归咎于较快

速度的货币流通以及更为自由地使用信贷工具。在 1870 年 11 月 339

号的《双周评论》上（见该书第 568 至 569 页），他写道，“人们出行方式和商务活动的改善，已经如此大地增强了德国人的赚钱能力，这种改善还令人惊诧地加快了货币的流通速度。而且，信贷的发展也同样在步工业进步的后尘，为大量的流通媒介补充了一大堆货币的替代品，这些货币的替代品流通速度更快。在生意金额一定的条件下，用比从前少得多的货币量现在就足以完成那些生意，否则就会将物价推高到一定的水平。对目前在德国通行的、数量已经增大了的实际货币，我们还必须再加上正在活跃地流通着的信贷工具。假如流通媒介只是由硬币所构成，那么无论矿山发行了多大数量的贵重金属，或者无论在其他国家流通的贵重金属有多少，也无论德国商品在国外市场上的价格有多高，如果没有新增发铸币的推波助澜，德国国内的商品价格就不可能上涨”。

那么可见，不同民族的商业习俗竟是如此的不同，以至于在一国的钱币数量与使用这些钱币所能完成的总的交换量之间显然并不存在任何一种比例。即使我们能够得到有关钱币数量的可靠统计数字，这样的数据也不应当被看作是在表示货币数量比较充裕或者比较稀缺，而应当被看作是在表示该国的文明程度，受上苍的垂青程度，或者银行业组织的复杂程度。

340 ## 结论

从上面所作的一切分析中，我们可以得出结论，调节钱币数量的唯一办法就是放任钱币完全自由地进行自我调节。货币一定会像水一样地找到其自己的水位，并且会根据商业的波动流入一个国家和从一个国家流出。对于商业的波动，任何政府都无法预见或者预防。纸币可能会被用来代表和代替部分的金属货币，这样的做法应当受到严格的监控，因为否则人们认为有金属货币存在的信念就会被制造了出来，而此时这样的金属货币却并不存在，从而无法为这种信念提供保证。但是，货币数量本身也并不比玉米、铁、棉花或者一个民族所生产和消费的其他常见商品的数量更可以监控。的确，必须得承认，在哪些关节点上立法机构必须得对钱币的管理进行干预并且制定一个固定的规则，而又在哪些关节点上必须得放手维持彻底的自由，要将这样两种关节点精准并有益健康地区分开来，并非是件轻而易举的事情。

把英国现行的与钱币和贸易相关的法律与从 10 世纪至 14 世纪便在英国存在的法律作一比较，人们将会看到一种令人好奇的

双重进步。我们的祖先曾试图通过法律来进行监控的许多事情，
现在经一致认可都被放任自流了，而他们曾放任自流的或者近乎
放任自流的另一些事情，现在却被严格地实行了监控。确定工资
的高低，为四磅重的大面包定价，各行各业的训练，这些都曾是那 341
个时候的立法题目，虽然我们现在知道，这些事情是不可能被恰当地纳入到立法管控的范围之内的。另一方面，一个国家的不同区域先前使用过的重量单位和度量衡五花八门，制式不计其数，然而却很少有人或者没人曾尝试着要把这些重量单位和度量衡归纳到任何一种体系中去，或者对之给出精准的定义。还有，在较早的年代里，几乎每一座重要的城市都拥有自己的造币厂，而且男爵以及高级神职人员时常会行使发行他们自己货币的权利。还有极少数的一些人，他们主张自由铸币。但是通过几乎一致的认可，铸造金属货币的工作现在在每一个文明的国家里都被交由国家来负责。按照英国建立全国性重量和度量衡体系的同样要求，英国规定了统一的铸币体系。但是尽管我们因此从一个方面对金属钱币给予了最大的关照，然而我们却彻底地放弃了一切没有成果的尝试。在早先的若干世纪里，我国进行那样一些尝试，是为了把金属条块带入联合王国，以便能使造币厂开始工作。

我们必须以类似的态度去处理纸币的问题，并对纸币施行比迄今为止对之所进行的监控既更多又更少的监控。私人发行的钱币应当像私人造币厂一样地消失，而每个王国都应当只有一套统一的纸币在流通，这套纸币应当由单一的一个中央国家部门发行，这个中央国家部门应当更像是一座造币厂而不是一家银行。发行这种纸币的方式从某种意义上讲应当受到严格的监控。纸币的流

通数量应当按照为兑换这些纸币而存储起来的黄金数量的增减而
342 增加和减少。与此同时，没有必要考虑按照这一方式发行的纸币数量。严格监控的目的并不是要管住数量，而是要让纸币的数量能够按照供给和需求的自然法则去变化。依我之见，构成对管控着纯粹金属钱币变化的自然法则施行随意干扰的是纸质代表性货币的发行，这些纸质代表性货币代替硬币为人们所接受，所以严格的立法管控从某种意义上讲会导致另一种意义上的更多的真正自由。然而，我却十分乐意承认，极其微妙和极其精细的问题就是从这一课题中产生出来的，而且只有在经济科学的逐步进步中，这些问题才能最终得以彻底解决。

索 引

（所标页码为原书页码，即本书边码）

C

G

J

K

L

M

N

R

T

Z

图书在版编目(CIP)数据

货币与交换机制/(英)威廉·斯坦利·杰文斯著;佟宪国译.—北京:商务印书馆,2024
(汉译世界学术名著丛书:120年纪念版:珍藏本:增订本)
ISBN 978-7-100-23824-3

Ⅰ.①货… Ⅱ.①威…②佟… Ⅲ.①货币—交换(经济) Ⅳ.①F820

中国国家版本馆CIP数据核字(2024)第079291号

汉译世界学术名著丛书
(120年纪念版·珍藏本·增订本)
货币与交换机制
〔英〕威廉·斯坦利·杰文斯 著
佟宪国 译

商务印书馆出版
(北京王府井大街36号 邮政编码100710)
商务印书馆发行
北京新华印刷有限公司印刷
ISBN 978-7-100-23824-3

2024年5月第1版 开本 710×1000 1/16
2024年5月北京第1次印刷 印张22
定价:122.00元